Norbert von Frankenstein

„Seeteufel"
Felix Graf Luckner
Wahrheit und Legende

DSV-Verlag

Impressum:

Norbert von Frankenstein
„Seeteufel" Felix Graf Luckner – Wahrheit und Legende
ISBN 3-88412-282-7
1. Auflage 1997
© DSV-Verlag GmbH, Hamburg
Herausgeber: DSV-Verlag GmbH,
 Gründgensstraße 18,
 22309 Hamburg

Alle Rechte der Nachnutzung, Speicherung
sowie der Verbreitung sind vorbehalten.

Layout/Titelgestaltung: machart, Hamburg
Lithografie: Reproform, Hamburg
Druck: C. H. Wäser

Printed in Germany

Inhalt

Vorwort	5
Einleitung	7
Die frühen Jahre	13
Vorbereitung zur Kaperfahrt	25
Die Kaperfahrt der „Seeadler"	43
Das Ende der „Seeadler" – Schiffbruch und die Folgen	77
Das Schicksal der Crew	95
Die unendliche Geschichte: Der Schatz des Seeteufels	127
Unterwegs mit der „Vaterland"	143
Im Dritten Reich	173
Angeklagt vor dem Sonderehrengericht des Führers	217
Wieder Wasser unterm Kiel	239
Der Stern verblaßt	247
Quellennachweis	262

Felix Graf Luckner „in Gala" auf einem Ölgemälde.

Vorwort

Zugegebenermaßen rangen stets zwei Seelen in meiner Brust, als ich dieses Buch schrieb und in zahlreichen Archiven recherchierte. Einerseits war da die Bewunderung für den Seemann, begabten Rhetoriker und Kosmopoliten, andererseits die Tatsachen, die sich oftmals gänzlich anders darstellten, als Luckner sie zu seinen Lebzeiten berichtete.

Auch der Versuch, Luckner „als Kind seiner Zeit" zu betrachten, brachte nicht den gewünschten Erfolg, denn obwohl die Zeit, in der er hauptsächlich agierte, zu den schwierigsten Kapiteln der deutschen Geschichte zählt, gab es grundsätzlich keine Notsituation, aus der heraus Graf von Luckner zur freien Erfindung hätte greifen müssen. Sein wirkliches Leben war interessant genug.

War es der Überschwang der Stimmung, wenn er anläßlich seiner Reden „noch einen draufsetzen" wollte? Was dann aber mit den Büchern, die unter seiner Regie erstellt wurden? Diese durchliefen sicherlich die verschiedensten Phasen der Korrektur, des erneuten Nachdenkens, zumal ihm routinierte Schreiber für die Endfassungen zur Seite standen.

Und so bleibt die Betrachtungsweise des Mannes, der zu den schillerndsten Erscheinungen unseres Jahrhunderts gehört, stets zwiespältig. Es gibt bei Luckner kein Schwarz und kein Weiß. Zahlreiche Zwischentöne prägen das bekannte und mehr noch das unbekannte Dasein des Mannes, der Hunderttausende zu begeistern vermochte. Vielleicht waren es tatsächlich, wie Astrologen behaupten, die zwei Seelen des Zwillings, die, jede für sich, unterschiedlich stark, zu den verschiedensten Zeiten zur Dominanz gelangten. Sich selbst aber war der „Seeteufel" stets treu. Zumindest in dem Bild, das er der Öffentlichkeit vermittelte: tadelloser Seemann, Seeheld und ein Mann, der, obwohl er den Krieg kannte, stets nur den Frieden unter den Völkern wünschte.

Das alles war Luckner, aber auch einiges mehr, wie dieses Buch zeigt.

Norbert von Frankenstein

Einleitung

In anderen Kulturkreisen stehen Geschichtenerzähler in hohem Ansehen. Nicht immer so bei uns. Manchmal allzu schnell werden die Vortragenden mit Begriffen wie Aufschneider, Spinner, Fabulierer oder Ärgerem belegt. Das hat zu Lebzeiten bereits der Baron von Münchhausen erfahren müssen.

Das Erzählen von Geschichten und Anekdoten, die Vermischung von tatsächlichen Ereignissen und Erlebnissen mit fiktiven Details, ist an sich nicht negativ. Insbesondere, wenn sie in einer Runde Gleichgesinnter am Stammtisch oder sogar vor einem größeren Publikum als Unterhaltungsprogramm zum besten gegeben werden. Wenn sie aber wie beim „Seeteufel" mit dem scheinbaren Anspruch auf Wahrheit über alle Kontinente verbreitet werden, sollte eine andere Meßlatte angelegt werden.

Einem physikalischen Gesetz zufolge erzeugt Reibung Hitze. Luckner hat es nicht versäumt, sich in seinem Leben an allen möglichen Dingen zu reiben. Manchmal zu seinem Vorteil, hin und wieder aber auch zu seinem Nachteil. So ist es auch nicht verwunderlich, daß bereits nach wenigen Auftritten in der Öffentlichkeit eine hitzige Polarisierung pro und kontra seine Person stattfand. Es gab und gibt zahlreiche Menschen, die den „Seeteufel" nahezu uneingeschränkt und grenzenlos bewunderten, fast andächtig seinen Worten lauschten und das Vorgetragene in sich aufsogen. Auf der anderen Seite gab es seit seinen ersten öffentlichen Auftritten im Jahre 1919 auch äußerst kritische Stimmen – sogar Familienmitglieder kommentierten manche seiner Erzählungen mit dem knappen Spruch „he lücht (er lügt)", die seiner Sprachgewalt nicht glaubten, dem Charme seiner Seemannsattitüde nicht erlagen und vor dem unkritischen Glauben an seine Darstellung warnten.

Das weltumspannende Netz Lucknerscher Fabulierkunst, aus Seemannsgarn unterschiedlicher Stärke gesponnen und zu einem großen Gebilde verknüpft, hat Menschen unterschiedlichster Herkunft und Nationalität, einschließlich bedeutender Persönlichkeiten, beeindruckt und fasziniert. Selten wurde einem Mann bereits zu Lebzeiten so viel öffentliche Anerkennung, so viel Zuspruch zuteil wie dem ehemaligen Kommandanten der „Seeadler" im Ersten Weltkrieg. Dabei lagen das Genie und das Heldentum dieses Mannes nicht unbedingt in seinen Taten, sondern in der Art und der Chuzpe, mit der er Dichtung und Wahrheit miteinander verknüpfte und in immer neuen Variationen einem staunenden und häufig begeisterten Publikum darstellte.

Es gab immer zwei Luckner in einer Person. Die öffentlich bekannte Person mit ordensgeschmückter Heldenbrust, das eigene Image aufpolierend, ein moderner Ritter „ohne Fehl und Tadel", und den privaten Luckner, den außer seinen allerengsten Vertrauten keiner kannte. Und gerade dieser unbekannte Luckner offenbarte auch zahlreiche Schwächen.

Mit einem erstaunlichen Gespür für die Situation und die ihn umgebenden Menschen, selbst in einem großen Vortragssaal, erzählte der „Seeteufel" stets die Variation seiner Geschichte, von der er überzeugt war, daß sie am besten aufgenommen würde. Das Besatzungsmitglied Hans Günther Oesterreich, der als Kameramann an Bord des Schiffes „Seeteufel" die zweijährige Fahrt in die Südsee, nach Australien und Neuseeland zum größten Teil mitmachte, schrieb in einem Bericht an den damaligen Reichsminister und Chef der Reichskanzlei, Dr. Lammers, am 12. Januar 1939 über die Redetaktik Luckners: „In Frankreich war es sein Ahn, der Marschall von Frankreich, in Amerika war er Ehrenbürger von USA, während er lediglich Ehrenbürger von Frisco und einiger unbedeutender Ortschaften war. In den englischen

Kolonien erfand er die Geschichte von der Queen Viktoria, die er ‚Tante' habe nennen dürfen und auf deren Knien er ihren Märchen gelauscht habe. In den Kolonien Hollands war er ein Vetter der Königin Wilhelmine und seine Frau die Tochter des ‚nordischen Dynamitkönigs' Nobel. Alles dies wurde auch von der lokalen Presse veröffentlicht." Weiter führt der langjährige Vertraute des Grafen aus, daß bei dem Besuch deutscher Royalisten an Bord „das eigenhändig ihm gewidmete Bild Wilhelms II.  gezeigt und der letzte Besuch bei der Majestät in Details geschildert" wurde. Daß er den Kaiser in einem Brief um ein Bild mit Widmung gebeten hatte und daß der Kontakt zum Kaiser eher dürftig war, erzählte Luckner natürlich niemandem.

Nur zur Abrundung des Bildes einige weitere Aussagen in öffentlichen Auftritten: In Neuseeland betitelte er sich als Ehrenbürger des Deutschen Reiches, als Schwimm-Champion und Deutschen Meister im Lebensretten. In Australien rühmte er sich seiner Boxerfolge in Deutschland, kein Geringerer als Max Schmeling sei, man höre und staune, sein Sparringspartner gewesen. In Deutschland machte er dem verblüfften Publikum weis, daß er den Boxsport in Australien eingeführt habe. Kurz gesagt, für jedes Land und jede Situation eine passende, häufig geschönte Geschichte. Und diese erzählte er in immer neuen Variationen, wie Tausende von Zeitungsberichten belegen.

Die tatsächlichen Geschehnisse, die absolute Wahrheit über seine Heldentaten als Kommandeur des Kaperschiffes „Seeadler", kannten nur wenige Eingeweihte. Viele hingegen die Version, die Luckner in seinem Buch „Seeteufel" und später in seinen anderen Büchern als wahr propagierte. Sogar große Teile seiner Mannschaft kannten nicht alle Details, meist nur das Offensichtliche, denn während des Krieges und der Kaperfahrt herrschte absolute Geheimhaltung. Nach dem Krieg waren die Dokumente wie das Logbuch, das Kriegstagebuch und andere Akten, die den Vermerk „geheim" und „streng geheim" tragen, unter Verschluß. Dieser Umstand ermöglichte Luckner, seine Darstellungen so auszuschmücken, wie er sie in der Öffentlichkeit gesehen haben wollte. Selbst diejenigen, die gewisse Ereignisse hätten widerlegen können, wurden von ihm mit dem Hinweis zum Schweigen gebracht, daß das Publikum gewisse Erwartungen habe, die es im Interesse aller zu erfüllen gelte. Denn die Einnahmen aus seinem Buch, so erklärte er mehrfach, sollten seiner Mannschaft zugute kommen. Soweit nachvollziehbar, wurden nur geringe Zuwendungen weitergeleitet. Die Einnahmen aus dem Welterfolg „Seeteufel" kassierte Luckner zum größten, die nicht genannten Mitautoren, die Leutnante Kling und Kirchheiß, nur zu einem geringeren Teil. Alle beide, Kling, der stellvertretende Kommandant der „Seeadler", und Kirchheiss, haben übrigens nie öffentlich den Darstellungen Luckners widersprochen, obwohl sie genau wußten, daß manches falsch dargestellt oder sogar frei erfunden war. Das Band der „gemeinsamen Sache" schmiedete sie zusammen.

Luckner, der eine beachtliche Gabe in der Beurteilung von Menschen besaß, schaffte es notfalls mit dem Motto „Frechheit siegt", alle Gegner zum Schweigen zu bringen. Er behauptete einfach unter Nutzung des Namens einer hohen Persönlichkeit – mal war es der Kronprinz, mal der Kaiser, später der Führer Adolf Hitler –, daß seine Version so richtig und von den Persönlichkeiten als richtig akzeptiert worden sei. In einem Zeitalter des Obrigkeitsdenkens eine wirksame Hilfe. Wie kaum ein anderer verstand er es, den selbst gesponnenen Faden kokonartig um die Tatsachen zu hüllen, bis keiner mehr genau wußte, was das Knäuel tatsächlich verbarg.

Sein Leben war auch von einer Geltungs-, Ordens- und Titelsucht geprägt. Finanzielle Unregelmäßigkeiten, Habgier, teilweise aus finanziellen Notlagen resultierend, sowie nahezu schrankenloser Opportunismus waren die Kehrseite des selbstgeschaffenen Ruhmes als Held, rauher, aber herzensguter Seemann und Bonvivant. Andererseits, und auch das ist Wahrheit, war er ein begnadeter, wortgewandter Redner. Für nahezu eine ganze Generation war er auch ein Leitbild.

Glück hatte er: Gleich mehrfach half ihm seine Popularität aus prekären Situationen, die anderen, weniger bekannten Zeitgenossen das „Genick gebrochen" hätten. Listig war er: Zu rechter Zeit schlüpfte er in das Kostüm des einfachen und unbedarften Seemannes, um sich aus irgendwelchen Affären zu retten. Ein Lebenskünstler war er: Aus allen Situationen wußte er das Beste für sich herauszuschlagen. Ein Gefangener war er: Gefangen in dem selbstfabrizierten Netzwerk an Halbwahrheiten, die er in zahllosen Vorträgen zum besten gab.

Um die Spreu der umlaufenden und allgegenwärtigen Phantasiegeschichten von den Weizenkörnern der Wahrheit trennen zu können, werden in diesem Buch nur die nachweisbaren Fakten zur Aufhellung zitiert. Nur sporadisch, da, wo es besonders wichtig erscheint, werden den Erzählungsgespinsten die Tatsachen gegenübergestellt. Diese sind nicht weniger interessant als die Schilderungen von angeblich Erlebtem und Durchlittenem.

Felix Graf Luckners einzige Aufnahme mit Bart.
Aus der Personalakte der Hamburg-Amerika Linie 1906 als 3. Offizier.

Die frühen Jahre

Millionen von Menschen in aller Welt waren und sind von Felix Graf von Luckner, dem selbsternannten „Seeteufel", fasziniert. Verklärt gesehen, war sein Leben romantisch und abenteuerlich zugleich, durchlief er doch zahlreiche Stationen der Seefahrt, die ihren Höhepunkt in der Kaperfahrt der „Seeadler" im Ersten Weltkrieg fanden.

Luckner als 16jähriger.

Der aus gutem Hause stammende Junge, der sich in der Schule schwertat und nicht zuletzt deshalb von zu Hause weglief, um seinen Traum von der Seefahrt, von fernen Gestaden zu erfüllen, wurde bereits in relativ jungen Jahren zu einer lebenden Legende. Dargestellt in dem in mehrere Sprachen übersetzten und Luckner zugeschriebenen Buch „Seeteufel". Millionenfach wurde es verkauft und diente auch als Fundament für die Vortragsreisen des Mannes, der unzweifelhaft viel erlebt und gesehen hatte. Die Tatsache, daß das Buch, wie auch die folgenden, nur teilweise auf tatsächlichen Lebensereignissen beruht, vielmehr aber ein Kompendium von tatsächlichen und erdachten Ereignissen ist, schmälert den Lesewert keinesfalls. An dieser Stelle soll die Darstellung Luckners nicht wiedergegeben und ausgebreitet werden, seine Bücher und Vorträge müssen für sich stehen, gerade die Mischung aus Fakt und Fiktion, von den meisten Lesern unbemerkt, macht den Reiz dieser Publikationen aus.

Wenn seiner Autobiographie gefolgt wird, verlief sein Leben in den jungen Jahren recht bunt.

Nachdem er als Junge sein Elternhaus verlassen hatte, fand er Hilfe bei einem alten Seemann in Hamburg, der ihn auf einem der damals noch die Weltmeere befahrenden Großsegler als Schiffsjunge unterbrachte. Die Jahre „vor dem Mast" waren sicher kein „Honigschlecken". Entbehrungsreich und hart war das Leben an Bord. Karg der Lohn, rauh die Crew. Einen guten Eindruck davon, wie an Bord der „Windjammer" gelebt und gelitten wurde, vermittelt außer den Büchern Luckners auch das zum Weltbestseller avancierte Buch von Henry Dana „Zwei Jahre vorm Mast".

Luckners erste Ehefrau, Petra Schulz, aus Hamburg.

Im Laufe der Jahre stieg Luckner vom Moses zum Matrosen auf. In dieser Zeit erlebte er zahlreiche Abenteuer, so will er als Preisboxer, Leuchtturmwärter und manches andere mehr gearbeitet haben. Stationen seines Lebens, die sich nicht anhand von exakten Daten nachvollziehen lassen, aber zum Reiz seiner Darstellung beitrugen.

Letztlich, und das muß anerkennend angemerkt werden, insbesondere vor dem Hintergrund seiner dürftigen Schulbildung, besuchte er die Seemannsschule, um Schiffsoffizier werden zu können. Ein harter und langwieriger Weg, der ihm sicherlich schwerfiel, letztlich aber von Erfolg gekrönt war.

In dieser Zeit heiratete er die Hamburger Kaufmannstochter Petra Schulz, die ihm eine Tochter gebar, Inga-Maria. Der Ehe war nur kurzes Glück beschieden, doch davon später mehr.

Folgen wir dem weiteren Werdegang Luckners, wie er ihn selbst in einem Bewerbungsschreiben an die Direktion der Hamburg-

Amerika Linie vom 28. 1. 1906 darlegte:

„Am 26. November 05 meine active Dienstzeit mit daran anschließender Übung als Vize-Steuermann d. R. beendet, bewerbe ich mich um eine Anstellung als Offizier bei Ihrer verehrlichen Compagnie.

Am 9. Juni 1881 als Sohn des Rittergutsbesitzer Graf Heinrich Luckner zu Dresden geboren, verlebte ich meine ersten Jahre auf dem Landgute meiner Eltern, erhielt bis zum neunten Jahre Hausunterricht und besuchte darauf das Annengymnasium zu Dresden. Da es mein Wunsch von jeher war, zur See zu gehen, verließ ich dasselbe in Obertertia.

Der „Schiffsjunge" Luckner, der als „Phylax Lüdecke" anheuerte.

Im März 1897 musterte ich auf dem Russisch-finnischen Vollschiff ‚Niobe' als Schiffsjunge in Hamburg an. Nach Beendigung dieser Reise von 14 Monaten, heuerte ich auf dem Hamburger Vollschiff ‚Caesarea' an und fuhr auf demselben 3 Jahre. Ferner war ich auf den deutschen Dampfern ‚Lissabon', ‚Castilia' und ‚Ardelia'.

Nach Beendigung meiner Fahrzeit besuchte ich 1903 die Navigationsschule zu Lübeck und erhielt hierselbst mein Steuermannspatent. Ich bewarb mich hierauf um Anstellung als Offizier bei der Hamburg-Amerika Linie. Da ich aber als Offizier noch nicht gefahren hatte, wurde mir durch Herrn Oberinspector Pohlis mitgeteilt, daß ich mich wieder melden sollte, wenn ich ein Jahr bei einer anderen Linie gefahren hätte. Ich meldete mich bei der Hamburg-Südamerikanischen Dampfschiffahrten-Gesellschaft und wurde als III. Offizier angestellt. Nachdem ich hier ein Jahr in Dienst war, trat ich bei der Kaiserlichen Marine ein, um meiner Dienstzeit zu genügen. Während der letzten Tage meiner Übung zog ich mir einen Unfall zu, wodurch ich gezwungen war, erst jetzt, nachdem ich vollständig wieder hergestellt bin, meinen Dienst aufzunehmen.

In der angenehmen Hoffnung, daß Sie mein heutiges Angebot berücksichtigen werden, zeichne ich, Hochachtungsvoll, ganz ergebenst, Graf Felix Luckner"

Graf Luckner wurde auf seine Bewerbung hin eingestellt und fuhr zunächst als IV. Offizier weiter zur See. Ein Auszug aus der Personalakte der Hamburg-Amerika Linie vom 1. Mai 1917 verdeutlicht den weiteren beruflichen Aufstieg bei der Reederei:

„von Luckner, Felix, Alexander, Nicolaus, Georg, geb. am 9. Juni 1881 zu Dresden.

Eingetreten als IV. Offizier am 7. März 1906.

Befördert zum III. Offizier am 1. September 1907.

Befördert zum II. Offizier am 14. Juni 1909.

Als IV. Offizier auf den Dampfern: ‚Kronprinzessin Cecilie' und ‚Kaiserin Auguste Viktoria'.

Als III. Offizier auf den Dampfern: ‚Antonina', ‚König Friedrich August' und ‚Patagonia'.

Als II. Offizier auf dem Dampfer: ‚Meteor'.

Abgegangen am 27. März 1910."

In diese Zeit fallen auch die Lebensrettungen, für die Luckner von verschiedenen Stellen mit Orden ausgezeichnet wurde. Einige der Darstellungen sind überliefert. In einem Protokoll, von Luckner abgezeichnet, unter dem Datum des 11. Juni 1907 heißt es:

„Der IV. Offizier Herr Felix von Luckner, geboren am 9. Juni 1881 zu Dresden, gibt hierdurch folgendes zu Protokoll:

Am Nachmittag des 22. Mai 1907 zwischen 2 und 3 Uhr hörte ich beim Segeln bei Neumühlen plötzlich Hilferufe, welche aus einem vorüberfahrenden Kutter kamen. Hierdurch aufmerksam gemacht, gewahrte ich in einer Entfernung von 80 Metern eine Hand aus dem Wasser ragen. Ohne mich weiter zu besinnen,

Luckner als kaiserlicher Marineleutnant.

entledigte [ich] mich sofort meines Jackets und schwamm der Unglücksstelle zu. In dem Moment meiner Ankunft sank der Betreffende unter. Ich tauchte und zog den Verunglückten an die Oberfläche. Hierauf umklammerte sich derselbe mit den Armen um meinen Hals und mit den Beinen um meinen Leib, sodass ich vollständig machtlos und selbst dem Ertrinken nahe war, zumal ich von ihm in die Tiefe gezogen wurde. Nur mit Aufbietung aller meiner Kräfte gelang es mir schliesslich, von dem Verunglückten loszukommen. Nachdem ich mich nach dieser Procedur einigermassen erholt hatte, war der Verunglückte inzwischen wieder gesunken, ich tauchte abermals, brachte ihn an die Oberfläche und schwamm mit ihm dem Lande zu. Hier angekommen brach ich bewusstlos zusammen."

In einigen der Rettungsfälle war der Gerettete anschließend nicht mehr aufzufinden. Auch deshalb, wie auch aus formalen Gründen, wurde dann die eine oder andere Medaille nicht verliehen. Auf die Auszeichnung bedacht, ließ Luckner dann seine Reederei „nachfassen", wie ein Schreiben vom 8. November 1909 ausweist:
„An den Königlich Preussischen ausserordentlichen Gesandten und bevollmächtigten Minister Herrn Graf von Götzen, Excellenz, Hamburg. Euer Excellenz, beehren wir uns im Interesse eines unserer Schiffsoffiziere die Abschrift eines an den Königlich sächsischen Staatsminister am 8. Juli 1907 eingereichten Gesuchs um Verleihung einer Rettungsmedaille nebst Unterlagen ganz ergebenst zur gefälligen Kenntnisnahme zu übersenden. Herr Graf Luckner teilte uns vor einigen Tagen mit, dass ihm durch das hiesige sächsische Konsulat eine abschlägige Antwort zu teil geworden sei, weil er nicht die sächsische Staatsangehörigkeit besitze und sich deshalb an die preussische Regierung wenden müsse. Euer Excellenz beehren wir uns deshalb die Bitte zu unterbreiten, diese Angelegenheit einer wohlwollenden Prüfung zu unterziehen und die Verleihung der preussischen Rettungsmedaille an Herrn Grafen Luckner ev. höheren Ortes geneigtest in Vorschlag bringen zu wollen. Herr Graf Luckner befindet sich z. Zt. als III. Offizier auf unserem im hiesigen Hafen liegenden Dampfer ‚Meteor' und steht zur ev. mündlichen Auskunft jederzeit zur Verfügung.
Mit dem Ausdruck vorzüglichster Hochachtung Ew. Excellenz sehr ergebenste Hamburg-Amerika Linie (gez.) Warnholtz."

Aus den nur zum Teil überlieferten Akten aus der frühesten Seefahrerzeit Luckners, manche Akten wurden später von der Gestapo für eine Untersuchung, von der noch die Rede sein wird, konfisziert, läßt sich die Darstellung der Fahrenszeit Luckners, wie in seinen Büchern geschildert, nur teilweise rekonstruieren. Manche Abweichungen sind augenfällig.

Noch während seiner Zeit bei kommerziellen Reedereien verfolgte Luckner eine Karriere bei der Kaiserlichen Marine. Seine kompletten Personalakten sind nicht überliefert, sie wurden vermutlich, wie die meisten Akten des Marinepersonalamtes in Berlin, bei einem Bombenangriff auf die Stadt am 22. November 1943 vernichtet. Lediglich einige Teile blieben erhalten. Aus diesen, dem Schriftgut der Kaiserlich Deutschen und der Reichsmarine sowie der Ehrenrangliste der Kaiserlich Deutschen Marine 1914 bis 1918 läßt sich der folgende militärische Werdegang Luckners nachvollziehen. Danach trat Luckner als sogenannter „Einjährigfreiwilliger" am 1.10.1904 in die Marine ein. Einberufen wurde er am 1.4.1910. In der Folgezeit gab es die nachstehenden Kommandierungen und Beförderungen:

**Nikolaus von Luckner,
Marschall von Frankreich.
Ihm wurde die „Marseillaise"
gewidmet, später wurde er geköpft.**

1.4.1910 - 24.10.1910 Marinestation der Ostsee, zur Dienstleistung; 25.10.1910 bis ca. Sept. 1911 SM Linienschiff „Preußen"; ca. Sept. 1911 bis 18.6.1912 SM Linienschiff „Braunschweig"; 19.6.1912 bis 8.10.1913 SM Linienschiff „Kaiser"; 9.10.1912 bis 30.10.1913 eingeschifft auf Dampfer „Eleonore Woermann" mit dem Ablösungstransport für SMS „Panther" [westafrikanische Station]; 31.10.1913 bis Okt. 1914 SM Kanonenboot „Panther", Wachoffizier; Nov. 1914 bis Aug. 1916 SM Linienschiff „Kronprinz", Wachoffizier; Aug. 1916 bis 2.8.1917 SM Hilfskreuzer „Seeadler", Kommandant, Kriegsgefangenschaft in Australien; laut Meldung v. 11.1.1921 Marinestation der Ostsee, z. Vfg. des Stationschefs; laut Meldung v. 26.2.1921 Stab Marineschule Flensburg-Mürwik; laut Meldung v. 3.2.1922 bis zum 31.5.1922 Marinestation der Ostsee, z. Vfg. des Stationschefs, unter Belassung in seinem bisherigen Wohnsitz.
Aufenthalt in außerheimischen Gewässern: An Bord SMS „Preußen" 22.7.1911 - 11.8.1911; an Bord SMS „Kaiser" 24.7.1911 - 5.8.1913 [Breitenparallel von 60° Nordbreite überschritten]; an Bord Dampfer „Eleonore Woermann" 11.10.1913 - 30.10.1913 [Linie Dover - Calais passiert]; an Bord SMS „Panther" 31.10.1913 - 3.5.1914 [Linie Dover - Calais passiert].
Beförderungen: 25.11.1905 Vizesteuermann d.R.; 7.3.1908 Leutnant z.S. d.R. des Seeoffizierkorps; 22.3.1911 Leutnant z.S. (Umernennung), BDA: 1.10.1905; 5.9.1911 Oberleutnant z.S., BDA: 29.8.1910; 17.10.1915 Kapitänleutnant; 1.6.1922 Charakter als Korvettenkapitän a.D. Ihm wurde die gesetzliche Versorgung bewilligt und die Erlaubnis zum Tragen der bisherigen Uniform sowie der Charakter als Korvettenkapitän verliehen.

Wer die Fotos Luckners aus den späteren Jahren betrachtet, als er mit ordensgeschmückter Brust öffentlich auftrat, wird sich gefragt haben, um welche Orden es sich denn handelt. Darüber gibt zum Beispiel die offizielle Rangliste des Jahres 1922 präzise Auskunft. In dieser Rangliste wird Luckner bereits als Kapitänleutnant [Hauptmann] geführt. Die Auszeichnungen umfaßten: Eisernes Kreuz 2. Klasse; Preußische Rettungsmedaille am Bande; Bayrischer Militärverdienstorden 4. Klasse; Sächsischer Al-

**Luckner, wie er sich selbst am liebsten sah:
Marineoffizier des Kaisers mit ordensgeschmückter Brust.**

brechtsorden Klasse 3a; Sächsische Silberne Rettungsmedaille; Hamburgisches Hanseatenkreuz; Mecklenburg-Schweriner Militärverdienstkreuz 1. Klasse; Braunschweigisches Militärverdienstkreuz 1. Klasse; Oldenburgisches Friedrich-August-Kreuz 1. Klasse; Bremisches Hanseatenkreuz; Lübeckisches Hansea-

tenkreuz; Mecklenburg-Strelitzsches Verdienstkreuz für Auszeichnungen im Kriege 1. Klasse. Jahre nach dem letzten Krieg kam das Bundesverdienstkreuz hinzu. Außerdem trug Luckner verschiedene Großkreuze, von denen in anderem Zusammenhang noch die Rede sein wird. Auf zahlreichen Fotos ist er auch mit einem Johanniter- oder Malteserorden abgebildet. Dieser wurde ihm in Deutschland nicht verliehen, er stammte, wie sowohl Vertreter der Johanniter als auch der Malteser Ordensgemeinschaft auf Anfrage mitteilten, aus „ungewissen südlichen Quellen".
Falsch ist die Darstellung, die auch durch häufige Wiedergabe in zahlreichen Medien nicht an Wahrheit gewinnt, daß Luckner Träger des „Pour le mérite", der höchsten Tapferkeitsauszeichnung des Ersten Weltkrieges, gewesen sei. Dieser Orden wurde ihm nie verliehen. Da er – auf einige Entfernung gesehen – dem bereits erwähnten Ordenskreuz ähnelt, kann es sich um eine Täuschung handeln. Es gibt allerdings auch retuschierte Fotos, von Luckner als Autogrammkarten verbreitet, auf denen er mit einem einretuschierten „Pour le mérite" abgebildet ist.

Um die Situation Luckners während der ersten Militärzeit als Offizier der Kaiserlichen Marine verständlicher zu machen, muß auf die Gesamtumstände eingegangen werden. Luckners Bruder war mit dem damaligen Kronprinzen befreundet, die beiden waren eine Zeitlang „Stubenkameraden" beim Militär. Über diese Freundschaft machte auch Felix Graf von Luckner die Bekanntschaft des Kronprinzen, den er nach dem Ersten Weltkrieg mehrfach traf. Seine Begeisterung für die Familie des Kronprinzen fand dann auch ihren Niederschlag beim Antritt der Kaperfahrt, als Luckner sich die Kronprinzessin Cecilie zur Schirmherrin auserkor.
Für seinen Dienstrang als junger Leutnant zur See war Luckner an Jahren bereits relativ alt. Wollte er Karriere machen, und das war sein Ziel, mußte er, außer durch dienstliche Fähigkeiten, etwas tun, um sich „von der Masse" der anderen Offiziere abzuheben. Das geschah einerseits durch die Zurschaustellung seiner Auszeichnungen, großspurige Reden über seine tatsächlichen

und vermeintlichen Abenteuer, die er als Matrose erlebt haben wollte, und eine gewisse „Besserwisserei" gegenüber anderen, aufgrund seiner seemännischen Vorbildung. Ehemalige Kameraden aus der Zeit berichteten dann auch, daß Luckner nicht unbedingt beliebt gewesen sei. Auch seine Darstellung, daß der Kaiser persönlich aus der Privatschatulle die Ausbildung bei der Marine bezahlt habe, trug nicht unbedingt zur Beliebtheit bei. Insbesondere, da diese Behauptung, sofern man den Rechnungsbüchern des Hofes glauben will, frei erfunden war. Lediglich die Bekanntschaft mit dem Kronprinzen verhinderte intensivere Nachforschungen.

In die Zeit zwischen dem Dienst bei der Hamburg-Amerika Linie und seiner Beförderung zum Leutnant zur See bei der Kaiserlichen Marine fiel auch die Scheidung Luckners von seiner ersten Frau. Vorausgegangen waren scheinbar tiefgreifende Zerwürfnisse zwischen den beiden, schließlich war Luckner während seiner Ehe, die von einigen Spöttern als „legalisiertes Bratkartoffelverhältnis" bekrittelt wurde, immer wieder auf langen Seereisen.
Die Scheidung, Anlaß gab die Geburt seiner Tochter, war das, was wir heute als „schmutzig" bezeichnen würden, wie ein Teil der überlieferten Akten belegt. Luckner bestritt die Vaterschaft der in die Ehe geborenen Tochter. Als Begründung führte er aus, daß er aufgrund eines Unfalls und einer verschleppten Geschlechtskrankheit zeugungsunfähig sei. Seine Frau konterte, daß Luckner sie häufig und willkürlich betrogen habe. Ein eingesetzter Gerichtsgutachter kam zu dem Schluß, daß die angebliche Zeugungsunfähigkeit Luckners nicht ganz eindeutig sei. So entschied das Gericht, daß die Ehe aufgrund des Verschuldens Luckners geschieden sei.

Luckners Mutter, die stets zu ihm stand.

Für einen kaiserlichen Offizier, so betonte Luckner gegenüber einem Kameraden, dem Leutnant zur See S., hätte die Ehe ohnehin keinen Bestand haben können, weil nicht standesgemäß. Ein Graf Luckner in Gesellschaft einer geborenen Schulz, das sei ein Unding, soll er gesagt haben.
Als geschiedener Offizier war er zwar weniger angesehen, dafür aber frei und ungebunden.

Kurz nach seiner Beförderung zum Kapitänleutnant bekam er dann die Möglichkeit, ein eigenes Schiff zu übernehmen. Ein Kommando, das sein weiteres Leben völlig verändern sollte.

Vorbereitung zur Kaperfahrt

„Ganz geheim – Von Hand zu Hand – Offizierssache", so der Stempel auf dem Dokument, das die Grundlage zur Kaperfahrt der „Seeadler" bildet. Das handschriftlich datierte, ansonsten maschinengeschriebene Papier, an den Chef der Marinestation Nordsee gerichtet, trägt als Absender die Signatur des Chefs der Admiralität der Marine. Darin heißt es:

„Ende Oktober ds. Js. soll ein als Hilfskreuzer ausgerüstetes Segelschiff zum Handelskrieg eingesetzt werden. Hierfür ist im Einvernehmen mit dem R.M.A. das als Prise eingezogene amerikanische Vollschiff ‚Pass of Balmaha' in Aussicht genommen. Das Schiff wird zur Zeit auf der Werft von Tecklenborg in Geestemünde mit einem Motor, einer F. T.-Anlage und den Vorkehrungen zum Aufstellen von 2 - 10,5 cm Sk [Schnellfeuerkanone] versehen.

Als Besatzungsetat wird im Einvernehmen mit dem R.M.A. festgesetzt:

Kommandant	aktiver Kapitänleutnant oder Korvettenkapitän
1. Offizier	Reserve-Offizier
3 Wachoffiziere	Reserve- oder Hilfsoffiziere
6 seemännische Unteroffiziere	2 Nr [Nachrichten] 1 für Sk, 1 Signalmaat, 1 Feuerwerksmaat
33 Matrosen	2 M.G.-Schützen, 1 Sprengvormann, 1 E-Messer, 2 Köche
1 Verwaltersmaat	
1 F. T.-Maat	
2 F. T.-Gäste	
1 Sanitätsmaat	
1 Maschinist	⎫
2 Maschinistenmaate	⎬ für Motorendienst
6 Heizer	⎭

Die „Seeadler" auf Kaperfahrt.

Als I. Offizier ist Leutnant z. S. der Reserve Kling kommandiert, der zur Zeit dem Admiralstab zur Verfügung gestellt ist und die Ausrüstungsarbeiten vorbereitet.

Es ist erwünscht, die Besatzung möglichst aus Freiwilligen zusammenzusetzen, unter Berücksichtigung der Anforderungen des Dienstes auf einem Segelschiff, und es erscheint daher zweckmässig, dem Leutnant z.S.d.R. Kling eine Auswahl der Besatzung zu ermöglichen. (...) beehre ich mich daher ergebenst um Einverständniserklärung zu ersuchen, dass Leutnant z.S.d.R. Kling sich bei dem Chef des Stabes der Marinestation der Nordsee Anweisungen erbittet, wie er bei der Auswahl seiner Besatzung verfahren soll.

Für das Gelingen des Unternehmens ist es erforderlich, dass alle Vorbereitungen geheim bleiben, daher muss die Kenntnis hiervon auf einen möglichst kleinen Kreis beschränkt bleiben."

Die Idee zu dieser Unternehmung, die letztlich von Felix Graf von Luckner als Kommandanten geleitet wurde, stammte von dem Leutnant zur See der Reserve Alfred Kling. Vor dem Ausbruch des Ersten Weltkriegs war Kling Erster Offizier auf verschiedenen Schiffen der Hamburg-Südamerikanischen Dampfschifffahrtsgesellschaft. Insbesondere als Schiffsführer bei der Südpol-Expedition des Forschers Dr. W. Filchner hatte er sich Meriten erworben. Vor seiner Kommandierung zur „Seeadler" war er Kommandeur des Torpedobootes „D 4" der 2. Marine-Flieger-Abteilung. Kling war es, der die Umbauten des Vollschiffes zum „Seeadler", das damals noch den Tarnnamen „Walter" trug, plante und überwachte. Kling war es auch, der die Mannschaft zusammenstellte, darunter auch bewährte Leute, die an seiner Polar-Expedition teilgenommen hatten. Ihm zufolge sollte der Blockadegürtel um Deutschland gelockert werden, indem geeignet erscheinende und unauffällige Schiffe für Kaperfahrten, das heißt für die Versenkung gegnerischer Schiffstonnage, ausgerüstet würden. Er hielt einen entsprechend ausgerüsteten Windjammer für völlig unverdächtig. Seiner Idee lag auch die Fahrtroute zugrunde. Die schriftliche Eingabe an die Marineleitung fiel auf fruchtbaren Boden, wie die weiteren Ereignisse zeigen.

Indirekt hatte Kling sich wohl erhofft, Kommandant eines solchen Kaperfahrers zu werden. Doch in diesem Punkt war die Marineleitung anderer Meinung. Mit den Stempeln „streng geheim" und „streng vertraulich" gingen Berichte über Kling, das Unternehmen und die Führungseigenschaften des Reserveoffiziers hin und her. So schrieb zum Beispiel der Befehlshaber der Marine-Luftfahr-Abteilungen am 7.8.1916 an die Marineleitung:
„Euer Excellenz, Möchte ich wegen des Unternehmens des Lt. d. Res. Kling eine Bitte vortragen. Kling ist seit Kriegsbeginn in meinem Befehlsbereich, ich kenne ihn gut. Nun höre ich, daß ihm für sein Unternehmen ein aktiver Seeoffizier als Kommandant gegeben werden soll. Darf ich gegen diese Absicht Bedenken anmelden. Kling ist zweifellos in der Lage, ein Schiff, wie es beabsichtigt ist, zu führen, was von einem Seeoffizier in entsprechendem Alter nicht anzunehmen ist. (...) Er ist ein richtiger rauher ‚Seebär', dabei doch sehr gerissen und geschickt."
Rund einen Monat später, am 9. August 1916, antwortete der Admiralstab in Berlin:
„Die Entscheidung über die Ernennung eines Kommandanten für den in Ausrüstung befindlichen Hilfskreuzer liegt zunächst beim Marine-Kabinett. Ich habe die Angelegenheit unlängst eingehend mit Kapitän zur See von Restorff besprochen.
Ich bin der Ueberzeugung, dass die von Euer Hochwohlgeboren hervorgehobenen dienstlichen und persönlichen Eigenschaften, sowie die berufliche Erfahrung des Leutnants zur See der Reserve Kling diesen für die Verwendung auf dem Hilfskreuzer ausserordentlich geeignet erscheinen lassen. Nach den Erfahrungen im Kreuzerkrieg halte ich es aber für ausgeschlossen, dass Leutnant Kling in allen Lagen den an ihn herantretenden Anforderungen gewachsen sein wird. Meine Bedenken werden von meinen Vorgesetzten geteilt, und ich glaube auch, dass im Marine-Kabinett solche Erwägungen bei der Kommandantenwahl erheblich mitsprechen werden.
Der Schwierigkeit, einem aktiven Seeoffizier des in Frage kommenden Dienstalters die Führung eines Segelschiffes anzuvertrauen und ihm Offiziere und Mannschaften unterzuordnen, deren Erfahrung im Segeldienst den seinigen überlegen sein

werden, wird bei der Auswahl der betreffenden Persönlichkeit Rechnung getragen werden.
Ich bin überzeugt, dass Leutnant zur See der Reserve Kling auch als I. Offizier des Hilfskreuzers auf dessen Fahrten wertvolle Dienste leisten wird."
Nach dem Tauziehen um die Leitung des Unternehmens wurde dann von dem Admiralstab der zum Kapitänleutnant d. R. beförderte Felix Graf von Luckner als Kommandant bestimmt. Ihm wurde der Befehl erteilt, zusammen mit dem Leutnant Kling die Ausrüstung des Schiffes zu überwachen und für die Einsatzbereitschaft der Mannschaften zu sorgen. Kling erfuhr von der Ernennung Luckners durch ein Schreiben der Marineleitung vom 22. September 1916. Der Text lautet:

Leutnant zur See Alfred Kling.

„Ganz Geheim! O-Sache [Offizierssache]. Als Kommandant für den Hilfskreuzer [‚Pass of Balmaha'] ist Kapitänleutnant Graf von Luckner in Aussicht genommen, der sich heute nach Bremerhaven begibt. Euer Hochwohlgeboren werden ersucht, den Grafen Luckner über den Stand der Ausrüstung des Schiffes und über die fernerhin geplanten Arbeiten usw. zu unterrichten. Graf Luckner wird sich Ihnen gegenüber ausweisen, indem er Ihnen diesen Brief persönlich überbringt."
In der Zwischenzeit waren die Arbeiten an dem Schiff, der ehemaligen „Pass of Balmaha", auf die noch einzugehen ist, recht weit fortgeschritten, wie ein Schreiben des Staatssekretärs des Reichs-Marine-Amtes vom 26. Juli 1916 beweist. Adressat war

der Chef des Admiralstabes der Marine. In dem als „ganz geheim" bezeichneten Schreiben heißt es:
„Das Segelschiff befindet sich im Umbau auf der Werft Tecklenburg, Geestemünde.
Da der Motor des Schulschiffes ‚Großherzog Friedrich August' reichlich klein ist und durch seinen Ausbau der auch im Kriege fortgesetzte Schulbetrieb unterbrochen werden würde, ist ein in Gent beschlagnahmter, für eine englische Firma gebauter Schiffsmotor untersucht und als geeignet befunden worden, nachdem einige Umänderungen vorgenommen worden sind. Der Motor ist von demselben Typ wie der von der Firma Tecklenburg für das Motorschiff ‚Rolandseck' gebaute und ist von der belgischen Firma Carrels, die mit Tecklenburg in Patentgemeinschaft gestanden hat, hergestellt. Er ist 6 cylindrig, jedoch in seiner jetzigen Form zu schwer und zu groß.
Es sollen daher 2 Cylinder abgetrennt werden, wonach noch eine Nutzkraft von reichlich 900 P.S. übrig bleiben wird.
Die Geschütze sind bereitgestellt, die F.T. in Arbeit."

Das Segelvollschiff „Pass of Balmaha", das am Heck New Orleans als Heimathafen führte und dem Reeder und Eigner Leslie Harris in New York gehörte, kam als Prise in deutschen Besitz. Der auf der Werft Duncan & Co. in Schottland gebaute Dreimaster führte auf der Schiffsglocke das Baujahr 1888. Zum Zeitpunkt der Aufbringung durch das deutsche U-Boot U-36 waren Dixon Metcalf der Kapitän, Claude Granier der Erste und William McCartey der Zweite Steuermann an Bord. Insgesamt hatte das Schiff eine Besatzung von 25 Mann.
Im Rahmen einer Fahrt zur Irischen See sichtete das deutsche U-Boot unter dem Kommandanten Kapitänleutnant Graeff das Segelschiff. Sie beschlossen, den Segler zu kontrollieren, und stellten dabei fest, daß eine Ladung Baumwolle, damals Bannware, an Bord war. Zunächst wurde geplant, das Schiff zu versenken, dann aber wurde der Steuermannsmaat Lamm damit beauftragt, das Schiff über Helgoland in einen deutschen Hafen zu bringen. Das Schiff wurde zur guten Prise erklärt, die amerikanische Flagge gestrichen und durch die deutsche Kriegsflagge

Die „Pass of Balmaha" vor Helgoland als „gute Prise".

ersetzt. Der amerikanische Kapitän, der die Versenkung auf alle Fälle verhindern wollte, gab sein Wort als Offizier für sich und die Mannschaft, daß sie keinerlei Aktivitäten gegen das Prisenkommando ergreifen würden und mit der Verbringung in einen deutschen Hafen einverstanden seien. Alleine übernahm Lamm das Schiff, wurde am ersten Tag noch von U-36 begleitet, um dann selbständig, zwar mit Unterstützung des deutschen Kochs Wüpperling, der zur Crew gehörte, den Weg in die Nordsee nach Deutschland anzutreten.

Nach mehreren Tagen sichtete der Segler unter seinem neuen „Kommandanten" das deutsche Vorpostenboot, den Fischdampfer „Senator Holthusen". Diesem wurde die Prisennahme mitgeteilt und der Wunsch geäußert, Schlepperhilfe für die Einfahrt in die Elbe zu bestellen. Nach mehreren Stunden erreichte die „Pass of Balmaha" dann das damalige Feuerschiff „Elbe A".

Dort kam auch der Sperrkommandant, Korvettenkapitän Bade, an Bord, der das Kommando übernahm. Das Prisenkommando erlebte noch vor Erreichen des nächsten Hafens eine handfeste Überraschung. Bei der Durchsuchung des Schiffes wurden in der Kettenlast vier englische Matrosen und ein Offizier entdeckt. Diese waren nicht schlecht erstaunt, als sie sahen, daß die „Pass of Balmaha", von einem Schlepper gezogen, in Richtung Cuxhaven geschleppt wurde.

Die Untersuchung ergab folgenden Sachverhalt: Der Segler war vor der britischen Küste bei den Rockall-Felsen von dem britischen Hilfskreuzer „Victorian" angehalten worden. Um das Schiff nicht auf hoher See kontrollieren zu müssen, wurde ein britisches Marine-Begleitkommando an Bord befohlen, um das Schiff zum Hafen von Kirkwell auf den Orkney-Inseln zu begleiten. Nur wenige Stunden später wurde der Segler dann von dem deutschen U-Boot aufgebracht, die Briten hielten es für sicherer, unter Deck zu verschwinden, damit es zu keinen Feindseligkeiten kommen konnte. Dort wurden sie von dem Koch in der Kettenlast eingesperrt.

Als die „Pass of Balmaha" in Cuxhaven im Amerika-Hafen anlegte, kam vom Admiral der Hochseeflotte der Befehl, daß der Steuermannsmaat zum Dienstgrad befördert und wegen der Aufbringung einer Prise aus feindlichen Gewässern mit dem Eisernen Kreuz 1. Klasse ausgezeichnet wird. – So kam die „Pass of Balmaha", bereits kurz danach in „Seeadler" umgetauft, mit einer höchst willkommenen Ladung in deutschen Besitz.

Die Maße der Prise: 75 Meter Länge, 11,80 Meter Breite bei einer Raumtiefe von 6,85 Metern. Die Tragfähigkeit betrug 1571 tons.

In Cuxhaven sah Kling das Schiff zum ersten Mal und hatte die Idee, das Vollschiff für Kaperfahrten einzusetzen.

Doch zurück zur Vorbereitung der Kaperfahrt.

Während die Umrüstung der Ex-„Pass of Balmaha" noch auf vollen Touren lief, war die Mannschaft bereits komplett zusammengestellt. Dabei hatten die Marineleitung sowie Leutnant Kling streng darauf geachtet, daß erfahrene Matrosen an Bord kamen, die bereits mehrere Jahre zuvor auf Großseglern die Weltmeere befahren hatten.

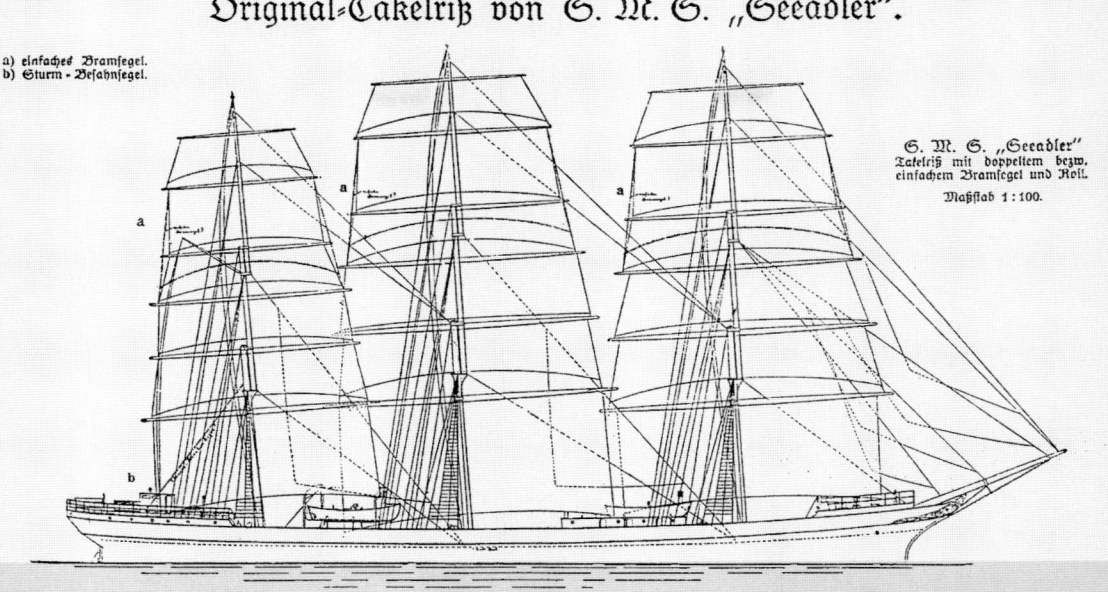

Original-Takelriß von S. M. S. „Seeadler".

a) einfaches Bramsegel.
b) Sturm - Besahnsegel.

S. M. S. „Seeadler"
Takelriß mit doppeltem bezw. einfachem Bramsegel und Roll.
Maßstab 1 : 100.

Veröffentlicht mit gütiger Erlaubnis der Firma Joh. C. Tecklenborg, A.-G., Schiffswerft und Maschinenfabrik, Bremerhaven-Geestemünde, die den „Seeadler" zu seiner Kaperfahrt ausrüstete.

Trotz des bereits herrschenden Personalmangels der deutschen Streitkräfte, auch der Marine, war es dennoch gelungen, eine gute Crew zu finden. Nur in der Person des 3. Wachoffiziers, des Hilfsleutnants z. S. Richard Pries, war die Wahl nicht sonderlich glücklich. Von diesem Offizier später mehr.

Gemäß einem Marinebericht setzte sich die Mannschaft wie folgt zusammen:

„Komdt.: Kapitänleutnant Graf v. Luckner; I.O.: Lt.z.S.d.R. Kling; N.O.: Lt.z.S.d.R. Kircheiss; FT.O.: Hilfslt.z.S. Pries; Offizierdienstt. Steuerm. Lüdemann, Mar.Ass.Arzt d.R. Pietsch (früher Hilfskreuzer ‚Möwe'); Masch.d.R. Krause; hierzu 57 Unteroffiziere, Matrosen und Heizer (davon 11 Mann Maschinenpersonal); Gesamtkopfstärke: 64."

Die Ernennung eines Offiziers der Kaiserlichen Marine zum Kommandanten eines Hilfskreuzers mag manchem als wirklicher Aufstieg, ja als Auszeichnung erscheinen. Dem ist nicht im-

mer so. In erster Linie wurden damals solche Offiziere zu Kommandanten ernannt, die „weggelobt" werden sollten. Das beweist auch ein Vergleich mit den anderen Hilfskreuzer-Kapitänen. Das schmälert die Leistungen der Männer keinesfalls, aber sie waren eben nicht die „unverzichtbare erste Garnitur". Spielschulden, Weibergeschichten, Unbeliebtheit bei Kameraden und Vorgesetzten waren die Gründe, die meist unausgesprochen hinter der „Beförderung" standen.
Bereits erwähnt wurde, daß Luckner in seinen ersten Jahren als Reserveoffizier bei der Marine nicht überall beliebt gewesen war. Nicht zuletzt aufgrund seines „losen Mundwerks".

Nach seiner Ernennung zum Kommandanten der „Seeadler" kam es fast wieder zu einer Absetzung, wie die Marine-Akten der Zeit beweisen. Das ganze Unternehmen war auf strengste Geheimhaltung ausgelegt, wenn es einem Kaperfahrer trotz der englischen Seeblockade möglich sein sollte, den Kreis der Bewacher zu durchstoßen. Und gerade an Geheimhaltung ließ es Luckner fehlen. Aus dem Konvolut an vertraulichen und mit dem Stempel „Ganz geheim" versehenen Akten zwei Dokumente im Wortlaut:
„Berlin, den 29. Novbr. 1916, In Ergänzung meiner mündlichen Meldung vom 26. d. Mts. [des Monats] (...) Am 25. d. Mts. abends fragte mich mein Junge, Sextaner des Realgymnasiums Berlin-Lankwitz, ob ich den Kaptlt. Graf Luckner kenne. Als ich dies bejahte, erzählte er mir, er habe von einem seiner Mitschüler namens Berkemeyer das Folgende gehört: Kaptlt. Graf Luckner sei vor einigen Tagen bei seinen Eltern eingeladen gewesen und habe bei dieser Gelegenheit in Gegenwart der Kinder erzählt, er ginge in den nächsten Tagen als Kommandant des Kreuzers ‚Seeadler' zu einer Sonderunternehmung in See. Der gen. [genannte] Kreuzer sei ein Segelschiff, fahre unter norwegischer Flagge, sei mit Geschützen armiert, die unter einer Holzverkleidung verborgen seien. Um die Harmlosigkeit der Unternehmung zu erhöhen, befände sich unter der Besatzung ein Schiffsjunge, der beim Zusammentreffen des Kreuzers mit feindlichen Schiffen durch eine Gesichtsmaske und Perücke unkenntlich ge-

Kronprinzessin Cecilie wurde von Luckner zur Schirmherrin des Hilfskreuzers „Seeadler" auserkoren.

macht und als Frau des Schiffsführers ausgegeben werden solle. Als erstes Operationsziel für den Kreuzer ‚Seeadler' sei die Zerstörung der englischen Funkenstation auf der Insel St. Helena, danach diejenige von Leuchttürmen an der australischen Küste vorgesehen. (...) Jähnke, Admiralstabsekretär."

Das zweite Schreiben, vom Kommandeur des U-48, Kapitänleutnant Buß, an die Marineleitung übersandt, hat folgenden Inhalt:

„Gestern teilte mir der Professor Dr. Heyne als Neuestes folgendes mit: ‚Meine Frau hat in der Seeburg in Kiel an einem Tisch, welcher in einer gewissen Entfernung von dem Tisch, an welchem Kapitänleutnant Graf v. Luckner saß, gehört, wie dieser zu seiner Tante Gräfin Moltke sagte: Tante weißt Du schon, ich rüste eine neue ‚Möwe' [deutscher Hilfskreuzer] aus usw., ich kann mir sogar alle Offiziere aussuchen usw.' Wieweit Professor Dr. Heyne diese Tatsache weitererzählt hat, ist mir nicht bekannt. Ich weiß nur, daß er die Angelegenheit seinem Schwiegervater, Herrn Justizrat Bockelmann, mitgeteilt hat. Ich kann auch nicht sagen, ob Graf Luckner über die anderen Schiffe gesprochen hat."

Weiter heißt es dann berichtigend: „Meine heutige Meldung berichtige ich dahin, daß Frau Professor Heyne nicht an einem entfernten Tisch, sondern, wie ich jetzt durch Rückfrage festgestellt habe, mit mehreren Damen, der Gräfin Moltke und dem Grafen v. Luckner an demselben Tisch gesessen hat."

Das Kommando der Marinestation der Ostsee befand diese Sachlage als besonders alarmierend. In einem Schreiben mit den Vermerken „Von Hand zu Hand", „Sofort", „Streng geheim" vom 7. November 1916 an die Marineleitung in Berlin heißt es: „Anliegende Abschrift zweier Meldungen betreffend Kapitänleutnant Graf v. Luckner zur gefälligen Kenntnisnahme und mit dem Anheimstellen des weiteren ergebenst übersandt.
Nach Ansicht des Stationskommandos liegt ein erheblicher Verstoß gegen die Pflicht der Verschwiegenheit, die gerade im vorliegenden Fall ganz besonders geboten war, vor.
Auch das sonstige Auftreten des Offiziers läßt es zweifelhaft erscheinen, ob er für die ihm zugedachte Aufgabe sonderlich geeignet ist. So erschien er anläßlich seines letzten Aufenthalts hier in Kiel bei Erledigung seiner dienstlichen Aufgaben in Zivil und fiel naturgemäß erst recht hierdurch auf. Hierauf hingewiesen, erklärte er, ihm sei vom Admiralstab das Zivitragen empfohlen worden. Daß diese ihm gegebene Anweisung sich nicht auf einen Aufenthalt in den Marinegarnisonen beziehen konnte, sondern gerade hier in Kiel das Verkehrte war, hatte er aus sich heraus nicht zu erkennen vermocht."

Zu den erhobenen Vorwürfen wurde Graf von Luckner vom Admiralstab vernommen. Das Protokoll ist leider nicht überliefert. Wie die Sache aber ausging, kann dem überlieferten Schreiben des Dr. Berckemeyer vom 28. November 1916 entnommen werden. Der Brief ist an den Führungsoffizier Luckners gerichtet.
„Dr. Berckemeyer, Generaldirektor der Schlesische Kokswerke & Chemische Fabriken Aktien-Gesellschaft. [An] Herrn Kapitän T u s s e i n t [müßte richtig Toussaint heißen], Admiralstab der Marine, B e r l i n. Sehr geehrter Herr Kapitän! Der mir befreundete Kapitänleutnant, Herr Graf Luttner, rief gestern in meiner Wohnung an und fragte meine Frau, was denn meine Jungen für Märchen erzählt hätten über Sachen, die er angeblich uns mitgeteilt habe. Es sei bei ihm vom Admiralstab dieserhalb angefragt worden. Er bat, sehr verehrter Herr Kapitän, Ihnen gegenüber den Sachverhalt aufzuklären. Diesem mir durch meine Frau übermittelten Wunsche komme ich gern nach.

Die „Seeadler" auf Reede.

Herr Kapitänleutnant Graf Luttner hat bei mir seine Lebensgeschichte erzählt, seine Ausreise als Quintaner mit einem russischen Segelschiff, seine Erlebnisse in Amerika, seine Rückkunft und sein Leben nach seiner Rückkunft. Außerdem hat er uns eine Darstellung der Schlacht am Skagerrak gegeben, die er miterlebt und von seinen Absichten, die er als Führer eines Unterseeboots habe, gesprochen. Ich habe keine Veranlassung genommen, meinen Jungen zu verbieten, hierüber zu sprechen, weil ich mir nicht denken konnte, daß das irgendwie dem Landesinteresse zuwider laufen könnte. Hätte ich das gewusst, dann hätte ich es natürlich meinen Jungen verboten.
Ich kann darüber, dass meine Kinder das erzählt haben, nur mein lebhaftes Bedauern zum Ausdruck bringen und hoffe, dass Herr Kapitänleutnant Graf Luttner aus diesen Mitteilungen, die er doch offenbar selbst für harmlos gehalten hat, keine Unannehmlichkeiten entstehen."
Abgesehen von der Tatsache, daß Luckner nie Kommandant oder auch nur Offizier eines U-Bootes war, zeigt der Brief die

Brisanz, die die Admiralität der Indiskretion Luckners beimaß. Insbesondere die auf dem Brief von Kapitän z. S. Toussaint gemachte handschriftliche Anmerkung verdeutlicht die strenge Mißbilligung:

„Dieser Herr kennt den Luckner offenbar nur sehr oberflächlich, denn er schreibt dessen Namen dreimal, also nicht versehentlich, sondern aus Unkenntnis, falsch. Einem so fremden Mann gegenüber hat L. die unerhörte Unvorsichtigkeit begangen, alle Einzelheiten seines Unternehmens zu erzählen. L. müßte, wenn er je heimkehren sollte, kriegsgerichtlich zur Verantwortung gezogen werden."

Trotz der hinter den Kulissen laufenden Ermittlungen der Marineleitungen hatte Luckner Glück, denn es war zu spät, ihn seines Postens zu entheben. Bereits am 20. November 1916 war ihm der Befehl für die Kaperfahrt mündlich und schriftlich erteilt worden:

„Stempel: Ganz geheim - Von Hand zu Hand - O-Sache.

Reinschrift gefertigt und mit 2 Anlagen am 20.11. an Kapitänleutnant Graf von Luckner abgegeben.

Befehl für S.M.S. ‚Seeadler' für den Handelskrieg.

I. Auslaufen bei möglichst schwerem Wetter. Es muß versucht werden, unbemerkt auf einen aus dem Skagerrak führenden Kurs zu gelangen. Übermittlung der Wetternachrichten siehe Anlage 1. (Die Gruppenführer der Vorpostengruppen der Nordsee sind angewiesen, das Schiff unbehindert durchzulassen und im Notfall Hilfe zu leisten. Für den Fall, daß das Schiff von eigenen Seestreitkräften angehalten wird, soll es sich durch das Winkspruch-Signal ‚Seeadler' zu erkennen geben.)

II. Es wird empfohlen, feindlichen Streitkräften nur dann auszuweichen, wenn dies unauffällig geschehen kann, sonst es auf Anhaltung und Untersuchung ankommen lassen, feindliches Prisenkommando überwältigen. Wenn die Durchführung der Verkleidung keine Aussicht auf Erfolg mehr verspricht, soll vor der Versenkung des Schiffs Flagge und Wimpel geheißt und Uniform angelegt werden.

III. Aufgabe 1) Handelskrieg. Auf genaue Befolgung der Prisenordnung wird hingewiesen. Die ‚Geheimen Angaben für den

Die „Seeadler" auf hoher See.

Handelskrieg' sind zu beachten. Tätigkeitsgebiet: zunächst der Segelschiffsweg im südlichen Atlantischen Ozean; wenn der Kreuzer sich hier nicht mehr halten kann, sollen die Segelschiffswege im Stillen Ozean aufgesucht werden. Weitere Entschließungen nach eigenem Ermessen. Das Hauptangriffsziel ist die Getreidezufuhr zu unsern Feinden, die während des ganzen Jahres aus Australien erfolgen und außerdem von Anfang Februar an besonders stark aus dem La Plate einsetzen wird.
2) Einschränkungen für den Handelskrieg. a) Um die Tätigkeit S.M.S. ‚Seeadler' solange wie möglich zu verschleiern, sollen nur solche Schiffe angehalten werden, deren Vernichtung mit Sicherheit erfolgen wird, neutrale Schiffe also nur, wenn aus zuverlässigen Anzeichen hervorgeht, daß ihre Ladung zu mehr als der Hälfte aus Bannware mit feindlicher Bestimmung besteht.
Es ist besonders darauf zu achten, daß die Anhaltung und Versenkung von Prisen nicht von anderen Schiffen oder von Land aus beobachtet wird.
b) Nach einem Sonderabkommen mit den Vereinigten Staaten von Amerika sollen amerikanische Schiffe nur dann versenkt werden, wenn ihre Ladung zu mehr als der Hälfte aus unbedingten Bannwaren nach Artikel 22 der Londoner Erklärung (...) oder aus für den Kriegsgebrauch geeigneten Kraftfahrzeugen und Flugzeugen besteht.
IV. Hilfsmittel 1.) Auf Unterstützung aus der Heimat und dem neutralen Ausland kann nicht gerechnet werden. 2.) Nachrichten-Übermittlung siehe Anlage 1.   3.)a) Die Etappen New York und Buenos Aires haben das als Anlage 2 beigefügte Schreiben und 3 Verzeichnisse von Namen erhalten, die für den F.T.-Verkehr mit den Etappen und W.M. bestimmt sind, siehe Geh. Sammel No. 62 (...)."
Die Vorbereitungen für die Kaperfahrt der „Seeadler" waren mit der Mitteilung des Admiralstabes Nordsee an das Marineamt Berlin vom 28.12.1916, als der Vollzug gemeldet wurde, abgeschlossen. In dem geheimen Schreiben heißt es:
„S.M.H. [Seiner Majestät Hilfskreuzer] ‚Seeadler' ist am 21. Dezember von Amrum aus, wo das Schiff seine Verkleidung vollendete, in See gegangen. Da die Windverhältnisse günstig waren

und die Beobachtungen des F. T.-Verkehrs in der Nordsee nichts auffälliges ergeben haben, kann angenommen werden, daß es dem Schiff gelang, die feindlichen Bewachungslinien zu durchbrechen. [Unterschrift unleserlich]"

Weiter heißt es: „SMH. ‚Seeadler' wird Handelskrieg gegen Segelschiffe im südlichen Atlantischen Ozean führen. Das Schiff ist als Vollschiff getakelt, hat einen Ölmotor, mit dem es bis zu 10 sm Fahrt laufen kann, ist mit 2 - 10,5 cm SP und 2 M.G. bewaffnet und mit F. T. ausgerüstet. Kommandant Kapitänleutnant Graf Luckner. [Unterschrift unleserlich]"

Untergang eines gegnerischen Seglers.

Die Kaperfahrt der „Seeadler"

Durch die teilweise vehemente Kritik an seiner Darstellung der Kaperfahrt ins Kreuzfeuer geraten, schilderte Luckner die Fahrt in seinem nicht sehr bekannt gewordenen, 1938 erschienenen Buch „Ein Freibeuterleben" erheblich sachlicher. Wahrscheinlich aufgrund von Details, wie sie im nachstehenden „Kriegstagebuch" aufgeführt sind.
Luckner schrieb: „An den Taten des ‚Seeadler' und seiner Besatzung hat sich die deutsche Jugend begeistert. Die Abenteuer des eigentlichsten und letzten aller Freibeuter, auf Segelschiffplanken, unter wehender, deutscher Kriegsflagge, aber auch unter dem wehenden Piratenwimpel, sind zur Grundlage für meine Vortragsreisen geworden. Legenden haben sich um das einzige Kreuzerkrieg führende Segelschiff der Welt gewoben."
Selbstkritisch fährt er fort: „Heute will ich nun noch einmal von all diesem erzählen, aber einmal ruhiger, nüchterner, sachlicher, als es bisher oft genug geschehen ist. In den Geschehnissen selbst und ihrem Ablauf liegt so viel Romantik, daß sie auch ohne sonderliche Ausschmückung nach meiner Meinung den Hörenden, den Empfangenden zu fesseln und vielleicht auch zu begeistern oder gar zu erschüttern vermögen."
Die Legende des „Seeteufels" nahm ihren Anfang mit der Bemannung des Schiffes für die Kaperfahrt, dem Durchbruch durch britische Blockadelinien und dem Versenken von gegnerischer Schiffstonnage. Da Luckner die tatsächlichen Geschehnisse nie vollständig wiedergab, soll an dieser Stelle ein stocknüchternes Dokument, das offizielle Kriegstagebuch, detailliert zitiert werden.
Wie der Marine-Historiker Fregattenkapitän Dr. Jörg Duppler auf Anfrage erklärte, ist das Logbuch eines Schiffes nach internationalem Seerecht eine Urkunde, ebenso wie das zusätzlich geführte Kriegstagebuch eines Marineschiffes. Beide Dokumente würden bei See- oder Kriegsgerichtsverfahren als absoluter Be-

Die Mannschaft der „Seeadler".

Das Foto entstand vor dem Auslaufen zur Kaperfahrt.

weis verwendet. Das bedeutet, daß falsche Angaben oder Verfälschungen rechtswidrig sind. Insofern kann davon ausgegangen werden, daß die Zitate stimmen.

Anmerkungen und Einfügungen, die dem besseren Verständnis dienen, sind deutlich kenntlich gemacht. Das Original-Dokument ist entweder in Luckners Handschrift oder in der Handschrift der eintragenden Offiziere, jeweils Seite für Seite mit Unterschrift oder Unterschriftenkürzel versehen, in Sütterlin-Schrift geschrieben.

Nur dort, wo es unbedingt erforderlich war, wurden die falschen oder irreführenden Angaben Luckners eingefügt und kommentiert.

Das Kriegstagebuch beginnt:
„2. XII. 16 [1916]: Auf der Reede von Blexen (Weser) stellte S.M.S. ‚Seeadler' dreimastiges, vollgetakeltes Schiff in Dienst. Das Schiff führt einen Hilfsmotor, welcher von der Firma Tecklenborg in Geestemünde eingebaut wurde.
Besatzungsstärke: 64 einschließlich Kommandant.
Im einzelnen: 1 Kommandant, Kaptlt. Graf v. Luckner; I. Offizier, Lt. z. S. d. R. Kling; Wachoffizier, Hilfslt. z. S. Pries (F.T.O. + P.O.) Sp.O.; Wachoffizier Lt. z. S. d. R. Kircheis [später auch Kircheiss oder Kirchheiß geschrieben] (N.O + P.O.) A.O.; Stm. Maat (R.O.A.) Offizierdiensttuer, Lüdemann. Ass. Arzt d. R. Dr. Pietsch. Maschinist d. R. Krause; Unteroffiziere, Obermatrosen, Matrosen, O. Heizer, Heizer.
Der Hilfsmotor (Dieselmotor) verleiht dem Schiffe bei ruhigem Wetter und glatter See eine Geschwindigkeit von [im Original nicht eingetragen] kn. pr. Std. Die Bewaffnung besteht aus zwei 10,5 cm S.K. 4/40 und zwei Maschinengewehren, 200 St. Sprengpatronen M 03 und der dazu gehörenden besonderen Ausrüstung. Munition und Proviant ist für ungf. [ungefähr] 10 Monate vorgesehen. Offiziere und Mannschaft tragen bis auf Durchbrechung der Blockadelinien Zivil und sind mit norwegischen Papieren versehen.
3.XII.16 Reede von Blexen: Anker gelichtet und Weser abwärts gefahren. Während der Fahrt von Wesermündung nach

Schwaabtief nichts gesichtet. Nachmittags vor Schwaabtief geankert. Nachts Schiff abgeblendet. Gingen Kriegswache.
4.XII.16 Bei Schwaabtief Anst. Tonne: 3 h 40 m p.m. Anker gelichtet. Gingen über die Barre in die Norder Aue. Tiefgang des Schiffes: V. [vorn] 6,3 Mtr. H. [hinten] 6,8 Mtr. Geringste gelotete Tiefe: 7,5 Mtr. Wegen einbrechender Dunkelheit um 4 h 35 m p.m. bei Tonne E. geankert.
5.XII.16 Norder Aue bei Tonne E.: 10 h 22 m a.m. [vormittags] Anker gelichtet und auf Boje N. gesteuert. 11 h 42 m a.m. dort geankert. S. M. S. ‚Seeadler' hatte Befehl, dort zur Durchführung einer guten Verkappung [Tarnung] eine Holzdeckslast aus einem dort bereits verankerten Leichter überzunehmen.
6.XII.16 Norder Aue, Tonne N.: Die Deckslast wurde übernommen und Sprengübungen mit der Sprengmannschaft unter Aufsicht des Sp. O. vorgenommen.
7.XII.16 Norder Aue, Tonne N.: Die Deckslast wurde übernommen. Der Name ‚Kalliope' [norw. Segelschiff] wurde am Bug und Heck angemalt. Ebenso an beiden Seiten die norweg. Farben und ‚Norge'. Für das Schiff ‚Kalliope' befinden sich fertige Papiere an Bord. — 8.XII.16 Norder Aue, Tonne N.: Die Deckslast wurde übernommen. Übungen im Handgranatenwerfen unter Leitung des A.O.
9.XII.16 Norder Aue, Tonne N.: Es wurde weiter an der Übernahme der Deckslast gearbeitet. — 10.XII.16 Norder Aue, Tonne N.: Desgl. — 11.XII.16 Norder Aue, Tonne N: Die Übernahme der Deckslast wurde beendigt. Sie wurde fest gegen Seeschlag gelascht. Notrelings wurden errichtet. — 12.XII.16 Norder Aue, Tonne N: Schiff wird seeklar gemacht. — 13.XII.16 Norder Aue, Tonne N: Instruktion und Schießübung der Mannschaft mit der Parabellum-Pistole.
14.XII.16 Norder Aue, Tonne N: Schießübung der Mannschaft mit Karabinern.

Aus norwegischen Zeitungen war festgestellt worden, daß sich das Segelschiff ‚Kalliope' auf einer Reise vom Westen nach dem Osten befand. Da zu vermuten ist, daß die die Blockadelinie passierenden Schiffe genauer untersucht werden und die Hilfskreuzer, welche diese Untersuchung führen, sämtlich im Besitz der Shipping Gazette [Nachweis über Bewegungen sämtlicher Schiffe der Welt] sind, war die Aussicht auf Durchbruch der Blockadelinien unter dem Namen ‚Kalliope' gering. Unter allen Umständen war unter dem Namen für die Sicherheit des Schiffes zu fürchten. Es mußte der Deckname eines Schiffes gesucht werden, welches sich z. Zt. ostwärts der Blockadelinien befand. Nach sorgfältiger Durchsicht aller an Bord befindlichen Norw. Zeitungen wurde der Name ‚Hero' gewählt. Dieser Name befand sich auf der norwegischen Sjofarts Listende um den 20. Nov. 16 herum in einem Norw. Hafen und war bei einem Schiffsmakler zum Verkauf ausgeboten. Das war für S. M. S. ‚Seeadler' der günstigste Deckname, da man danach Heimatshafen und Reeder des Schiffes beliebig wählen konnte. Als Heimatshafen wurde ‚Avendal' geführt, als Reeder galten Grefstad & Herbofson. Aus den mitgenommenen Papieren mußten nunmehr die alten Namen entfernt und der Name ‚Hero' eingetragen werden. Das gelang mit Tintentot. Es wurde beschlossen, bei der Untersuchung die Papiere in feuchtem Zustande vorzulegen, da kleinere durch den chemischen Prozeß hinterbliebene Spuren dadurch vollständig unsichtbar wurden. Das Schiff führt ab heute den Namen: ‚Hero'. Heimatshafen: Avendal."

In seinem „Seeteufel" erzählt Luckner, daß der Schiffsname sowie die Daten gleich mehrfach geändert werden mußten. So sollen die Papiere auf die Namen „Maletta", „Carmoe" und „Irma" gelautet haben. Ein Fehler: Richtig ist, daß die Marineleitung zunächst die „Maletta" als Tarnung auserkoren hatte, dann allerdings eine Änderung vorgenommen werden mußte, da die echte „Maletta" bereits in See gestochen war. Die Irreführung der Engländer wurde nicht unter dem Schiffsnamen „Irma", wie im Buch „Seeteufel" beschrieben, sondern, und das beweisen sogar die Fotos von Bord der „Seeadler", unter dem Namen „Hero" vorgenommen.

„15.XII.16 Norder Aue, Tonne N.: Schießübung der Mannschaft mit Karabinern. Schiff ist seeklar. Erwarten weitere Befehle vom Admiralstab. — 16.XII.16 Norderaue, Tonne N: Instruktion der

Mannschaft über Verhalten bei der Durchsuchung. — 17.XII.16 Norderaue, bei Tonne N.: 2 h 20 m Nachm. Torpedoboot S. 128 mit Befehlen längsseit. Erhielten Auslauferlaubnis. — Warten auf stürmischen SO-Wind. — 20.XII.16 Norderaue, bei Tonne N.: Segelübungen der Mannschaft.

21.XII.16 Schwaabtieftonne: Bei auffrischendem Wind wurde am 20.XII. 2 h 40 m nachm. der Ankerplatz in der Norderaue nach Tonne E verlegt, um bei anhaltendem gleichen Wind am nächsten Morgen bei günstigen Wasserverhältnissen (Hochwasser: 7 h 50 m) auszulaufen. 9 h 25 m vorm. am 21.XII. wurde die Barre passiert und im Laufe des Vormittags Fahrtübungen mit dem Motor abgehalten. Schwaabtieftonne dabei in Sicht. 12 h m. alle Segel gesetzt und die Ausfahrt begonnen.

22.XII.16 (auf See): 7 h 27 m nachm. am 21.XII.16 wurde Hornsriff Fsch. [Feuerschiff] in einem Abstand von 3 sm passiert. Schiff fuhr abgeblendet u. machte in den schweren Böen bis zu 13 sm. Motor außer Betrieb. Nichts gesichtet. — 23.XII.16: Nichts gesichtet. Motor: große Fahrt. Alle Segel bei. — 24.XII.16: Alle Segel bis auf die Untermarssegel & Fock festgemacht. Am 23.XII.16, 1 h nachm. einen schwarz gemalten Dampfer passiert ohne Nationalitätsabzeichen.

25.XII.16: Böiges Wetter. Bei Tagesanbruch Wind an Stärke nachlassend. Alle Segel gesetzt. Befanden uns zwischen den Faröer-Inseln und Island. Schiff fuhr abgeblendet.

Am 25.XII.16, 9 h 10 m a.m. wurde vom Ausguckposten ein an B.B. [Backbord] achteraus befindlicher Dampfer gemeldet. Beim Sichten lag der Dampfer auf Parallelkurs. Es war kurz nach Tagesanbruch. Um 9 h 20 m a.m. drehte der Dampfer plötzlich ab und hielt auf S. M. S. ‚Seeadler' zu. Beim Näherkommen wurde der Dampfer als englischer Hilfskreuzer erkannt. S. M. S. ‚Seeadler' setzte seinen Kurs unter Segel bei achterlichem Winde unbeirrt fort. Der Motor war gestoppt. 1 h 30 m wurde auf dem Hilfskreuzer das Signal gesetzt: Drehen Sie augenblicklich bei, gleichzeitig wurde ein blinder Schuß abgefeuert. S. M. S. ‚Seeadler' setzte nunmehr die norwegische Flagge und drehte bei. Der englische Hilfskreuzer kam bis auf 200 m an ‚Seeadler' heran, die Geschütze sämtlich besetzt. Mit langsamer Fahrt fuhr er vorbei, stoppte in einem ungf. Abstand von 500 m und setzte ein Boot aus.

11 h 10 m Boot längsseit. Zwei Offiziere und ein Signalgast kamen an Bord, sämtlich unbewaffnet. Der älteste Offizier bat um Vorzeigung der Ladungspapiere, der jüngere wohnte der Untersuchung bei. Nach Durchsicht der Ladungspapiere erhielt der Signalgast den Befehl, folgenden Winkspruch an den Hilfskreuzer abzugeben: norwegisches Segelschiff ‚Hero' mit Holzladung nach Melbourne. Der untersuchende Offizier notierte sich Art und Größe der Ladung, Namen des Reeders, des Kapitäns und Stärke der Besatzung. Die Untersuchung verlief zur Zufriedenheit des Untersuchungsoffiziers. Er verabschiedete sich mit den Worten: ‚Well, captain, your papers are all right, but you have to wait about two hours for instructions. Happy christmas.'

Während der Untersuchung, welche in der Kajüte geführt wurde und welcher außer dem Kommandanten der U. Lt. z. S. Pries & Steuerm. Maat Lüdemann beiwohnten, umfuhr der Hilfskreuzer in allernächster Nähe das Schiff, die Geschütze dabei fortwährend auf S. M. S. ‚Seeadler' gerichtet haltend. Nach Beobachtung bestand die Bewaffnung aus 6 St. 15 mm (kann auch schwerer gewesen sein) und mehreren kleineren Geschützen. Nach Aussage eines Matrosen des Prisenbootes soll der Name des Hilfskreuzers ‚Highland Scott' gewesen sein."

Im Buch „Seeteufel" benennt Luckner den untersuchenden Kreuzer mit „Avenge".

„Nachdem das Prisenboot auf dem Hilfskreuzer an Bord genommen war, entfernte sich der Kreuzer bis auf einen Abstand von ungf. 1,5 sm. S. M. S. ‚Seeadler' lag weiter beigedreht an der alten Stelle. Nach ungf. einer Stunde wurde auf dem Engländer ein Signal gesetzt und der Kurs auf S. M. S. ‚Seeadler' gerichtet. Das Signal wurde ausgemacht als: T. W. V.: setzen Sie Ihre Reise fort. S. M. S. ‚Seeadler' setzte das Signal: X. O. R.: danke Ihnen. Hierauf wurde auf dem Engländer das Signal gesetzt: T. D. L.: wünsche Ihnen eine glückliche Reise. S. M. S. ‚Seeadler' setzte hierauf seine Fahrt fort.

Während der Untersuchung hielt sich der nicht zur norwegisch sprechenden Besatzung gehörige Teil der Mannschaft unter

Heroisierende Darstellung der „Seeadler".

Deck auf. Sie war bewaffnet, um im Falle, daß ein Prisenkommando an Bord kommandiert werden würde, dieses überwältigen zu können. Vorrichtungen, um S. M. S. ‚Seeadler' im Falle der Entdeckung sofort sprengen zu können, waren getroffen.

Das Verhalten von Offizieren und Mannschaft vor und während der Untersuchung war ein hervorragend kaltblütiges."
Unterbrechen wir die Lektüre des Kriegstagebuches an dieser Stelle für eine Anmerkung. In seiner Erzählung „Seeteufel" und natürlich in seinen späteren Büchern schildert Graf von Luckner die Situation wesentlich phantastischer, dramatischer und mit vielen Ausschmückungen, auf die weder das Logbuch noch das Kriegstagebuch einen Hinweis geben. So soll sogar ein Matrose in Frauenkleidern als angebliche Frau des Kapitäns auf einem Sofa drapiert gelegen haben, um friedvolle Ruhe vorzutäuschen, während unter Deck die versteckte Mannschaft die Lunten zur Sprengung der „Seeadler" aufgrund eines Mißverständnisses bereits gezündet hatte.

Britischen Quellen ist zu entnehmen, daß die Engländer schlicht auf die Tarnung des Schiffes bei der Kontrolle hereinfielen. Von dramatischer Aktion oder besonderen Vorkommnissen ist keine Rede.

Doch folgen wir der „Seeadler" auf ihrem weiteren Weg.
„26.XII.16: Nichts gesichtet. Motor große Fahrt. Bramsegel fest. Fuhren abgeblendet.
27.XII.16: Nichts gesichtet. Unter-Bramsegel beigesetzt. Motor gestoppt. Fuhren abgeblendet. – 1.I.17: Motor gestoppt. Schwerer Sturm mit orkanartigen Böen. Schiff lag beigedreht vor Untermarssegeln. – 2.I.17: Wind abflauend. Begannen mit Lösen der Zurrings der Deckslast. – 3.I.17: Motor große Fahrt. Deckslast ist geworfen. Der Name ‚Hero' wurde übermalt und dem Schiff der Name ‚Maletta' beigelegt, Heimatshafen: Drambar. Anlaß: Die Überprüfung durch den engl. Hilfskreuzer.
4.I.17: Geschütze an Deck genommen und montiert. Klar zum Anschießen."
In seinen zahlreichen Vorträgen vor amerikanischen Auslandsdeutschen, wie sie Zeitungsausschnitten zu entnehmen sind, behauptete Luckner sogar, daß die „Seeadler" keinerlei Bewaffnung, also auch keine Geschütze, an Bord gehabt habe. Vielmehr habe er stets nur geblufft und notfalls den Gegnern „über

Lautsprecher" mit Torpedobeschuß oder Waffeneinsatz gedroht, um die Schiffe zum Beidrehen zu bewegen. Mit dieser Behauptung wollte er seine Pfiffigkeit und den Heldenmut der Mannschaft gesteigert zur Geltung bringen.

„5.I.17: Marssegel beigesetzt. Motor im Betrieb. Geschütze wurden angeschossen. Alles in Ordnung. Schiff ist gefechtsklar. –
6.I.17: Nichts Besonderes. Motor anläßlich des Gegenwindes weiter im Betrieb. Vorbereitung im Zw. D. [Zwischendeck] zur Aufnahme der Gefangenen.
9.I.17: Während der Nacht nichts Besonderes. Motor: große Fahrt.
Um 9 h a.m. sichteten an B. B. voraus einen Dampfer. 9 h 10 m darauf abgehalten, und zwar so, daß der Dampfer den Kurs S. M. S. ‚Seeadler' nahe beim Schiff schneiden mußte. 10 h 30 Signal gesetzt: Ich bitte um Ihre Chronometerzeit. Der Dampfer näherte sich und setzte den internationalen Antwortwimpel: verstanden. Nationalflagge wurde nicht gesetzt. Schornstein und Außenbordsfarbe war schwarz. Kurz nach dem Passieren des Hecks S. M. S. ‚Seeadler' setzte der Dampfer die englische Flagge. ‚Seeadler' wurde auf Parallelkurs gelegt und Klarschiff angeschlagen. 11 h 15 m wurde zugleich mit der Kriegsflagge das internationale Signal gesetzt: Stoppen Sie sofort. Ein Warnungsschuß wurde abgefeuert. Aus dem Schornstein des Dampfers quoll hiernach dichter Rauch, auch der Schraubenwirbel im Kielwasser verringerte sich nicht. Abstand der beiden Schiffe voneinander um diese Zeit: ungf. 800 m.
Ein zweiter Warnungsschuß wurde ebenfalls wirkungslos abgefeuert. S. M. S. ‚Seeadler' nahm nun mit Motor: äußerste Fahrt die Verfolgung auf. Der dritte und vierte Schuß wurden über den Dampfer hinweg gefeuert, ebenfalls ohne Wirkung. Der fünfte Schuß war Treffer im Achterschiff. Er schlug an der B. B.-Seite des Hecks ein und zerstörte mehrere Kammern, darunter diejenige des I. Steuermanns völlig, und rief Brandwirkung hervor. Hierauf stoppte der Dampfer und setzte unaufgefordert ein Boot aus. Mit diesem erschien der Führer des Schiffes (engl. Dampfer ‚Gladys Royle' Heimatshafen Sonderland, 3268 Brt. Reg. Ton.) an Bord S. M. S. ‚Seeadler' und brachte die Schiffs-

und Ladungspapiere an Bord. [In seinen Büchern gab Luckner den Namen dieses Schiffes stets mit „Gladys Royal" an, ein offensichtlicher Irrtum].

11 h 45 m setzte S. M. S. ‚Seeadler' ein Motorboot aus und sandte ein Prisenkommando unter dem Befehl des H. Lt. z. S. Pries auf die Prise, mit der Anweisung, dem Kreuzer bis zum Anbruch der Dunkelheit zu folgen. Das geschah zum Zwecke, aus der Route der Schiffe zu gelangen, da S. M. S. ‚Seeadler' Proviant benötigte und die Übernahme längere Zeit erforderte. ‚Gladys Royle' folgte dem Kreuzer in einem Abstand von 3 sm. Um 5 h 45 m wurde gestoppt und es erfolgte die Abgabe der gewünschten Materialien und des Proviants. – Nachdem die Besatzung unter Mitnahme ihrer Privateffecten das Schiff verlassen hatte, wurde die ‚Gladys Royle' durch Sprengpatronen auf 37° 35' N, 21° 11'W versenkt. – Die Besatzung bestand aus Farbigen (Barbadosnegern), auch waren zwei Russen, ein Portugiese und ein Spanier darunter. Nur die Schiffsoffiziere waren Engländer. Getötet oder verletzt wurde keiner. Die Ladung war nach Buenos Ayres bestimmt und bestand aus 3920 t. Cardiff-Kohle.

10.I.17: Alle Segel gesetzt. Gefangene im Zw. D. [Zwischendeck] untergebracht. Sie wurden in Kenntnis gesetzt, daß Widersetzlichkeiten schärfste Maßregeln nach sich ziehen.
Um 9 h 30 m a.m. vom Posten Ausguck im Großtopp ein Dampfer gesichtet. Änderten den Kurs so, daß der Dampfer den Kurs von ‚Seeadler' kreuzen mußte. Setzten bei Annäherung die norwegische Flagge und das Signal: Ich bitte um ihre Chronometerzeit. Der Dampfer setzte das internationale Signal: verstanden. Eine Nationalflagge wurde nicht gesetzt. Schornstein und außenbords schwarz gemalt. Kurz nach seinem Passieren (10 h 30 m) wurde die deutsche Kriegsflagge und das Signal: ‚Stoppen Sie sofort' gesetzt und ein Warnungsschuß vor seinen Bug abgefeuert. Der Dampfer reagierte nicht darauf, sondern suchte mit äußerster Fahrt zu entkommen. Er fuhr gegen den Wind. Ein zweiter und dritter Schuß hatten ebenfalls keinen Erfolg.
S. M. S. ‚Seeadler' geite nunmehr alle Segel auf und verfolgte mit äußerster Maschinenkraft den fliehenden Dampfer. Das Ge-

schützfeuer wurde nunmehr auf den Dampfer gerichtet. 10 h 45 m erster Treffer, Heck/Wasserlinie. Dampfer stoppt nicht. 10 h 48 m zweiter Treffer im Heck, das ganze Rudergeschirr zerschmettert. Der Dampfer stoppte sofort. Kein Toter oder Verwundeter. - Der Name des Dampfers war ‚Lundy Island'. Heimatshafen West-Castlepool, 3095 Brt. Reg. Tons. Ladung 4500 Tons Zucker für Nantes (Frankreich). Die Besatzung bestand aus 24 Mann, 50 Farbigen, Askaren und Negern. Die Schiffsoffiziere waren Engländer.

In Rücksicht auf die Sicherheit des eigenen Schiffes, welches sich im Dampfertrack [die von Dampfern befahrene Haupt-Schiffahrtsroute] befand, wurde durch Flaggensignal sofortiges Verlassen des Schiffes gefordert. Nachdem die vollzählige Besatzung an Bord genommen war, wurde das Schiff um 12 h 20 m m. auf 35° 12' N, 21° 59' W durch Geschützfeuer versenkt. Der Führer hieß Barton und hatte bereits ein Schiff, die ‚Colbridge' [von S. M. S. ‚Möwe', einem weiteren Kaperfahrer der Reichsmarine, aufgebracht], eingebüßt.

11.I.17: Alle Segel gesetzt. Maschinengewehr-Übungsschießen. Motor gestoppt. Nichts gesichtet. (P. g.) [Positionslampen gesetzt]. — 12.I.17: Alle Segel gesetzt. Masch.-Gewehr-Scharfschießen nach schwimmenden Zielen. Nichts gesichtet. Motor gestoppt. P. g. — 15.I.17: Segel wegen ungünstigen Windes aufgegeit. Motor große Fahrt. Nichts Besonderes. P. g. —

16.I.17: Segel beigesetzt. Motor gestoppt wegen Reparatur. Nichts gesichtet. P. g.

21.I.17: Alle Segel bei. Motor gestoppt. Am 21.I.17 morgens 9 h 10 m sichteten einen Gegensegler. 9 h 40 m Motor klar zum Manöver. Klarschiff. Die Gefangenen unter Deck. Norwegische Flagge gesetzt und das Bezeichnungssignal der ‚Maletta'. Der Gegensegler antwortete und zeigte die französische Flagge und sein Bezeichnungssignal. 10 h 20 m neutrale Farben und Flaggen verdeckt bzw. niedergeholt. Die deutsche Kriegsflagge wurde gesetzt und zugleich mit dem Signal: drehen Sie augenblicklich bei, einige Warnungsschüsse aus einem Maschinengewehr auf den Segler gefeuert (vor den Bug).

Das Schiff drehte sofort bei. 10 h 30 m setzte ein Prisenkommando unter dem Befehl des H. Lt. z. S. Pries von S. M. S. ‚Seeadler' ab. – Die Einsicht der Schiffspapiere ergab folgendes: Name: ‚Charles Gounod', Heimatshafen: Nantes, Nationalität: französisch. Rauminhalt: 2199 Brt. R. T. Reederei: Société nouvelle d'armement. Abgangshafen: Durban. Bestimmungshafen: Nantes. Ladung: 3300 t Mais. – Kapitän und Mannschaft erhielten Befehl, sich mit ihren Privateffecten auf S. M. S. ‚Seeadler' zu begeben. Dem Schiff wurde Proviant entnommen für die Verpflegung der Gefangenen und den Eigengebrauch [im Kriegstagebuch steht statt Eigengebrauch meistens Eigenbrauch; wegen der besseren Lesbarkeit wird stets „Eigengebrauch" geschrieben] S. M. S. ‚Seeadler'. Die Mannschaft war 24 Mann stark und bestand ausschließlich aus Franzosen, sehr gut aussehenden kriegsbrauchbaren Leuten. ‚Charles Gounod' wurde auf 6° 4' N & 28° 40' W durch 4 Sprengpatronen zum Sinken gebracht. Er sank innerhalb 40 Minuten.

26.I.17: Alle Segel aufgegeit. Motor große Fahrt. Kreuzten im Segelschifftrack. P. g. — 27.I.17: Alle Segel aufgegeit. Motor große Fahrt. 10 h a.m. große Musterung. Kriegsflagge gesetzt. Ansprache des Kommandanten und drei Hurras auf S. M. den Kaiser und König.
28.I.17: Alle Segel bei. Motor gestoppt. 12 h 30 m amerikanischen Motorschoner ‚Sunlite' gesichtet. Passieren ihn.
Am 28.I.17 nachm. 3 h 10 m sichteten einen weißgemalten Dreimastschoner. Diese Farbe außenbords ist bei Amerikanern ungewöhnlich, und es wurde angenommen, daß das Fahrzeug ein Engländer (Nova Scotia) ist. Der Schoner befand sich an der Luvseite von S. M. S. ‚Seeadler' in einem Abstand von ung. 4 sm. ‚Seeadler' setzte die norwegische Flagge und das Bezeichnungssignal der ‚Maletta'. Der Schoner setzte das Signal: Kommen Sie näher, ich kann Ihre Flagge nicht ausmachen. Eine Nationalflagge wurde nicht gezeigt. Nunmehr wurde auf S. M. S. ‚Seeadler' das Bezeichnungssignal niedergeholt und ausschließlich die norwegische Flagge gesetzt. Darauf setzte der Schoner die englische Flagge.

3 h 40 m Klarschiff. Neutrale Farben und Flaggen verschwinden. Kriegsflagge & Signal: Drehen Sie augenblicklich bei, wurden gesetzt. Ein Warnungsschuß wurde abgefeuert. Schoner dreht nach zweitem Schuß bei. Sämtliche Segel wurden aufgegeit. Motor große Fahrt in Richtung auf den Schoner.

4 h 0 m p.m. längsseit und Prisenkommando an Bord geschickt. - Die Einsicht der Schiffs- und Ladungspapiere ergab folgendes: Name des Schiffes: ‚Percé', Heimatshafen: Liverpool N. S., Nationalität: englisch, Rauminhalt: 365 Brt. Reg. Tons. Abgangshafen: Halifax, Bestimmungshafen: Santos (Brasilien). Ladung: 375 t Klippfisch und Holz. Kapitän und Mannschaft bestand aus 7 Köpfen englischer Nationalität. Der erstere hatte seine Frau an Bord. Die Besatzung erhielt den Befehl, sich mit ihren Privateffecten in das Boot S. M. S. ‚Seeadler' zu begeben. Der Prise wurde Proviant entnommen zum Eigengebrauch S. M. S. ‚Seeadler'. Sie wurde durch Sprengpatronen leck gesprengt und, da das Schiff aus Holz war, durch einige Granatschüsse in Brand geschossen. P 2° 49' N & 27° 16' W. Ein Sinken wurde nicht beobachtet.

1.II.17: Trieben mit backgebraßtem Großtopp im Segelschiffstrack in Erwartung von Süden aufkommender Schiffe. Nichts gesichtet.

3.II.17: Trieben mit backgebraßtem Großtopp bis 9 h 3 m, als ein Segelschiff gesichtet wurde.

Nachdem S. M. S. ‚Seeadler' drei Tage im Segelschiffstrack [Track der heimkehrenden Schiffe von Cape Horn, La Plata usw.] getrieben hatte, wurde am 3.II. 9 h 3 m morgens ein Segelschiff gesichtet. Das Großtopp wurde voll gebraßt und auf das Schiff abgehalten. Motor klar zum Manöver. 9 h 35 m norwegische Flagge gesetzt und das Unterscheidungssignal der ‚Maletta'. Der Gegensegler setzte die französische Flagge und sein Bezeichnungssignal.

10 h 5 m Klarschiff. Neutrale Flaggen & Farben verschwinden. Kriegsflagge & Signal: drehen Sie augenblicklich bei, wurden gesetzt, ein Warnungsschuß abgefeuert. Der Franzose dreht sofort bei. Ein Prisenkommando wurde an Bord geschickt. Die Einsicht

der Schiffspapiere ergab: Name des Schiffes: ‚Antonin', Heimatshafen: Dünkirchen, Nationalität: französisch, Rauminhalt: 3071 Brt. Reg. Tons. Abgangshafen: Iquique, Bestimmungshafen: Brest für Order. Ladung: 4000 Tons Salpeter. Besatzung: 31 Köpfe (einschl. Kapitän) französischer Nationalität, kräftigen gesunden Leuten.

Die Besatzung erhielt den Befehl, sich mit ihren Privateffecten in die Schiffsboote zu begeben. Der Prise wurde Proviant entnommen für die Verpflegung der Gefangenen, ebenso Segeltuch und andere Materialien für den Eigengebrauch S. M. S. ‚Seeadler'. Das Schiff wurde um 3 h 10 m nachm. auf 6° 35' N & 33° 29' W gesprengt (4 Sprengpatronen). Es sank in zwanzig Minuten.

Der Kapitän der ‚Antonin' hatte dem Prisenoffizier H. Lt. z. S. Pries gegenüber auf Befragen erklärt, daß er nur ein Schiff während seiner Reise gesichtet habe. Aus späteren Aussagen der Mannschaft ging jedoch hervor, daß die ‚Antonin' auf ugf. P 2° 30' N & 29° 0' W von einem englischen Kreuzer angehalten und durchsucht worden sei. Der Kapitän wurde, nachdem noch am Tage der Aufbringung der ‚Antonin' festgestellt wurde, daß aus dem Logbuch des Schiffes diejenige Seite, auf welcher die Anhaltung vermerkt war, herausgerissen worden war, am 4. Februar diesbezüglich vom Kommandanten vernommen. Nach anfänglichem Leugnen gestand er ein, am 27. Januar 9 h 30 m nachm. von einem englischen Kreuzer mit einem Scheinwerfer beleuchtet und durch 4 Warnungsschüsse zum Anhalten gezwungen worden zu sein.

Den Namen des Kreuzers wollte der Kapitän nicht kennen, auch konnte er die Art nicht angeben. Ebensowenig erzielte eine diesbez. [diesbezügliche] Vernehmung der Mannschaft ein Resultat. Die Nacht sollte sehr dunkel gewesen sein und soll der Kreuzer sich sehr weit entfernt gehalten haben. Der untersuchende Offizier warnte den Kapitän vor deutschem Hilfskreuzer und Unterseebooten, welch' letztere bei den Azoren gesichtet sein sollten. Warnung vor einem deutschen Segelschiffshilfskreuzer hat der Kapitän nicht erhalten.

4.II.17: Alle Segel bei. Trieben weiter mit backgebraßtem Großtopp im Segelschiffstrack. Fahren ab heute abgeblendet.

Nichts gesichtet. — 6.II.17: Alle Segel bei. Kreuzten im Segelschiffsweg. Nichts gesichtet. Motor gestoppt.
9.II.17: Alle Segel bei bis 8 h morgens. Motor gestoppt. 8 h 0 Segel aufgegeit. Motor um Ost zu gewinnen große Fahrt.

Sichteten nachm. 2 h 30 m einen von Süden kommenden Segler. Passierabstand betrug 13 sm. Der Segler befand sich in Luv. S. M. S. ‚Seeadler' hatte alle Segel gesetzt und erschien als Gegensegler. Beim Passieren wurde aus dem Mast heraus festgestellt, daß das Schiff keine neutralen Farben an der Seite führte. Daraufhin wurde beschlossen, das Schiff anzuhalten. S. M. S. ‚Seeadler' wendete 3 h 20 m nachm. Setzte zugleich die Kriegsflagge sowie das Signal: drehen Sie augenblicklich bei, und hielt auf den Segler zu.
Kurz nach diesem Manöver änderte der Gegensegler seinen Kurs und hielt mit Vierkant gebraßten Rahen auf S. M. S. ‚Seeadler' zu, wie sich später herausstellte, ohne den Charakter des Kreuzers erkannt zu haben und lediglich in der Meinung, daß ‚Seeadler' wichtige Nachrichten mitteilen wollte. Das Manöver des Gegenseglers erleichterte natürlich die Verfolgung ungemein. 4 h 2 m nachm. längsseits. 4 h 25 m Prisenkommando von Bord. Das Schiff führte die italienische Flagge. Die Einsicht der Schiffspapiere ergab folgendes: Name: ‚Buenos Ayres', Heimatshafen: Neapel, Nationalität: italienisch, Rauminhalt: 1811 Brt. Reg. T. Abgangshafen: Antofagasta. Bestimmungshafen: Gibraltar für Order. Ladung: 2760 t. Salpeter. Besatzung: 20 Köpfe, einschl. Kapitän, darunter 3 Skandinavier und ein Peruaner. Alle andern waren italienischer Nationalität.
Das Schiff wurde, nachdem die Besatzung mit ihren Privateffecten auf S. M. S. ‚Seeadler' an Bord genommen war, auf P 5° 33' N u. 32° 6' W durch 4 Sprengpatronen gesprengt. Das Schiff sank in zwanzig Minuten. — Proviant und Munition zum Eigengebrauch S. M. S. ‚Seeadler' wurde dem Schiff entnommen.
10.II.17: Alle Segel bei. Trieben mit backgebraßtem Großtopp im Segelschiffstrack. Nichts gesichtet. — 11.II.17: Wie gestern. — 12.II.17: Alle Segel aufgegeit. Segeln mit Schotsegeln im Segelschiffsweg. Nichts gesichtet. — 13.II.17: Alle Segel bei. Kreuzten

im Segelschiffsweg. Nichts gesichtet. — 14.II.17: Alle Segel bei. Kreuzten im Segelschiffsweg, nachts nördliche, am Tage südliche Kurse. Nichts gesichtet. — 16.II.17: Alle Segel bei. Kreuzten im Segelschiffsweg. Um 1 h p.m. einen Segler gesichtet. Segler zeigte amerikanische Flagge und Namenstander (Orleans). S. M. S. ‚Seeadler' setzte neutrale Flagge. 2 h p.m. Segler passiert. Er hatte Holzdeckslast. — 17.II.17: Alle Segel bei. Kreuzten im Segelschiffsweg, nachts nördliche, am Tage südliche Kurse. Nichts gesichtet."

In seinen Erinnerungen schildert Luckner noch die Kaperung eines Dampfers, die zeitlich zwischen der Aufbringung der „Buenos Ayres" und der „Pinmore" erfolgt sein soll. Mit der Drohung, das Schiff mit – nicht vorhandenen – Torpedos zu beschießen, habe er den Kapitän des Dampfers so in Panik versetzt, daß dieser sofort kapituliert habe.
An Bord des Schiffes, den Namen verschweigt Luckner, will er „zweitausend Kisten Champagner ‚Veuve Cliquot' und fünfhundert Kisten Cognac ‚Meukow'" gefunden haben, mit denen er die Gefangenen an Bord der „Seeadler" später bewirtete. In seinen Vorträgen in Amerika verkündete er später, er habe seine Gefangenen mit Kuchen und Champagner verwöhnt, da kein anderer Proviant zur Verfügung gewesen wäre. Ganz selbstverständlich schildert er weiter, wie er „wunderbare Teppiche, die Klubsessel" und sogar einen „Steinway-Flügel" an Bord seines Schiffes nahm ... Weder aus dem Kriegstagebuch noch aus dem Logbuch der „Seeadler" gehen diese Angaben auch nur in Andeutungen hervor.

„19.II.17: Alle Segel bei. Kreuzten im Segelschiffsweg und sichteten 9 h a.m. eine Viermastbark.
9 h a.m. eine grau gemalte Viermastbark gesichtet und angehalten. Das Schiff führte keine neutralen Abzeichen an der Schiffsseite, gleichfalls keinen Namen. S. M. S. ‚Seeadler' setzte ein beliebiges Unterscheidungssignal, worauf der Gegensegler den Antwortwimpel setzte. Weitere Flaggen wurden nicht gezeigt.
9 h 53 m Klarschiff, Kriegsflagge gesetzt und Aufforderungssi-

gnal zum Beidrehen. Zugleich einen Warnungsschuß vor den Bug gefeuert. Der Gegensegler reagiert nicht darauf, und es wurde ein zweiter Schuß abgefeuert. Das Schiff drehte hierauf bei. 10 h 30 m geht Prisenkommando an Bord des angehaltenen Schiffes. Die Einsicht der Schiffspapiere ergab folgendes: Name: ‚Pinmore', Heimatshafen: Greenock, Nationalität: englisch, Rauminhalt: 2431 Brt. Reg. T. Abgangshafen: Ensenada, Bestimmungshafen: Azoren f. O. [für Order]. Ladung: 3706 t. Mais, Besatzung: 29 Mann, fast durchweg Skandinavier.
Das Schiff wurde, nachdem die vollzählige Besatzung auf S. M. S. ‚Seeadler' an Bord genommen war, auf 8° 5' N und 35° 26' W durch 4 Sprengpatronen gesprengt. Es sank in 15 Minuten. Proviant und Materialien zum Eigengebrauch S. M. S. ‚Seeadler' sowie für die Verpflegung der Gefangenen wurde dem Schiff entnommen."

In seinen Büchern, zahlreichen Vorträgen und Interviews schilderte Luckner die Kaperung dieses Schiffes stets auf seine eigene Art. Reichlich aufgewühlt sei er an Bord des Schiffes gegangen, auf dem er als Seemann gedient hatte. So schrieb er im „Seeteufel":
„Zuerst ging ich in das Logis, wo meine Koje war. Da befand sich noch ein Kojenbrett, das ich selbst angebracht hatte. So manche Nacht hatte ich hier geschlafen, war manche Nacht dort herausgeschlüpft, wenn es hieß: Alle Mann an Deck. Ich schritt die Planken ab, wo ich so oft gegangen war. [...] Dann ging es in die Kajüte. Ich erinnerte mich einer netten kleinen Katze, die ich damals an Bord gehabt hatte und welche die Frau des Kapitäns sich einmal durch den Steward hatte bringen lassen. [...] Jetzt öffnete ich die Tür halb, um einen Blick hineinzuwerfen. Ich sah die bunten Decklichtfenster und sagte zu mir selbst: Jetzt darfst du hineingehen. Hast du damals in deinem Respekt geträumt, einmal die Macht zu haben, dies Schiff zu vernichten? Dann ging ich auf das Halbdeck, die Pupp, stellte mich ans Ruder und fand halbverwischt meinen Namen wieder, den ich dort einstmals eingegraben hatte. Ich blickte auf den Kompaß, vor dem man manchmal stundenlang gestanden hatte."

„20.II.17: Alle Segel bei. Kreuzten im Segelschiffsweg, nachts Nord, am Tage südliche Kurse. Fuhren abgeblendet. Nichts gesichtet. – 23.II.17: Trieben nachts mit backgebraßtem Großtopp im Segelschiffsweg. Kreuzten am Tage. Nichts gesichtet. – 24.II.17: Alle Segel bei. Kreuzten im Segelschiffsweg, des Nachts nördl., am Tage südl. Kurse. Fuhren abgeblendet. Nichts gesichtet.

25.II.17: Alle Segel bei. Kreuzten im Segelschiffsweg. Sichteten um 8 h 50 m a.m. den dänischen Viermaster ‚Viking'.

Das Schiff wurde auf Gegenkurs in einem Abstand von ungefähr 13 sm gesichtet. Neutrale Abzeichen konnten auf diese Entfernung nicht ausgemacht werden. Um das Schiff zu erreichen, mußten alle Segel aufgegeit und der Motor in Betrieb genommen werden. 11 h 15 m wurde die Kriegsflagge gesetzt und zugleich mit dem Aufforderungssignal zum Beidrehen ein Warnungsschuß vor den Bug gelegt. Der Segler reagierte hierauf nicht. Erst ein zweiter Schuß hatte Erfolg. Beide Schüsse, aus großer Entfernung gefeuert (10.000 m), lagen weit vor dem Bug. Das Schiff wurde nicht getroffen. Nach Annäherung wurde festgestellt, daß es sich um das dänische Schulschiff (Handelsmarine) ‚Viking' handelte. Ein Untersuchungs-Offizier (H. Lt. z. S. Pries) begab sich an Bord und nahm Einsicht in die Schiffs- und Ladungspapiere. Untersuchungsergebnis: Name: ‚Viking', Heimatshafen: Kopenhagen, Nationalität: dänisch. Abfahrtshafen: Buenos Ayres, Bestimmungshafen: Kopenhagen. Ladung: Mais. Verschiffende Firma in Buenos Ayres: Wm. H. Muller & Co. (holländisch), Empfänger: Eriksen & Christensen, Esbjerg. Sämtliche Ladungspapiere waren vom deutschen General-Konsulat in Buenos Ayres mit Vermerk und Stempel versehen. Das Schiff wurde als einwandfrei entlassen. Kapitän und Offiziere trugen Uniform und waren äußerst entgegenkommend. Die Mannschaft brachte S. M. S. ‚Seeadler' nach Entlassung drei Hurras. Sie bestand ausschließlich aus Dänen.

26.II.17: Kreuzten weiter im Segelschiffsweg und sichteten um 2 h einen Segler.

Das Schiff wurde querab in der Kimme gesichtet und darauf zugehalten. 4 h wurde der Motor in Betrieb genommen. 5 h befand sich S. M. S. ‚Seeadler' in unmittelbarer Nähe des Seglers. Das Schiff führte am Heck seinen vollen Namen. Es wurde durch Zuruf angehalten und drehte sofort bei. 5 h 10 m geht Prisenkommando an Bord. Untersuchungsergebnis: Name: ‚British Yeoman', Heimatshafen: Victoria B.C., Nationalität: englisch, Abfahrtshafen: Buenos Ayres, Bestimmungshafen: Nantes. Ladung: 3006 Tons Weizen, Rauminhalt: 1953 Brt. Reg. T. Besatzung: 21 Mann (eine Frau). Das Schiff wurde, nachdem die vollzählige Besatzung mit ihren Privateffecten an Bord genommen war auf S. M. S. ‚Seeadler', durch 4 Sprengpatronen gesprengt. Es sank innerhalb sechs Minuten auf P 4° 45' N & 32° 5' W.

Proviant und Materialien wurden dem Schiff entnommen. Sie dienten zum Eigengebrauch S. M. S. ‚Seeadler', der Proviant zur Verpflegung der Gefangenen.

27.II.17: 11 h p.m. 26.II. gesichtet das grüne Licht eines Seglers. Das Schiff wurde verfolgt, um nach Tagesanbruch die Nationalität festzustellen.

Nach Tagesanbruch wurde Signal gesetzt: Zeigen Sie Ihr Unterscheidungssignal. Das Schiff setzte dieses und zugleich die französische Flagge. Es erhielt sofort die Aufforderung zum Beidrehen. Der Motor wurde bei der Annäherung nur kurze Zeit benutzt. 6 h 45 m a.m. Prisenkommando an Bord des Seglers. Untersuchungsergebnis ergab: Name: ‚La Rochefoucauld', Heimatshafen: Nantes, Nationalität: französisch, Abfahrtshafen: Iquique, Bestimmungshafen: Rochefort, Ladung: 3113 tons Salpeter, Rauminhalt: 2200 t [Brt. Reg.], Besatzung: 25 Mann. Das Schiff wurde für aufgebracht erklärt. Die Besatzung wurde mit ihren Privateffecten auf S. M. S. ‚Seeadler' eingeschifft. Das Schiff wurde am 27.II. 12 h 53 m p.m. durch Geschützfeuer vernichtet. Es sank innerhalb 1 Std. und 18 Minuten.

Das Schiff diente als Ziel für eine Gefechtsübung. Angenommen wurde, daß ein auflaufender, mitgehender Dampfer Geschütze führte und trotzdem angenommen werden sollte. Abstand des Dampfers vom Schiff: 800 m. Der Dampfer führte ein Geschütz auf der Back und eines am Heck und galt ohne weiteres als Kriegsschiff. Der Charakter S. M. S. ‚Seeadler' war vom Dampfer nicht erkannt.

Es wurde die Aufgabe gestellt, mit dem vorderen Maschinengewehr zu verhindern, daß das Geschütz auf der Back, mit dem hinteren M. G., daß das Geschütz am Heck bemannt wurde. Das Geschütz hatte die Aufgabe, die Brücke zu beschießen, um dort Verwirrung hervorzurufen. Ziel auf der Back: der Feuerturm, achtern: der Ruderkasten. Mittschiffs: (als Brücke) ein Dampfdom des Donkeys. Das Feuer wurde gleichmäßig eröffnet und währte 2 Min & 15 s.

Ergebnis: durchaus zufriedenstellend. Feuerturm, Dampfdom und Ruderkasten waren mehrfach getroffen. Das Schiff erhielt außerdem befehlsgemäß mehrere Treffer am Achterschiff und in der Wasserlinie. Brandwirkung der 10,5-cm-Granaten: sehr gut. Das Achterschiff stand in Flammen. Das Schiff sank auf 4° 34' N & 32° 16' W.

28.II.17: Trieben mit backgebraßtem Großtopp im Segelschiffsweg. Nichts gesichtet. Nachts abgeblendet. Motor gestoppt. — 2.III.17: Kreuzten im Segelschiffsweg. Nichts gesichtet. Alle Segel bei. Motor gestoppt. — 3.III.17: Alle Segel aufgegeit. Motor gr. Fahrt. Den Stillengürtel aufgesucht, um nach Segelschiffen auszusehen. Während dieses Tages nichts gesichtet.

5.III.17: Alle Segel gesetzt. Motor gestoppt.

An Backbord voraus um 7 h a.m. einen Segler gesichtet und auf ihn abgehalten. 9 h 8 m aufgefordert zum Beidrehen durch Signal und Schuß vor den Bug. Der Segler führte keine neutralen Abzeichen und hatte französische Flagge und sein Bezeichnungssignal gesetzt. 9 h 30 m Prisenkommando an Bord des Schiffes. Untersuchungsergebnis: Name: ‚Dupleix', Heimatshafen: Nantes, Nationalität: französisch, Abfahrtshafen: Tocopilla, Bestimmungshafen: Naval für Order, Ladung: 3057 t. Salpeter, Rauminhalt: 2206 Br.R.T. Besatzung: 22 Mann. Das Schiff wurde für aufgebracht erklärt. Die Mannschaft wurde mit ihren Privateffecten auf S. M. S. ‚Seeadler' eingeschifft. Der Segler wurde um 1 h 22 m p.m. durch 4 Sprengpatronen vernichtet. Er sank innerhalb 35 Minuten. P 1° 10' N & 26° 52' W.

Dem Schiff wurde Proviant & Materialien zum Eigengebrauch S. M. S. ‚Seeadler' & für die Verpflegung der Gefangenen entnommen.

6.III.17: Alle Segel aufgegeit. Motor gr. [große] Fahrt. Ost-West-Kurs gefahren in Windstille. Nichts gesichtet. Nachts abgeblendet. — 7.III.17: Alle Segel aufgegeit. Motor gr. Fahrt. 7 h 15 eine Str. an St.B. [Steuerbord] voraus einen großen Dampfer gesichtet. Vermutlich ‚Royal Mail'. Anhaltung wegen zu großen Abstandes nicht möglich. — 8.III.17: Alle Segel aufgegeit. Ost-West-Kurse gefahren. Motor gr. Fahrt. 4 h 30 m nachm. einen Zweimastschoner gesichtet. Nationalität: amerikanisch. Walfischfänger. Zeigten amerikanische Flagge. Nachts abgeblendet.
9.III.17: Kreuzfahrt in der Stillen-Region fortgesetzt. Nichts gesichtet. Motor gr. Fahrt. Alle Segel aufgegeit.
11.III.17: Äquator am 10. März passiert auf 27° 35' W Länge. Kreuzfahrt in der Stillen Region wegen negativen Ergebnisses aufgegeben und beschlossen, südlich der Linie Kreuzerkrieg weiterzuführen. Motor gr. Fahrt.

3 h 5 m p.m. einen nordwärts steuernden Dampfer gesichtet und darauf abgehalten. Motor große Fahrt. 5 h 0 m in unmittelbarer Nähe des Dampfers angekommen und durch Flaggensignal und Schuß vor den Bug Befehl zum sofortigen Stoppen erteilt. Der Dampfer kehrte sich nicht daran, sondern unternahm Fluchtversuch mit höchster Fahrt. Ein zweiter Warnungsschuß wurde ebenfalls wirkungslos gefeuert. Der dritte Schuß wurde über den Schornstein gefeuert, doch setzte der Dampfer die Flucht fort. Er hatte F. T. [Funk] Einrichtung, machte jedoch keinen Gebrauch davon.
S. M. S. ‚Seeadler' geite sämtliche Segel auf und verfolgte mit äußerster Maschinenkraft das fliehende Schiff. Das Geschützfeuer wurde nunmehr auf den Dampfer gerichtet. Der vierte Schuß traf einen an Deck stehenden Ventilator, die Granate krepierte, und Sprengstücke durchschlugen den auf der Brücke befindlichen F. T. Raum und zerstörten die F. T. Einrichtung. Ein auf der Brücke befindlicher Apprentice [angehender Schiffsoffizier] wurde durch einen Granatsplitter schwer verwundet (Gehirnschuß). Der Dampfer setzte die Flucht fort. Einer der nächsten Schüsse traf ein in der Nähe des Maschinen-Oberlichtes stehendes Rettungsboot.

Sprengstücke durchschlugen das eiserne Maschinenschott und zerrissen ein Dampfrohr. Abstand vom Dampfer um diese Zeit: 1800 Meter. Vier Mann des Maschinenpersonals wurden, vermutlich durch ausströmenden Dampf, leicht verletzt. Nach dem Maschinentreffer verließ das gesamte Maschinenpersonal die Maschine, die nunmehr ohne Bedienung weiter arbeitete. Nach einigen weiteren Schüssen hißte der Dampfer eine weiße Flagge. Das Feuer wurde sofort eingestellt.

Durch Winkspruch wurde zu verstehen gegeben, daß der Dampfer infolge des in den Maschinenraum einströmenden Dampfes nicht gestoppt werden könne. Er erhielt hierauf den Befehl, im Kreise der S. M. S. ‚Seeadler' zu fahren. Gegen 6 h p.m. war der Dampf so weit gefallen, daß eine Fortbewegung der Maschine durch Dampfdruck nicht mehr möglich war.

6 h 5 m p.m. Prisenkommando mit Schiffsarzt an Bord der ‚Horngarth'. Der Verwundete (Richard Douglas Page) wurde sofort in Behandlung genommen und nach angelegtem Notverband auf S. M. S. ‚Seeadler' überführt. Der Kapitän, von dem Prisenoffizier nach dem Grunde seines Fluchtversuchs befragt, gab an: ‚Ich glaubte, einem Segelschiff zu entkommen, außerdem habe ich den strikten Befehl von der Admiralität, mich einer Anhaltung mit allen Mitteln zu widersetzen.'

Untersuchungsergebnis: Name: ‚Horngarth', Heimatshafen: Cardiff, Nationalität: englisch, Abfahrtshafen: San Nicolas (La Plata), Bestimmungshafen: Plymouth f/O., Ladung: 5700 t. Mais (außerdem 700 t. Bunkerkohle), Rauminhalt: 3609 Brt. Reg. Tons. Besatzung: 32 Mann. Der Dampfer wurde für aufgebracht erklärt und die Mannschaft mit ihren Privateffecten auf S. M. S. ‚Seeadler' eingeschifft. Er wurde durch 4 Sprengpatronen versenkt und sank innerhalb 33 Minuten auf P 2° 15' S und 26° 21' W.

Dem Dampfer wurde Proviant für die Verpflegung der Gefangenen entnommen.

12.III.17: Alle Segel aufgegeit. Setzten Fahrt im Segelschiffsweg fort. 2 h 10 m a.m. starb der Richard Douglas Page. Er wurde sofort eingenäht. Motor gr. Fahrt.

Am 12.III.17 h 11 m a.m. fand die Bestattung des in der Nacht verstorbenen Apprentice Richard Douglas Page statt. Die deutsche Kriegsflagge war halbstocks gesetzt. Die dienstfreien Offiziere und Mannschaften waren zugegen, ebenfalls die gesamte Besatzung der ‚Horngarth' und sämtliche Kapitäne der aufgebrachten Schiffe. Nach vorheriger Abhaltung eines Gottesdienstes durch den Kommandanten und Spielen eines Chorals durch die Kapelle wurde die Leiche versenkt. P 4° 01' S 26° 34' W."

Weder in seinen Büchern noch in Reden und Interviews von Luckner findet sich der geringste Hinweis, daß es durch den Beschuß eines Schiffes durch die „Seeadler" einen Toten gegeben hatte, einem an sich in Kriegszeiten nicht ungewöhnlichen Faktum. Luckner stellte sich in aller Welt als Kaperfahrer dar, der kein Menschenleben auf dem Gewissen hatte.
Gerade diesen Aspekt vermarktete er besonders und nutzte ihn als Grundlage für seinen späteren, nahezu legendären Ruf als „Seemann mit goldenem Herz". In seinem Buch „Ein Freibeuterleben" schrieb er dennoch: „Wohl war ich gerührt von den ungeheuerlichen Ehrungen, die mir bei meinem Abschied von Neuseeland [Entlassung aus der Kriegsgefangenschaft] bereitet wurden. So kam insbesondere die Vorsitzende der ‚Soldiers Mother League' zu mir, dem Freibeuter, und wünschte im Namen von 80.000 Müttern glückliche Heimkehr. Mit Blumen wurde ich überhäuft ... Und immer wieder wurde mir gedankt dafür, daß ich auf meinen Freibeuterfahrten zwar eine große Anzahl feindlicher Schiffe versenkt habe, aber daß bei diesen Versenkungen kein Menschenleben verlorenging, daß ich keiner Mutter ihren Sohn genommen habe, daß ich keiner Mutter Tränen der Trauer verursachte." Diesen von ihm selbst in die Welt gesetzten Mythos hielt er bis zu seinem Ende aufrecht.

Vom 13. März 1917 bis zum 20. März verzeichnet das Kriegstagebuch lediglich die durchgeführten Segelmanöver, eine Motorreparatur und den Eintrag: „Nichts gesichtet".
„21.III.17: 7 h 45 m a.m. einen Segler an B. B. voraus gesichtet. Der Segler drehte nach erhaltener Aufforderung sofort bei. Er hatte die französische Flagge gesetzt. Die Menge der an Bord

[der ‚Seeadler'] befindlichen Gefangenen, die Anzahl betrug 263 Köpfe, ließ es dringend ratsam erscheinen, eine Prise zu ihrem Abtransport zu bestimmen. Der heute aufgebrachte Segler, die französische Bark ‚Cambronne', eignete sich vorzüglich zu diesem Zwecke. 10 h 20 m Prisenkommando an Bord der ‚Cambronne', das Schiff wurde für aufgebracht erklärt und die deutsche Kriegsflagge gesetzt.

Der Führer des Schiffes wurde auf S. M. S. ‚Seeadler' befohlen zwecks Rücksprache mit dem Kommandanten.

Mit der Ausschiffung der Gefangenen wurde sofort begonnen und in der Zeit von 11 h a.m. - 5 h 45 m p.m. durchgeführt. Der Abtransport geschah besatzungsweise. Sämtliche Schiffsbesatzungen brachten nach der Einbootung S. M. S. ‚Seeadler' drei Hurras.

Die auf der ‚Cambronne' eingeschifften Gefangenen wurden zum Werfen und Vernichten der Ladung verwandt. Die aus Salpeter bestehende Ladung wurde durch Übergießen von Seewasser nach bester Möglichkeit verdorben. Weiter wurden die Bramstengen von zwei Seiten angesägt und gänzlich unbrauchbar gemacht. Gleichfalls wurden die an Deck liegenden Reservespieren an zwei Stellen durchsägt und dadurch vernichtet. Die Royal- und Bramsegel beider Toppen wurden abgeschlagen und

*Die „Cambronne", das von Luckner bestimmte Schiff
für die Entlassung der Gefangenen.*

über Bord geworfen. (Zwecks Herabminderung der Fahrtgeschwindigkeit.) Weiter wurden sämtliche nicht untergeschlagenen Segel und alles Segeltuch über Bord geworfen.

Das Schiff wurde von S. M. S. ‚Seeadler' mit genügendem Proviant versehen. Trinkwasser befand sich in ausreichender Menge an Bord. Außerdem war ein Destillier-Apparat vorhanden. Das Schiff wurde um 5 h 55 m nachm. auf P 20° 6' S 25° 55' W entlassen. Das Kommando des Transports und die Führung des

Schiffes wurde dem ältesten Kapitän der Gefangenen übertragen. (Englischer Kapitän Mullen von der Viermastbark ‚Pinmore'.) Er erhielt den Befehl und verpflichtete sich an Eides Statt, das Schiff nach Rio de Janeiro zu überführen. – Die Schiffs- und Ladungspapiere wurden beschlagnahmt. Aus ihnen wurde festgestellt: Name: ‚Cambronne', Heimatshafen: Dünkirchen, Nationalität: französisch, Abfahrtshafen: Antofagasta, Bestimmungshafen: Brest f/O. Ladung: 2900 t. Salpeter, Rauminhalt: 1863 Brt. Reg. Tons, Besatzung: 24 Mann.

Mit diesem Schiff wurden von S. M. S. ‚Seeadler' bis heute 12 Schiffe aufgebracht, darunter 3 Dampfer, mit insgesamt 28.206 Brt. Reg. Tons. Die Schiffe führten 40.380 Tons Ladung, darunter 15,759 t. Getreide, 15,826 tons Salpeter, 4500 t Zucker, 3920 tons Cardiff Kohle & 375 tons getrocknete Fische. Der Wert der versenkten Schiffe und ihrer Ladungen dürfte 32.000.000 Mark überschreiten.

Bei der Ausschiffung der Gefangenen benahm sich der holländische Steward [im Kriegstagebuch wurde eine Lücke gelassen, vermutlich, um den Namen nachzutragen] in Gegenwart der Gefangenen in einer das Ansehen der deutschen Flagge schwer schädigenden Weise. (Für seine Tätigkeit wurde ihm deutsches Papiergeld ausgezahlt. Er fuhr sich mit den Scheinen über seine untere Rückenpartie.) Er wurde sofort festgenommen und in eine Arrestzelle gesperrt. Von seiner Ausschiffung wurde Abstand genommen. Weiterer Beschluß erfolgt.

22.III.17: Motor gr. Fahrt. Südl. Kurse fortgesetzt in der Absicht, auf 40° südl. Breite zu kreuzen, um zwischen Australien und Cap Hoorn Schiffe aufzubringen. Aus Zeitungen, die auf den vom La Plata kommenden Schiffen vorgefunden wurden, ließ sich feststellen, daß auf dem La Plata z. Zt. nur wenig Schiffe (Segel) sich befanden."

Vom 23. März 1917 bis zum 15. April vermelden die Einträge im Kriegstagebuch segeltechnische Manöver bei der Umrundung von Kap Hoorn und die erheblichen Schwierigkeiten, bedingt durch extrem schlechtes Wetter und Stürme. Am 25. März zusätzlich der Eintrag, daß St. Elmsfeuer auf den Masttoppen gesichtet wurden, am 26. März wurde Öl abgelassen, um die „gewaltige See" zu beruhigen. Am 6. April wird ein Funkspruch aufgefangen, demzufolge die Vereinigten Staaten den Krieg gegen Deutschland erklärt haben. Ansonsten der stets wiederkehrende Hinweis, daß orkanartige Böen vorherrschen, die See sehr schwer gewesen sei und das Schiff darin heftig arbeitete. Außerdem immer wieder die Meldung: „Nichts gesichtet."

„16.IV.17: Am Nachm. des 15. April flaute der Wind ab bis auf Stärke 2, schlug dann um bis auf Nord und frischte wieder auf. 5 h 30 m p.m. drehte der Wind in einer Bö plötzlich auf WSW und nahm in kurzer Zeit volle Orkanstärke an.
Alle Segel bis auf Vor- und Großuntermarssegel geborgen. (Sturmstagsegel blieben ebenfalls stehen.) Es wehte ununterbrochen derartig, daß selbst die Bezeichnung Orkan nicht mehr ausreichend schien. Die noch stehenden sehr guten, neuen Segel flogen bis auf das Voruntermarssegel aus den Lieken, so daß das Schiff nicht mehr gut beigedreht lag (trotz großem Schutzkleid im Kreuzwind), sondern häufig ‚Quersees' geriet und aufs allergefährlichste arbeitete. Die See war gewaltig hoch, und das Schiff nahm trotz Anwendung von Öl schwere Brecher über. Sehr viel Regen!
17.IV.17: Im Laufe der vorigen Nacht flaute der Sturm ab. Um das Schiff besser mit dem Kopf auf See zu halten, wurde der Motor in Betrieb genommen. Alle Segel aufgegeit. Am Morgen des 17.IV. trat Windstille ein. Westl. Kurs wurde im Segelschiffsweg fortgesetzt. [...] Auffällig ist es, daß, trotzdem ‚Seeadler' sich fast immer im Segelschiffsweg (mittleren) befand, kein Schiff gesichtet wurde (Feststellung reger Segelschiffsfahrt durch Shipping Gazettes).
18.IV.17: Motor große Fahrt. Westl. Kurs, alle Segel fest. 8 h 45 m a.m. am 18.IV. einen großen 11 - 14.000-t- Dampfer an B. B. genau im Segelschiffsweg, Schnittpunkt der Aus- und Heimreise-Schiffe, gesichtet. Farbe nicht zu erkennen. Sehr hohe Aufbauten. Es handelte sich aller Wahrscheinlichkeit nach um einen englischen Hilfskreuzer. Das Schiff war von Deck aus nicht zu sehen und da S. M. S. ‚Seeadler' die Sonne günstig für sich hatte, konnte das

andere Schiff ‚Seeadler' nicht sehen. Es wurde auf Süden ausgewichen, bis von dem Hilfskreuzer nichts mehr zu sehen war, und dann der westliche Kurs wieder aufgenommen."
Wenig Erfolg war der „Seeadler" in den nächsten Wochen beschieden. Das Kriegstagebuch vermeldet zwischen dem 19. April und dem 12. Juni 1917 Stürme, hohe Dünung, sturmbedingten Materialverschleiß und immer wieder resignierend: „Nichts gesichtet."

Das änderte sich erst am 14. Juni:
„3 h 10 m p.m. amerik. Viermast-Schoner ‚A. B. Johnson' gesichtet. Das Schiff wurde durch Flaggensignal und Schuß vor den Bug zum Beidrehen gezwungen. 5 h 5 m p.m. Prisenkommando an Bord des Seglers. Untersuchungsergebnis: Name: ‚A. B. Johnson', Heimatshafen: San Francisco, Nationalität: Vereinigte Staaten, Abfahrtshafen: Raymond, Wash. Bestimmungshafen: Newcastle, Australien, Ladung: ugf. 990 t. Holz (Gewicht), Rauminhalt: 529 Brt. Reg. tons. Besatzung: 8 Mann & eine Frau. Das Schiff wurde für aufgebracht erklärt. Die Masten wurden zur Vermeidung des Sichtens aus größerer Entfernung durch Sprengpatronen niedergelegt, Schiff und Ladung darauf angezündet. Durch Artilleriefeuer gerieten einige nicht brennende Teile des Schiffes in Brand. Der Segler wurde brennend verlassen. Beobachteter Feuerschein während der Nacht bis ugf. 40 sm Abstand.
Dem Schoner wurden Materialien und Proviant zum Eigengebrauch S. M. S. ‚Seeadler' entnommen. Schiffsort bei Vernichtung: P 1° 35' S & 151° 22' W. Die Besatzung wurde auf ‚Seeadler' an Bord genommen.
15.VI.17: Keine Vorkommnisse. Trieben während der Nacht in der Nähe des Schoners. — 16.VI.17: Im Segelschiffsweg weiter gekreuzt. Alle Segel bei. Nichts gesichtet.
17.VI.17: 3 h 40 m p.m. 17.VI. an B. B. voraus einen mitgehenden Segler gesichtet.
‚R. C. Slade'. Das Schiff wurde um 3 h 40 m p.m. vom Vortopp aus gesichtet und als mitgehendes Schiff ausgemacht. Die Verfolgung wurde sofort aufgenommen, ab 4 h p.m. mit Maschinen-

Der Hilfskreuzer „Seeadler" unter voller Besegelung.

hilfe. Der Abstand der Schiffe beim Sichten betrug ugf. 25 sm. 5 h 58 m p.m. kurz vor Sonnenuntergang aufgekommen bis auf ugf. 13.000 m. Warnungsschüsse abgefeuert, welche sämtlich in unmittelbarer Nähe des Schoners lagen. 6 h 10 m p.m. lag Schoner beigedreht mit aufgeheißter amerikanischer Flagge. Es handelte sich um den amerikanischen Viermast-Schoner ‚R. C. Slade'. 6 h 55 m befand sich S. M. S. ‚Seeadler' in unmittelbarer Nähe des Schiffes. 7 h 10 m p.m. Prisenkommando begibt sich auf die Prise.

Infolge der Dunkelheit und zur Vermeidung von Lichtschein wird die Übernahme des Proviants auf den folgenden Tag festgesetzt. Die Besatzung des Schoners wurde am Abend des 17.VI. auf

‚Seeadler' eingeschifft. Ebenso wie die Besatzung des ‚A. B. Johnson' erhielten auch sie die Erlaubnis, ihre Privatsachen mitzunehmen. Der Schoner trieb während der Nacht in der Nähe des ‚Seeadler'. – Untersuchungsergebnis: Name: ‚R. C. Slade', Heimatshafen: San Francisco, Nationalität: Vereinigte Staaten, Abfahrtshafen: Sydney, Bestimmungshafen: San Francisco, Ladung: 694 t. Copra und ugf. 90 t. Holz Deckslast. Rauminhalt: 673 Brt. Reg. t. Besatzung: 10 Mann. Das Schiff wurde für aufgebracht erklärt. Die Masten wurden angesägt und fielen, als die Pardunen gekappt waren, über Bord. Schiff und Ladung wurden darauf in Brand gesetzt. Beides brannte außerordentlich hell. Schiffsort: P 1° 42' N & 150° 02' W.
Dem Schoner wurden Materialien und Proviant zum Eigengebrauch S. M. S. ‚Seeadler' entnommen."

Nach der Kaperung der „R. C. Slade" wurde zwischen dem 18. Juni und dem 7. Juli 1917 erneut ohne jegliche Sichtung hin und her gekreuzt.

„8.VII.17: Regenwasser aufgefangen mit gutem Erfolge, zwecks Ergänzung der Frischwasser-Vorräte.
‚Manila'. Um 1 h 40 m p.m. am 8. VII. in einer Regenlücke einen Schoner gesichtet. Er wurde auf 15 sm ab ‚Seeadler' geschätzt und eingepeilt. Motor A. K. [Äußerste Kraft] mit Kurs auf den Schoner. Starker, anhaltender Regen. Schoner aus Sicht. Eine Distanz von 15 sm wurde abgedampft und dann gestoppt. Unsichtig von Regen. 4 h 20 m p.m. wird der Schoner an B. B. voraus in ungefährem Abstand von 4 sm gesichtet. Aufforderung zum Beidrehen durch mehrere Schüsse vor den Bug. 4 h 35 m hat Segler beigedreht.
5 h 20 m p.m. Prisenkommando an Bord des Seglers. Untersuchungsergebnis: Name: ‚Manila', Heimatshafen: San Francisco, Nationalität: Vereinigte Staaten, Abfahrtshafen: Newcastle N.S.W., Bestimmungshafen: Honolulu, Ladung: 1019 tons Kohlen, Rauminhalt: 731 Brt. Reg. Tons. Besatzung: 10 Mann. Das Schiff wurde für aufgebracht erklärt und die Besatzung mit ihren Priveffecten auf ‚Seeadler' an Bord genommen. Dem Schiff

wurden Proviant und Materialien zum Eigengebrauch S. M. S. ‚Seeadler' entnommen.

Auf 6° 50' N und 148° 7' W wurde das Schiff am 8ten Juli 10 h 52 m p.m. durch Sprengpatronen versenkt. Es sank innerhalb 6 Minuten."

Mit der Versenkung der „Manila" war die Kaperfahrt der „Seeadler" beendet. Vom 8. Juli 1917 bis zum Anlaufen der Südsee-Insel Mopelia, einem kleinen Atoll der Tahiti-Inselgruppe, der sogenannten Gesellschaftsinseln, am 31. Juli 1917 wurde kein Schiff mehr gesichtet.

Rund acht Monate lang war die Mannschaft an Bord gewesen, ohne Landgang, ohne jegliche Abwechslung von der Bordroutine. Dabei wurden Orkane abgewettert und Kap Hoorn umrundet, der Äquator überquert, Schiffe aufgebracht und versenkt, und das „in bester seemännischer Disziplin", wie Luckner darstellt.

Die Mannschaft bedurfte unbedingt einer Ruhepause - der Schiffsarzt Dr. Pietsch hatte sogar erste Anzeichen der Mangelkrankheit Beri-Beri bei der Besatzung festgestellt. Frischvorräte mußten ergänzt, leichte Reparaturarbeiten an dem Schiff vorgenommen und der Motor dringend überholt werden. So entschloß sich Kapitänleutnant Graf von Luckner nach Beratung mit seinen Offizieren und den als Gefangenen an Bord befindlichen Kapitänen, ein abseits gelegenes Atoll anzulaufen. Dort sollten in aller Ruhe die Vorbereitungen für weitere Kaperungen getroffen werden. Doch dazu kam es nicht mehr.

Die zertrümmerte „Seeadler".

Das Ende der „Seeadler" – Schiffbruch und die Folgen

„Hilfskreuzer! Das Wort beschwört eine Vision herauf. Blaue See im gleißenden Sonnenlicht, vom Passat bewegt. Weiße Wolken. Spielende Delphine. Über allem die unendliche, blaue Himmelskuppel. Und inmitten des friedlichen Bildes zwei Schiffe, harmlose Frachter offenbar, mit gelassener Fahrt auf Gegenkurs zueinander – bis das eine von ihnen plötzlich hart auf den ‚Entgegenkommer' zudreht, die Geschwindigkeit erhöht, eine Kriegsflagge setzt und die Tarnung wegklappen läßt, die seine Kanonen, seine Torpedorohre verhüllt hat. Dazu ein Flaggensignal: ‚Stoppen Sie sofort! Funken Sie nicht!' Und – wenn der Befehl nicht befolgt wird – der Donner der Geschütze. Der Krieg in seiner unerbittlichen Grausamkeit."

So beschrieb Luckner den Einsatz der Kaperfahrer in seinem Buch „Ein Freibeuterleben". Er verwies auf die Grausamkeit des Krieges insgesamt, auch den zur See, der anders als der Landkrieg noch weitere Unwägbarkeiten mit sich brachte.

Zu jenen Unwägbarkeiten gehört auch das Risiko des Schiffsverlustes, auch dann, wenn wie im Falle der „Seeadler", dieses vor Anker liegt. Nachdem die Kaperfahrt Luckners bereits mehr als sechs Monate angedauert hatte, gegnerische Tonnage versenkt, Stürme abgewettert und Kap Hoorn unter größten Mühen umrundet worden war, wurde es Zeit, das Schiff zu überholen und der Mannschaft eine Ruhepause mit Landgang zu gönnen. Dafür kam – aufgrund des geheimen Charakters der Fahrt – kein normaler Hafen in Frage. So wurde an Bord der „Seeadler" der Entschluß gefaßt, eine einsame Insel anzulaufen und dort in Ruhe Reparaturen durchzuführen und für die Erholung der Mannschaft zu sorgen. Die Entscheidung war nicht ganz einfach, denn die Insel mußte abseits der üblichen Schiffahrtsrouten liegen, damit die „Seeadler" nicht entdeckt würde, andererseits sollte Frischwasser und eine gewisse Verproviantierungsmög-

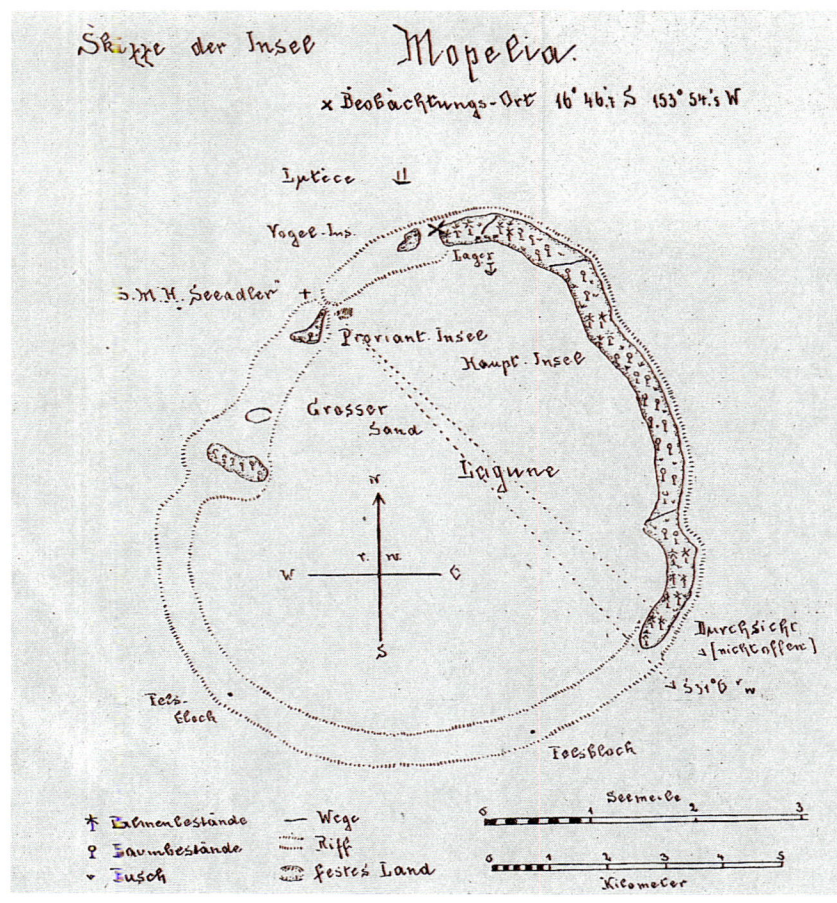

lichkeit vorhanden sein. Insbesondere frisches Obst und Gemüse wurden benötigt, um der drohenden Mangelkrankheit Beri-Beri vorzubeugen.

Zusammen mit den Kapitänen der zuletzt gekaperten Schiffe wurde das kleine Atoll „Mopelia" als Ziel ausgesucht. In der Lagune, durch eine schmale Zufahrt vom Meer getrennt, gedachte man einige Wochen zu verbringen. Die Zufahrt erwies sich vor Ort als nicht breit genug für die „Seeadler". Bedingt durch die Enge des von Einheimischen auch als „Frauenschoß" betitelten Kanals, herrschte in diesem Bereich eine äußerst starke Strömung. Doch das erfuhr Luckner erst, als er bereits vor Ort war.

Jedenfalls ging die „Seeadler" vorsichtig vor der Einfahrt der Lagune vor Anker.

Über die genaue Ursache des Schiffbruches gab Luckner offiziell eine andere Darstellung. Er behauptete in seinen Büchern und auf Vortragsreisen, daß ein heftiges Seebeben die „Seeadler" auf ein Korallenriff geworfen hätte. Dem stehen die Eintragungen aus dem Log- und Kriegstagebuch entgegen.

Logbuch: „Donnerstag, den 2. August 1917, Mopelia. Vor Anker an der Nordwestseite der Insel. Schiff schwoit zwischen Ost und NO 1/2 N. 2.40 schwoite das Schiff dicht an das Riff. Durch Setzen der Besan, des Kreuzstengenstagsegels und durch das achtere Warp wurde das Schiff gehalten. Um 3.10 trieb es wieder frei. Motorboote wurden klar gemacht. Der Kommandant sofort geweckt und auf die Gefährlichkeit der Lage aufmerksam gemacht.

9 h 20 m Boot mit K. [Kling] und Offizieren von Bord. W. O. [Wachoffizier] Hilfslt. z. S. Pries bleibt an Bord. 9 h 25 m Maschine klar, Besahn und Kreuzstengenstagsegel gesetzt, da Schiff nach Land zu schwoite. Wind ONO [Ost-Nord-Ost]. Böe setzte plötzlich von B.B. [Backbord = links] ein (Nordwind), Segel niedergeholt. Warpanker schlippte über Grund. 9 h 27 m stieß Schiff achtern auf Korallengrund. 9 h 29 m Maschine klar.

Maschinenmanöver. Schraube stieß beim Arbeiten auf Grund. Befehl gegeben, Anker und landfesten Draht zu schlippen. Befehl wurde ausgeführt innerhalb einer Minute. Schiff ging beim Arbeiten der Maschine nicht voraus. 9 h 35 m Befehl gegeben: Äußerste Fahrt. Schraube auf Korallen geschlagen. Maschine blieb stehen. Befehl gegeben Warpanker klar zu machen um Schiff abzufieren. Weiter Befehl gegeben, Schiff welches nach St.B. übergekränkt lag, gerade zu trimmen."

Weiter heißt es: „Zum Ausflug an Land. 9 h 22 m St.B. Wache [Steuerbordwache] geht an Land. Boot vom W.O. [Wachoffizier] zurückbefohlen zum Schleppen. Mannschaft an Bord. 9 h 50 m Boot mit K. [Kling] und Offizieren an Bord zurück. Bergungsmanöver. Alle Manöver, das Schiff aus der Lage zu befreien, bleiben erfolglos. Schiff sitzt hinten auf. Schiff stößt fürchterlich, so daß die Takelage jeden Augenblick zusammenzubrechen droht. Vorne und hinten werden Anker ausgefahren, um das Schiff abzufieren, jedoch brechen die Trossen infolge des Rollens. Anker gehen verloren.

Bergungsmanöver. Maschine arbeitet dauernd, Schraube schlägt zeitweise auf die Korallen auf und verbiegt sich. 11 h Achtergiek strömt das Wasser schnell ein, Lenzhalten nicht möglich. Mannlochdeckel aufgeschraubt. Abt. IV leck, macht langsam Wasser. Es wird Eisenballast geworfen, um Schiff zu leichtern.

Bergung von Proviant und Material: 11 h Tank 6 u. 8 im Vorschiff geflutet, um Hinterschiff zu heben. Um 2 h nachm. sahen wir, daß alle Rettungsversuche vergebens waren, wir gaben das Schiff als verloren auf. Es wurde sofort mit der Bergung von Proviant, Wasser u. Materialien begonnen. Von 9.29 morg. bis 3.57 nachm. wurden dauernd entsprechende Maschinenmanöver gemacht, um das Schiff frei zu bekommen. 3 h nachm. Schotten dicht, bis zu diesem Zeitpunkt konnten die Pumpen das Wasser in Abtl. I, II u. III halten. Schiff stößt fortwährend heftig auf, so daß es in allen Fugen kracht. 4 h Abtl. IV läuft langsam voll.

Alle Mann arbeiten bis 11 h p.m., Bb.Wache und Besatzung A. B. Johnson arbeiten weiter, Frischwasser in Patronenbüchsen zu füllen. Schiff liegt mittschiffs auf Grund und stößt achtern heftig auf. 11 h p.m. steigt das Wasser in den Provianträumen so hoch, daß mit Bergung von Proviant abgebrochen werden mußte. Gezeichnet K. [Kling] und L. [Graf von Luckner]."

Ähnlich wie im Logbuch lauten auch die Eintragungen im Kriegstagebuch. Auch darin ist von einem Seebeben keine Rede. Unter dem Datum vom 12. August 1917 lautet der Eintrag:
„Schiff schwoite um 9 h 25 m, d. [des] 2. VIII, auf Land zu. Die Maschine wurde sofort klar befohlen, konnte indes erst nach vier Minuten anspringen. Inzwischen hatte das Schiff um 9 h 27 m auf Korallen gestoßen. Kein Maschinenmanöver erzielte Erfolg. Der Wind, welcher in den Tagen vorher bis NO drehte, war in der Bö, in welcher S.M.S. „Seeadler" auf das Riff trieb, bis NW in Stärke 3/4 gegangen. Der Heckanker ging durch und das Ausbringen eines zweiten erforderte zu viel Zeit. Das Schiff stieß achtern sehr hart auf und die Achtergiek lief im Laufe des Vormittags voll. Gleichzeitig lief Wasser in den Maschinenraum und im Laufe d. Nm. [des Nachmittags] wurde auch das Vorschiff leck. Das Schiff wurde 3 h Nm. aufgegeben. Es wurde sofort mit der Bergung des Proviants, Trinkwassers sowie der nötigen Materialien begonnen und dieses bis zum 10. August durchgeführt. Das Schiff stieß während dieser Zeit häufig heftig auf und füllte sich in seiner ganzen Länge mit Wasser (gleichbleibend mit dem außenbords Wasserspiegel).
Auf der Insel wurden für die Unterkunft der Besatzung und der Gefangenen Zelte errichtet und nach und nach die Überführung der Leute vom Schiff nach der Insel vorgenommen. Trinkwasser fand sich auf der Insel in genügender Menge vor, ebenfalls Frischproviant in ergiebigstem Maße. (Kokosnüsse, Fische, Schildkröten, Palmherzen). Die Geschütze konnten wegen der unzureichenden Transportmittel nicht an Land geschafft werden und blieben auf dem Wrack bis zur Ankunft einer Prise.
In Aussicht genommen zur Erlangung einer solchen wurde eines der Dingy-Motorboote. Es wurde dementsprechend ausgerüstet und für zwei Monate verproviantiert. Das Kommando darüber übernimmt der Kommandant. Ins Auge gefaßt wird, ein auf See resp. [respektive] in einem feindlichen Hafen befindliches Schiff aufzubringen zu dem Zwecke, die Kreuzerfahrt auf dem Heimwege weiter zu verfolgen. In Aussicht genommen ist, zunächst die etwa 300 sm entfernt befindlichen Cook Inseln aufzusuchen und weiter, falls hier kein Erfolg erzielt werden sollte,

Das Zelt- und Hüttendorf der „Seeadler"-Besatzung auf Mopelia.

die Fidji Inseln anzulaufen. Die auf der Insel Mopelia zurückbleibenden Offiziere und Mannschaften sind durch den auf der Insel zu gewinnenden Frischproviant und Trinkwasser hinreichend versorgt. Ein Geheim-Signal-Code zwecks Nachrichtenaustausch zwischen der aus S.M.S. ‚Seeadler' ausgebauten und auf Mopelia errichteten sehr gut funktionierenden F. T. Station und der etwaigen F. T. Prise ist festgelegt. Weitere Befehle sind meinem Stellvertreter ausgehändigt. Das Kommando während meiner Abwesenheit führt der Lt. z. S. d. R. Kling.
Mopelia: 14. VIII. 17. Mannschaft mit div. [diversen] Einrichtungsarbeiten beschäftigt. Ein Teil zur Herrichtung und Instandsetzung des Expeditionsbootes verwendet. Zum täglichen Fischfang zwecks Streckung der Proviantvorräte ist eine besondere Gruppe abgeteilt. Die Gefangenen sind in einem bescheidenen Lager in unmittelbarer Nähe der Besatzung S.M.S. ‚Seeadler' untergebracht. Verhaltungsmaßregeln sind dem ältesten Kapitän ausgehändigt und den Gefangenen bekanntgegeben. Sicherheitsposten mit geladenem Gewehr ist gestellt. – Nach jetzt erlangter Übersicht wurde festgestellt, daß ein großer Teil des Proviants und ugf. [ungefähr] 8 Tons Trinkwasser (letzteres in

Blick auf die Lagune der Insel.

Munitionsbüchsen) geborgen und in der Nähe des Schiffes auf einer kleinen Insel (Proviantinsel) gelagert wurde. Ebenfalls wurde ein Teil der Sprengmunition geborgen und in der Nähe des Lagers in einem Zelt untergebracht. (Schattiger Platz dafür ausgewählt.)
21. VIII. 17 Ausrüstung des Expeditionsbootes beendet. Zufriedenstellende Probefahrt am Nachmittage unternommen. Boot wird mit Proviant versehen.
23. VIII. 17 Expeditionsboot am heutigen Nachmittage abgefahren. Kommando: Kaptl. Graf v. Luckner. Weitere Besatzung: Lt. z S. d. R. [Karl] Kircheiss. Steuermann d. R. [Ernst] Lüdemann, Maschinist d. R. Krause, Ob. Steuerm. Maat d. R. [Heinrich] Pernien, Ob. Matr. [Hermann] Erdmann. Das Boot ist mit Proviant und Wasser für zwei Monate versehen. Bewaffnung: 1 Maschinengewehr und für jedes Mitglied der Besatzung 1 Parabellum und Seitengewehr. Außerdem wurde eine Anzahl Handgranaten mitgenommen."
Weder im Logbuch noch im Kriegstagebuch wurde vermerkt, daß ein weiteres Besatzungsmitglied der „Seeadler" mit auf die Kaperfahrt im Beiboot ging. Wahrscheinlich, weil dieser erst in

Das Wrack der „Seeadler" heute.

letzter Minute zur Mitfahrt ausgewählt wurde und die Eintragungen bereits erfolgt waren. Das Reichs-Marine-Amt erhielt über die Schweizer Botschaft in Neuseeland eine englische Gefangenenliste. Diese Liste Nummer 178 vom 4. 1. 1918 weist als weiteres „Kommando-Mitglied" den Maschinisten Hermann Krause aus, der später mit den bereits genannten Crew-Mitgliedern in Gefangenschaft geriet.

Nachdem Luckner mit dem Beiboot der „Seeadler" in See gestochen war, kamen Tage und Wochen härtester Bedingungen auf die kleine Mannschaft zu. Luckner schrieb im „Seeteufel":

„Wir rechneten mit einer ungefähren Durchschnittsfahrt von 60 Seemeilen den Tag; in dreißig Tagen konnten wir also die Strecke zurücklegen und in ungefähr drei Monaten mit einem gekaperten Schiff wieder in Mopelia sein. Das Boot war offen, etwa 6 Meter lang und lag mittschiffs nur ganze 28 Zentimeter über Wasser. Aber einerlei, es konnte schwimmen! Wie wenig Schutz ein solches Fahrzeug gegen die andringenden Wellen einer hochbewegten See bietet, kann der Seebefahrene beurteilen. Aber auch jeder Leser, der einmal auf seinem Heimat-

Auf Mopelia heute.

flüßchen ein Boot gemietet hat, kann sich die Unternehmung vorstellen, ein solches Ding mit Ausrüstung für mehrere Wochen und mit einem halben Dutzend Gefährten voll zu packen und auf hohe See ins Ungewisse zu gehen. Armiert wurde es mit einem Maschinengewehr, zwei Gewehren und ein paar Handgranaten und Pistolen. Wir hatten einige Dosen Konservenfleisch, Speck usw. verstaut, aber in der Hauptsache bestand der Proviant nur aus Hartbrot und Wasser. Nautische Apparate und Sextanten waren eingebaut. (...) Unser Schiffchen machte bei anfänglich herrlichem Wetter durchschnittlich pro Stunde 4 Seemeilen Fahrt. Der Kurs ging auf die etwa 300 Seemeilen Westsüdwest entfernt liegende Insel Atiu zu. Wir hatten für zwei Monate Hartbrot, für drei Wochen Wasser mit. Ich muß nun die Einrichtung unserer neuen Häuslichkeit etwas näher beschreiben. Da unser Boot so voll war, daß man nur auf allen Vieren von vorn nach achtern kommen konnte, so hatten wir unser Hartbrot gleich von vornherein in die seitlichen Lufttanks gepackt; auch die Getränke, photographischen Apparate und der so notwendige Tabak war nebst einigem Unterzeug an diesem einzigen, auch bei

Nur noch bedingt eine „Trauminsel" – Mopelia.

schlechtem Wetter trockenen Platz verstaut, worunter allerdings die Schwimmfähigkeit des Bootes bedenklich litt. (...) Am 22. Tag unserer Fahrt steuerten wir eine östliche Insel der Fidschigruppe, Katafanga, an, und endlich nach dem vielen Sitzen und krank von Rheumatismus konnten wir uns wieder auf festem Land frei bewegen. (...) Von hier aus setzten wir unsere Reise fort nach dem Gebiet der großen Fidschiinseln."
Vor der Insel Wakaya wurde das Boot entdeckt, ein anderes Boot fuhr aus, um den vermeintlich Schiffbrüchigen zu helfen. Doch widrige Umstände, so Luckner, hätten dann letztlich verhindert, daß sie ein im Hafen liegendes Schiff kapern konnten.

Während Luckner in seinen Erinnerungen von einer ehrenhaften Übergabe in Zivil angesichts einer bewaffneten Übermacht berichtet, stellen britische Stellen die Ereignisse anders dar. So sei die Mannschaft völlig erschöpft und nah am Verdursten gewesen, als sie von einer vierköpfigen Gruppe unbewaffneter Inselpolizisten als Kriegsgefangene eingebracht wurde.

Nur noch wenige Reste der „Seeadler" ragen aus dem Wasser.

Tatsache ist, daß die Fahrt mit der „Nußschale" von Beiboot, auch wenn dieses ausgebaut und verstärkt worden war, über die Distanzen hinweg ein erstklassiges Bravourstück mit höchster seemännischer Leistung darstellte. Zu vergleichen eventuell mit der Fahrt des Kapitän Bligh der legendären „Bounty", nachdem jener gezwungen war, sein Schiff zu verlassen und mit einem Beiboot zu flüchten.

Luckner und seine Begleiter gerieten nach der Reise über knapp 2300 Seemeilen in ihrer Nußschale in Gefangenschaft, die er als „Zuchthaus-Aufenthalt" bezeichnete.

Die verschiedenen Schilderungen Luckners über seinen Aufenthalt im Gefängnis und Kriegsgefangenenlager, sein Verhalten und das Verhalten der Bewacher, sollten Jahre später, als er mit der „Seeteufel" nach Neuseeland und Australien zu einer Vortragstour fuhr, gegen ihn verwendet werden. Da die betreffenden Offiziere und Bewacher noch lebten, sich durch Luckners Schilderung, die sie in verschiedenen Zeitungsartikeln als „frei erfunden" bezeichneten, diskriminiert fühlten, entfachten sie

Der Wassertank der „Seeadler" vor dem Riff.

eine Anti-Luckner-Stimmung, die seinen Intentionen sehr schadete.

Während sich Luckner als Gentleman-Gefangener sah und so auch gehandelt haben will, stellen neuseeländische Stellen sein Verhalten teils anders dar. So soll er seinen Dienstrang zum Bezug höherer Rationen und zum Erhalt mehrerer Vergünstigungen ausgenutzt haben, manchmal angeblich zum Nachteil der anderen in Gefangenschaft Geratenen.

In der Gefangenschaft liegt auch die lebenslange tiefe Freundschaft mit Karl Kircheiss begründet, der Luckner später auch auf seiner Weltumsegelung begleitete. Dort lernte er einen weiteren wichtigen Mann kennen, den früheren Gouverneur von Samoa, Dr. Schultz. Als Diplomat, wenn auch interniert, hatte dieser die Möglichkeit, mit der Heimat zu korrespondieren. So erhielt auch das Marine-Amt in Berlin Nachricht von dem Schicksal der „Seeadler". Gouverneur Schultz-Ewert half Luckner auch später während seiner Amerika-Vortragstournee nach besten Kräften. Schmiedete die beiden doch das gemeinsame Band des Erlebten zusammen.

Mopelias Südsee-Romantik

Angeführt werden müssen noch zwei Berichte über das Ende der „Seeadler" aus völlig unterschiedlichen Quellen, die – angesichts der tatsächlichen Ereignisse – recht kurios anmuten.

Über Kopenhagen erreichte das Marine-Amt das folgende „Kriegs-Telegramm" am 16. Oktober 1917: „Das Ende des ‚Seeadlers' – Laut Meldungen aus Sidney verteidigte sich die Mannschaft des gestrandeten ‚Seeadlers' bis zum letzten Augenblick. Bereits als die Schaluppe, in der sich ein Teil der Mannschaften mit dem Kommandanten des ‚Seeadlers', Graf Luckner, befand, von australischen Seestreitkräften völlig umstellt war, widersetzten sich die deutschen Seeleute ihrer Gefangennahme, indem sie auf die Barkassen, die sich ihnen zu nähern versuchten, schossen. Erst als man das Geschützfeuer gegen sie eröffnete, ergaben sich die in total erschöpftem Zustande befindlichen Deutschen. Es steht fest, dass ein Teil der Besatzung des ‚Seeadlers' sich auf einem englischen Kohlenschiff befindet, das mit Kurs Honolulu abgegangen ist. Dieses Fahrzeug war vom ‚Seeadler' gekapert und als zweites Hilfsschiff ausgerüstet worden. Australische und japanische Kräfte haben die Verfolgung dieses Fahrzeuges aufgenommen. Aus den bei dem Grafen Luckner vorgefundenen Papieren geht deutlich hervor, dass die anfänglich angegebene Ziffer der vom ‚Seeadler' zerstörten Schiffswerte erheblich übertroffen wird und 10 Millionen Pfund Sterling übersteigt. Die Mopeha-Insel [Mopelia] wird gegenwärtig von Entente-Streitkräften sorgfältig abgesucht. Man vermutet, dass Graf Luckner hier ein verborgenes Depot angelegt hat. Hinter dem ‚Seeadler' waren in den letzten Wochen nicht weniger als 24 Ententekriegsschiffe her, und zwei japanische, australische, amerikanische und englische. Der ‚Seeadler' hat nach Angaben der Mannschaft auch Gefechte mit bewaffneten Handelsschiffen zu bestehen gehabt und war in diesen Zusammenstössen nicht unwesentlich beschädigt worden, sodass umfangreiche Reparaturen an dem Fahrzeug notwendig geworden waren."

In dem an den Chef des Admiralstabes, Berlin, gerichteten Bericht des Marineattachés der Kaiserlich Deutschen Gesandtschaft zu Haag vom 16. Januar 1918 heißt es: „Algemeen Handelsblad' v. 19. Dez. 17 schreibt über die Vernichtung des Hilfskreuzers ‚Seeadler': ‚Kapitän Smith berichtete, dass der ‚Seeadler' in den letzten Wochen vor seiner Vernichtung drei in San Franzisko beheimatete Schiffe versenkt habe. Der Untergang des Hilfskreuzers sei unmittelbar auf einen von ihm ausgedachten schlauen Streich zurückzuführen. Die ‚R.C. Glade' sei mit einer Ladung Copra für San Franzisko von Australien gekommen. Auf 20° N. und 150° W. sei auf etwa 8 sm Abstand ein Schiff gesichtet worden, das direkten Kurs auf den Schuner nahm. Bald darauf habe dieser das Feuer eröffnet. Nach dem ersten Treffer habe die ‚R.C.Glade' beigedreht und die amerikanische Flagge gezeigt. Die Bemannung sei dann nach dem ‚Seeadler' übergebracht worden, wo sich bereits die Mannschaft des amerikanischen Schiffes ‚Johnson' befunden habe. Am nächsten Morgen sei der ‚R.C.Glade' durch Dynamit versenkt worden. Ohne weitere Erfolge zu erzielen, habe der ‚Seeadler' dann noch 14 Tage in dieser Gegend gekreuzt, bis am 3. Juli der amerikanische Schuner ‚Manilla' in Sicht gekommen und nach Übernahme der Bemannung versenkt worden sei.
Nach weiteren zwei ergebnislosen Wochen habe der ‚Seeadler' dann südlichen Kurs genommen und am 31. Juli bei Mopeha-Island [Mopelia] geankert. Der Kommandant habe mit den drei amerikanischen Kapitänen einen Schiffsrat abgehalten. Auf sein, Kapitän Smith' Anraten, sei der Kommandant bis dicht unter die Küste gedampft. Der deutsche Kommandant habe nicht die geringste Ahnung von dem zu erwartenden Unglück gehabt und gegen den ihm gegebenen Rat nicht den geringsten Verdacht ge-

Das „Seeadler"-Wrack unter Wasser.

hegt. Er habe gemeint, seinen Leuten einmal Gelegenheit geben zu müssen, sich die Füsse zu vertreten und diese seien dann auch am nächsten Morgen beurlaubt worden. Nur die Wache und die Kriegsgefangenen seien an Bord des Kreuzers geblieben.

Kaum hätten jedoch die Deutschen den Fuss an Land gesetzt, um auf den weiteren Erfolg des ‚Seeadlers' einige Flaschen zu leeren, als auch schon die Kanonen des ‚Seeadler' zu hören waren. Die List sei gelungen, der ‚Seeadler' habe nach innen geschwojt und sei gegen die Felsen geschlagen. Die Deutschen hätten ein Motorboot, einige Kanonen mit Munition und einige Vorräte retten können. Bemannung und Kriegsgefangene seien vollzählig auf der Insel angekommen. Mit dem Motorboot habe man später noch soviel Munition und Vorräte geborgen als möglich war. Besonders seien auch grosse Mengen Wein und Spirituosen an Land geschafft worden; sowohl Offiziere als Mannschaften hätten nachher bei diesen Getränken ihren Mann gestanden. Durch eine Flutwelle, die sich über die Insel ergoss, seien jedoch viele Vorräte wieder verloren gegangen.

Am 23. August hätten sich drei Offiziere des ‚Seeadler' auf dem Motorboot eingeschifft, um in der Nähe der Insel zu kreuzen. Man wollte versuchen, ein amerikanisches Schiff zu kapern, um den Kaperzug fortzusetzen. Später habe man gehört, dass dies Motorboot in der Nähe der Fidji-Insel Suwa überwältigt und die Bemannung als Gefangene nach Auckland geschickt worden sei. An dem Tage, als das Motorboot in See stach, habe der Kommandant beschlossen, die Masten des ‚Seeadler' zu sprengen, weil gefürchtet wurde, dass diese die Anwesenheit der Deutschen verraten könnten. Bei dieser Sprengung sei man jedoch so unvorsichtig gewesen, dass die Spirituosenladung Feuer gefangen habe, wodurch der ‚Seeadler' aufgebrannt sei. Schon vorher habe man die F.T-Einrichtung an Land aufgebaut und sei daher andauernd mit den Fidji-Inseln und mit Honolulu in Verbindung gewesen, sodass viele F. T. Depeschen aufgefangen werden konnten.

Keiner Gefahr bewusst sei am 25. September der kleine französische Schuner ‚Lutcea' von der Insel Tahiti angekommen. Die Deutschen hätten sich des Schiffes bemächtigt und seien damit in See gegangen. Nur einen kleinen Vorrat von Lebensmitteln hätten sie zurückgelassen, der glücklicherweise durch Fisch- und Schildkrötenfang ergänzt werden konnte. Ein kleines Ruderboot, das zurückbleiben musste, hätten die Deutschen derartig beschädigt, dass es zwei Tage Arbeit erforderte, um es wieder herzustellen. Kapitän Southard von der ‚Manilla' habe dann mit 9 Eingeborenen den Versuch gemacht, in diesem Boot nach Tahiti zu fahren, um Hilfe herbeizuholen, sei aber nach einigen Tagen erfolglos zurückgekehrt. Danach habe er, Kapitän Smith, mit drei Matrosen sein Glück versucht, und es sei ihm geglückt, mit dem Boote in 10 Tagen die 1000 sm entfernte Samoa-Insel Tuttuila zu erreichen. Von dort aus sei dann eine Hilfsexpedition ausgerüstet worden, welche die Zurückgebliebenen abgeholt habe.

Es sei ihm aufgefallen, dass nicht Graf Luckner der Kommandant, sondern der zweite Offizier, ein gewisser Leutnant Alfred Klug [handschriftlich korrigiert in Kling] der eigentliche Führer der Expedition gewesen sei. Dieser habe auch im vorhergehen-

den Jahre in Bremen den Plan zu diesem Kaperzug mit dem
‚Seeadler' entworfen."

Abgesehen von den „Seitenhieben" des Kapitäns Smith, zum
Beispiel hinsichtlich des Alkohols, kann es durchaus sein, daß
Luckner und Kling auch die gefangenen Kapitäne um Rat gefragt
hatten, denn schließlich kannten jene die in Frage kommenden
Gewässer. Daher ist es möglich, daß Graf von Luckner letztlich
auf eine List hereinfiel. Zu beweisen ist das jedoch nicht.

Fest steht hingegen, und das zeigen die Ergebnisse verschiedener Tauchgänge vor der Insel, daß die Trossen und Ankerketten, die das Schiff vor Mopelia sicherten, durch die scharfen Korallen durchgescheuert waren und das Unglück dadurch ausgelöst wurde. Weshalb sich Luckner nach ersten Hinweisen auf die ungünstige Ankerposition nicht einen neuen Ankerplatz suchte, um sein Schiff nicht zu gefährden, vor dem Aufsetzen des Schiffes auch nur den unerfahrenen Hilfsleutnant als Wachoffizier an Bord zurückließ, sollte später vor einem Kriegsgericht der Marine geklärt werden. Zunächst einmal war Luckner jedoch in Gefangenschaft und für die Marine nicht erreichbar. Als er dann – der Krieg war verloren – wieder nach Deutschland kam, begünstigten ihn andere Umstände, von denen noch die Rede sein wird.

Auszug aus der Besatzungsliste der „Seeadler".

94

Das Schicksal der Crew

Stets nur mit wenigen Zeilen berichtet Luckner in seinen Autobiographien über das weitere Schicksal, das „meine Jungs", die Mannschaft der „Seeadler", nach seiner Abfahrt von Mopelia erlebte. Deren Geschichte ist nicht weniger abenteuerlich als die ihres Kommandanten.

Bevor er die Insel mit der umgebauten Motorschaluppe der „Seeadler" verließ, um ein Ersatzschiff aufzubringen, gab er seinem I. Offizier Kling den nachstehenden schriftlichen Befehl. Die in eckigen Klammern eingesetzten Anmerkungen stammen, wie in den anderen Zitatstellen auch, vom Verfasser und sollen der Verdeutlichung dienen.

„Mopelia, d. 23./Aug. 17 [1917]. Befehle an den I. Offz. Leut. z. S. d. R. Kling während meiner Kreuzerfahrt nach einer neuen Prise. 1. Der I. Offz. übernimmt während meiner Abwesenheit das Kommando über die zurückbleibende Besatzung u. Gefangenen. 2. Die Insel ist während der Besetzung deutscher Grund u. Boden u. [und] ist restlos [im Original unterstrichen] zu verteidigen. Um den Gefechtswert der Insel zu verstärken, ist, sobald die Umstände es gestatten, das St. B. [Steuerbord] Geschütz von Bord zu nehmen u. dort aufzustellen, wo nach eingehender Prüfung die günstigste Feuerbestreichung u. Deckung festgestellt wird. Ein genügender Vorrat an Munition ist mitzunehmen. Munitionslager eingraben mit Segeltuch u. Holzverkleidung. Bei Annäherung eines Fahrzeuges ist das an Bord befindliche Geschütz unbemerkt zu besetzen u. dasselbe in Gewalt zu bekommen mit Motorboot. Es sind gelegentlich Nachtübungen zu unternehmen, um daran die Verbesserung der Verteidigungsstellungen zu machen. Verteidigungsstellungen in südlicher Richtung sind nach Angaben des I. Offz. noch zu bauen. Es ist auf guten Ausguck zu halten. Mit meiner Kreuzerfahrt muß mindestens mit 3 Monaten gerechnet werden. Ist auf meine Rückkehr nicht mehr zu rechnen, so soll, wenn möglich u. der Aufenthalt nicht entdeckt, eine weitere Kreuzerfahrt mit dem hier bleibenden Motorboot unternommen werden. Solange nicht unbedingt zwingende [im Original unterstrichen] Gründe eintreten, soll an eine Internierung nicht gedacht werden. Mit den geretteten Conserven soll solange die Insel nicht alles liefert aufs peinlichste gespart werden.

Signaturen:
    Kling   *Graf v. Luckner*
  Lt. z. S.d.R. u. I.O.   Kaptleutnant u. Kommandant

Sollten die zur Verfügung stehenden Mittel nicht ausreichen, das Geschütz in das Innere der Insel aufzubauen, so ist dasselbe so zu bergen, daß die Möglichkeit besteht, falls dem Schiff etwas zustoßen sollte u. eine Bergung des noch an Bord befindlichen Geschützes unmöglich wird, mit dem ersteren einen neuen Hilfskreuzer auszurüsten. Leut. z. S. Pries übernimmt die Geschäfte u. Details von Herrn Leut. Kirchheiss, desgl. Journalführung. Gr. L. [Signaturkürzel]."

Weiter heißt es im Kriegstagebuch, das nun unter der Aufsicht vom Leutnant der Reserve Alfred Kling geführt wird:
„24.8.17: Mit der Abfahrt des Grafen v. Luckner habe ich das Kommando übernommen.
Die zurückgebliebene Besatzung setzt sich zusammen aus 3 Offizieren und 55 Unteroffizieren u. Mannschaften. Zur Verteidigung der Insel bleibt uns eine Bewaffnung von 34 Karabinern, 34 Seitengewehren, 23 Pistolen, 1 Maschinengewehr und 100 Handgranaten. Von der geretteten Munition sind noch vorhanden: 30.000 M.G.- u. Karabiner-Patronen, 3.000 Pistolenpatronen und 28 Sprengpatronen.
Ein Anlandbringen der Geschütze erscheint fast unausführbar, wegen der unzureichenden Transportmittel, des reißenden Stromes von zeitweise 5 bis 6 Seemeilen, der im Lagunenkanal läuft, und der geringen Schleppkraft des Motorbootes, denn es läuft ohne Schleppzug nur knapp 4 Seemeilen. Nach eingehender Prüfung und der Ansicht sämtlicher Offiziere ist es unmöglich,

ein 10,5-cm-Geschütz mit unseren Mitteln im Sand gebrauchsfertig einzubauen, denn es fehlen uns Zement und schwere Balken. Ich habe den Kommandanten auf diese Schwierigkeiten noch vor seiner Abreise aufmerksam gemacht, aber trotzdem will ich später einen Versuch machen, um nach Möglichkeit meine Befehle auszuführen. Vorläufige Maßnahmen zur Verteidigung der Insel sind getroffen.

‚Mopelia' ist eine fast ringförmige Laguneninsel, die aus einer Hauptinsel (Zeltinsel) und 5 kleineren besteht. Die Zwischenräume zwischen den Inseln werden durch ein ca. 600 bis 700 m breites Korallenriff gebildet, das stellenweise bei niedrigem Wasserstand trocken liegt. Die Zeltinsel ist 5 sm [Seemeilen] lang und ca. 400 bis 500 m breit, sie erstreckt sich von NNW nach SSO und ist nach Osten hin bogenförmig. Der Boden besteht aus einer 2 bis 4 m tiefen Sandschicht, unter welcher steinharte Korallen liegen. Die Insel ist bestanden mit Kokospalmen und dichtem Buschwerk, so daß man ohne Buschmesser nur auf 3 Pfaden nach der Nordseite der Insel gelangen kann.
Von WSW bis SO ist die Lagune nur von einem Korallenriff umgeben. Hier stürzen sich, besonders wenn es im Süden geweht hat, gewaltig hohe Brecher in die Lagune und bedingen jeweilig den Wasserstand. Der bisher beobachtete Hub schwankt zwischen 1/2 und 3/4 m. [Anlage zum Kriegstagebuch eine Übersichtskarte des Atolls].
Proviant ist noch vorhanden für ungefähr 3 Monate bei rationeller Einteilung. Ein Teil des Proviants wurde durch Seewasser verdorben bei der Landung.
25.8.17: Die bei der Landung hauptsächlich durch Korallen arg beschädigten Boote werden repariert und aufgetakelt, um die Insel, wenn zwingende Gründe eintreten, in Booten verlassen zu können.
An einer 30 m hohen Palme ist eine Ausgucktonne angebracht, um das Herannahen von Schiffen rechtzeitig zu entdecken. Der Ausguck ist von Hellwerden bis Dunkelwerden besetzt.
Der Proviant wird von der Proviantinsel nach der Zeltinsel gebracht.

29.8.17, 6 h morg.: Arbeitskommando an Bord S. M. S. ‚Seeadler' geschickt, um Vorbereitungen zum Kappen der Masten zu treffen. Das stehende Gut vom Groß- und Kreuzmast wird losgemacht. Vom Fockmast lasse ich nur die oberen Pardunen und Stagen losnehmen, damit der Untermast stehen bleibt und so ein Vonbordgeben der Geschütze gewährleistet ist.
Die Masten sind bis auf 15 sm weit sichtbar.
30.8.17, 9 h morg.: Sprengkommando unter Führung des Hilfsleutnants z. S. Pries an Bord geschickt, zur Sprengung der Masten.
Am Großmast wurden 2 m über Deck 4 Sprengpatronen angebracht. Der Großmast wankte einige Sekunden, fiel dann nach Backbord achtern über Bord und riß den Kreuzmast und die Vormars- und Bramstenge mit sich. Der Fockmast mit Fock- und Untermarsrah blieb stehen, wie es beabsichtigt war.
Leider verursachten die Sprengpatronen eine Entzündung der von dem Brennstoff und dem verfaulten Proviant aufsteigenden Gase, so daß in wenigen Minuten das Schiff in hellen Flammen stand. Diese unerwartete Wendung hatten wir nicht vorausgesehen, denn bei allen vorhergehenden Sprengungen über Deck, auf den versenkten Prisen, ist nie Feuer entstanden.
Nachmittags stürzte der Fockmast über Bord.
31.8.17, 9 h morg.: Fuhren an Bord, um die Wirkung des Brandes festzustellen. Bis zum Achterdeck war das Schiff vollständig ausgebrannt. Die Geschütze waren durch das Feuer und Sprengstücke von explodierten Granaten gänzlich unbrauchbar gemacht. [Eines der ‚Seeadler'-Geschütze steht noch heute im Park bei dem Postamt in Papeete, der Hauptstadt von Tahiti.] Beim Verlassen des Wracks wurde das Achterdeck von uns in Brand gesteckt, so daß S. M. S. ‚Seeadler' nun vollkommen vernichtet ist.
Um Mitternacht wurden eine Reihe sehr verdächtiger amerikanischer Geheimfunksprüche aufgefangen. Die Funksprüche wurden von der amerikanischen Marinestation auf Tutuila gegeben und waren adressiert: An das Marine-Büro in Washington, die amerikanischen Generalkonsuln in Sydney und Auckland und an den Administrator in Apia. Zu gleicher Zeit fingen wir einen

Die brennende „Seeadler" auf Grund vor Mopelia.

offenen Funkspruch auf, wonach am 21. Juni ein brennender Schoner in der Südsee gesichtet worden ist. Wahrscheinlich ist es der von uns am 14. Juni in Brand gesteckte, mit dicken Balken beladene Schoner ‚A. B. Johnson'.

Bemerkenswert ist es, daß wir während unseres längeren Aufenthalts in der Südsee keine Geheimtelegramme empfangen haben.

Aus diesem auffälligen und regen Geheimverkehr schließen wir, daß das Expeditionsboot gekapert worden ist oder daß man dem Boot auf der Spur ist. Aus diesem Grunde habe ich die Instandsetzungsarbeiten an den Booten beschleunigen lassen, um nötigenfalls die Insel in Booten verlassen zu können.

1.9.17: Über Nacht füllte sich die Lagune so schnell, daß das Wasser ungefähr 1,90 m über den Normalstand stieg. Die leichte Brandung lief bis in unsere Wohnzelte und zerstörte alles, was inzwischen am Strande aufgebaut war. Die auf Slip liegenden Boote wurden weggespült, sie konnten aber noch rechtzeitig geborgen werden. Die mittlerweile von den Gefangenen erbaute, ca. 40 m lange Landungsbrücke wurde gänzlich zerstört und weggeschwemmt. Die Proviantinsel steht 1 m unter Wasser. Nach Aussagen der Eingeborenen haben sie noch nie ein solches Hochwasser erlebt. Die plötzliche Überfüllung der Lagune ist auf den Vollmond und auf schwere, im Süden herrschende Stürme zurückzuführen, denn es stürzen gewaltige Wassermassen von Süden her in die Lagune. Eine Rettung des Proviants ist augenblicklich wegen des reißenden Stromes, der über die Proviantinsel läuft, nicht möglich.

2.9.17: Das Wasser in der Lagune nimmt langsam ab, ein Versuch, die Proviantinsel zu erreichen, gelingt, trotz des starken Stroms. Eine Untersuchung ergab, daß der größte Teil nach See vertrieben oder durch Seewasser verdorben ist. Der in Zinkkisten verlötete Proviant wurde sofort geborgen und nach der Zeltinsel geschafft.

3.9.17: Nach eingehender Überholung des geretteten Proviants ergab sich, daß derselbe noch für uns und die 30 Gefangenen für gut 1 Monat reichen würde. An eine Verproviantierung einer evtl. eingebrachten Prise war somit nicht mehr zu denken.

Dieser Verlust im Verein mit dem Verlust der Geschütze und der sehr verdächtigen F. T. [Funk] Nachrichten erschienen uns als zwingende Gründe, die Insel sobald wie möglich zu verlassen und einer möglichen Gefangenschaft zu entgehen.

Nach eingehender Beratung und vollstem Einverständnis der Offiziere, daß ein längeres Verweilen auf der Insel nicht geraten erschien, beschloß ich, in den 4 Booten nach Batavia zu segeln und von dort einen Versuch zu machen, auf holländischen Dampfern die Heimat zu erreichen.

Während der Nacht wurden wieder eine Reihe geheimer Funksprüche von der englischen Marine-Station in Suva (Fidschi-Inseln) aufgefangen.

5.9.17: Ich ging gewöhnlich 5 h morg. auf Schnepfen- und Reiherjagd nach dem Korallenriff an der Nordostseite der Insel.

Heute morgen 5.20 h, als ich wieder hinter einem Felsen auf Anstand saß und eben den ersten Schuß gefeuert hatte, sehe ich plötzlich in der Dämmerung die verschwommenen Umrisse eines Segelschiffes, das auf die Küste zusteuerte.

Ich lief voller Freude schnell zum Lager zurück und ließ das Motorboot klarmachen, das, trotzdem der Motor teilweise auseinandergenommen war, in 40 Min. fahren konnte. 6.20 h morg. legte das Boot ab. Während meiner Abwesenheit übergab ich

Hilfsleutnant z. S. Pries das Kommando an Land. Höchste Eile war geboten, denn der Schoner fuhr schon dicht am Riff entlang auf den ‚Seeadler' zu. Unser Boot wurde vom Schoner aus beobachtet, ich hatte daher, um jeglichen Verdacht zu vermeiden, das Prisenkommando sich hinlegen lassen, so daß nur der Bootssteurer und ich zu sehen waren. Von unserem Lager bis da, wo der Schoner beidrehte, waren es 3 sm. Auf dem Schoner schöpfte man noch immer keinen Verdacht, denn er segelte ruhig weiter und drehte dicht bei der Einfahrt bei, setzte dann 1 Motorboot und 1 Ruderboot aus. Als wir die offene See erreicht hatten und auf den Schoner zuhielten, kam dem Kapitän die Sache doch nicht ganz geheuer vor, denn die Leute aus den Booten kletterten wieder an Bord, der Schoner drehte und suchte zu entkommen. Ich ließ jetzt meine Leute aufstehen und das Maschinengewehr aufstellen. Als die Besatzung diese Manöver und plötzliche Veränderung sahen, gaben sie den Fluchtversuch auf und drehten wieder bei.

Es war der 2 Mast-Gaffelschoner ‚Lutèce' aus Papeete auf Tahiti, 126 Brt. Reg. Tons. groß, Eigentümer: Firma Grand. Miller in Papeete, Besatzung 9 Kanaker und 3 Passagiere.

Der Schoner wurde als gute Prise erklärt, die französische Flagge niedergeholt und die deutsche Kriegsflagge geheißt. Mit diesem Akt wurde das Schiff für die Kaiserlich Deutsche Marine in Dienst gestellt und als Ersatz S. M. S. ‚Seeadler' betrachtet.

Der Besatzung wurde genügend Zeit gegeben, ihre Privatsachen zu packen, danach wurden die Leute ausgeschifft und an Land gebracht.

Die ‚Lutèce' ist ein sogenannter Handelsschoner oder, besser gesagt, ein schwimmendes Warenhaus, wir waren nicht wenig erstaunt und erfreut über diese Entdeckung, denn es war alles an Bord, was wir brauchten. Diese Art Schoner fahren von Insel zu Insel, verkaufen ihre Artikel und treiben Tauschhandel mit den Eingeborenen. In der Kajüte war ein richtiger Laden mit Verkaufstisch eingerichtet, der voll war von: Anzügen, Hosen, Schuhen, Unterzeug, Damenstrümpfen, Damenartikeln, Panamahüten, Strohhüten, Sombreros, bunten Kattunen, Brillantine, Haaröl, Kämmen, Rasiermessern, Seifen, Beilen, großen Buschmessern, Kochtöpfen, Bratpfannen, Konserven, Canterbury Cake aus Melbourne, Plumpudding und feinster neuseeländischer Butter. Ich habe hier nur einige der vielen Artikel angeführt. Im Schiffsraum fand sich eine große Menge Weizenmehl vor, ferner Reis, konserviertes Fleisch, Zucker, Butter, Kaffee, Tee, Kakao, Hartbrot, verschiedene Konserven, Limonade, Gasolin, Petroleum, Erbsen, Bohnen und Erdnüsse. An Deck liefen 4 grunzende Schweine herum. Nach einem oberflächlichen Überschlag reichen diese Sachen bei vollen Rationen mindestens 6 Monate.

Einer der Eigentümer, ein Herr Miller, war selbst an Bord und hatte die Leitung der Geschäfte inne. Herr Miller bedankte sich mehrere Male während des Tages für die gerechte Behandlung, die ihm und seinen Leuten zuteil geworden wäre, dann sagte er: ‚Wir haben alle eine furchtbare Angst ausgestanden und geglaubt, Sie würden uns erschießen.' Als ich ihn fragte, wie er zu dieser Annahme gekommen wäre, sagte er, sie würden durch ihre Zeitungen so verhetzt und bange gemacht. Ich äußerte den Wunsch, er möchte nur die Wahrheit berichten, wenn er nach Papeete käme, darauf antwortete er: ‚Wie könnte ich auch anders, denn wir sind ja noch alle am Leben.'

Von dem Kaufmann erfuhr ich, daß im Mai 1917 ein kleiner Kreuzer in Papeete gewesen sei, der regelmäßig die Inseln besucht. Seit unser Kreuzergeschwader in Papeete gewesen ist, haben die Franzosen zu beiden Seiten der Hafeneinfahrt Batterien mittleren Kalibers eingebaut. Ferner erfuhren wir, daß die Engländer und Franzosen auf allen Inseln hausieren gehen und Kanaker als Soldaten anwerben.

Im Laufe des Tages wurden unsere Sachen an Bord gefahren. Mangels einer Gelegenheit zum Ankern mußte der Schoner unter Segel bleiben und sich durch Kreuzen in der Nähe der Einfahrt halten. Ich hatte Hilfsleutnant Pries das Kommando während dieser Zeit übergeben, ich selbst ging wieder an Land, um dort die Arbeiten zu leiten. Alles was nicht mitgenommen werden konnte, ließ ich durch Feuer oder Zerschlagen vernichten. Die überflüssige Munition wurde in der Lagune in großer Tiefe versenkt.

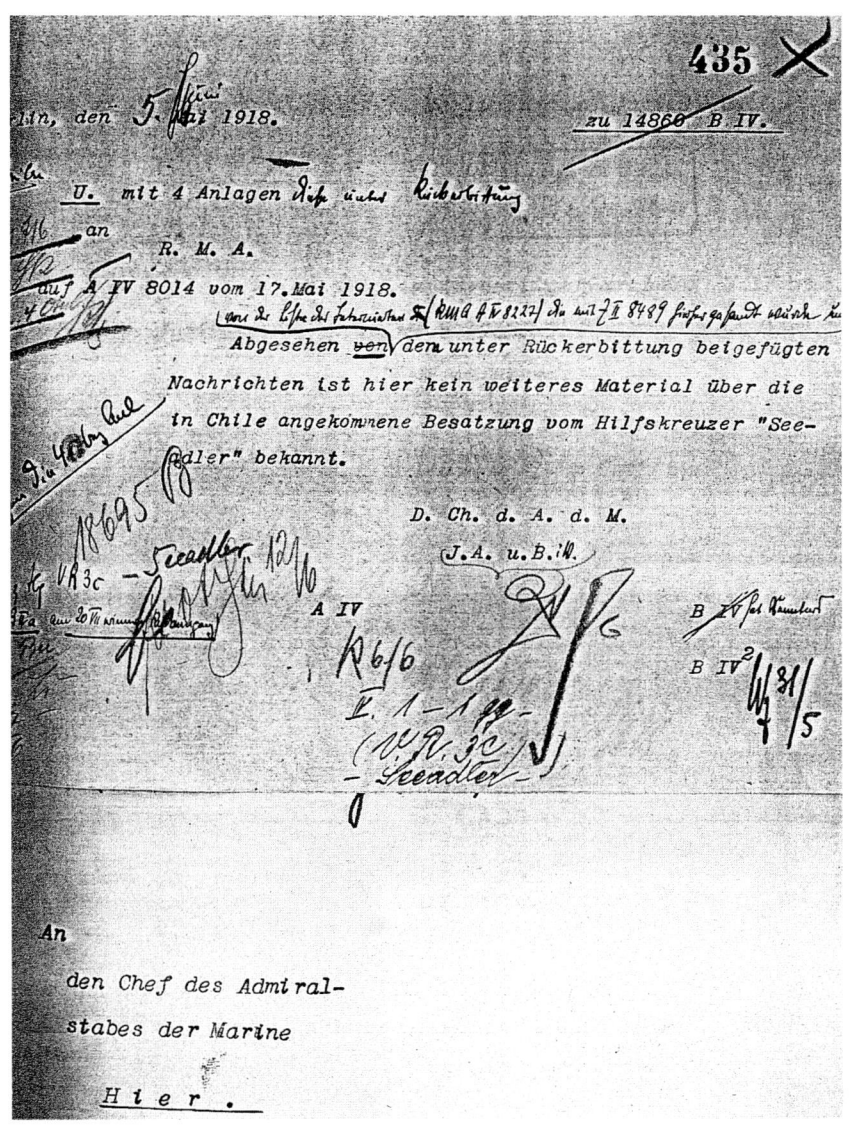

Den Gefangenen überließ ich fast den ganzen alten Proviant und schickte ihnen noch 15 Säcke Mehl vom Schoner, weil unser Mehl verdorben war. Der Proviant dürfte für die 47 Leute mindestens 2 Monate reichen. Um den Gefangenen Gelegenheit zu geben, nach einer der Inseln zu segeln, um ihre Abholung zu bewerkstelligen, ließ ich ihnen ein kleines, in Reparatur befindliches Boot zurück. Die Fertigstellung dieses Bootes wird mindestens 14 Tage in Anspruch nehmen, denn an der einen Seite fehlten fast alle Planken. Für die Überfahrt nach der Insel Rarotonga rechne ich 8 Tage, so daß günstigsten Falles nach 3 Wochen die Kunde von den Geschehnissen auf Mopelia zu unseren Feinden dringen wird.

5.55 h nachm.: Holten die deutsche Kriegsflagge auf Mopelia nieder. 6 h nachm.: Die letzten Boote mit dem Rest der Mannschaft fahren an Bord. Um 7 h abends kam ich an Land und übernahm das Kommando. Hiernach meldete sich Hilfsleutnant z. S. Pries krank und ging unter Deck.

Die letzten Materialien und Gegenstände wurden übergenommen. Ich ließ unser Motorboot, ein Rettungsboot und einen 5 m großen, auf der Insel stationierten und derselben Firma gehörigen Segelkutter durch Sprengpatronen vernichten, weil diese Boote wegen Platzmangels nicht an Bord genommen werden konnten.

8.10 h nachm.: Alles klar zur Abfahrt. Wir verließen die Insel mit westlichem Kurs, um unsere Spur zu verwischen, von 9.30 h ab wurde beim Wind gesteuert und nach Süden gesegelt.

Zu meiner Unterstützung ernannte ich die Ob. Strm. Maaten d. R. Dreyer u. Bahrs und den Strm. Maat d. R. Harzmeyer zu diensttuenden Wachoffizieren. Die Genannten sind im Zivilberuf Schiffsoffiziere und sämtlich im Besitz des Patents ‚Schiffer auf großer Fahrt'."

Dem Kriegstagebuch ist an dieser Stelle eine mit zwei Unterschriften versehene Quittung, datiert 5. September 1917, beigefügt, mittels der bestätigt wurde, daß das an Bord der „Lutèce" befindliche Bargeld ordnungsgemäß an Herrn Pedro Miller ausgehändigt wurde.

„6.9.17: Die Ladung wird umgestaut, alles Überflüssige über Bord geworfen und der Schiffsraum für Unteroffiziere u. Mannschaft als Wohnraum hergerichtet. Die vorgefundenen Matten u. Kattune werden zum Ausschlagen des Wohnraumes benutzt. Das Schiff ist voll von Ungeziefer. Tausende von Ameisen, Kakerlaken und 3 bis 4 cm großen Baratten – eine große Kakerla-

kenart – treiben ihr Spiel in jeder Ritze und laufen einem des Nachts über den Körper. Skorpione und Ratten sind auch in unliebsamer Anzahl vorhanden. Nach Möglichkeit wird versucht, dieses Ungeziefer zu vertilgen. Es mangelt uns sehr an Platz, denn der halbe Schiffsraum ist mit Proviant voll gestaut.
Das Schiff ist in Neuseeland erbaut und zählt 22 Jahre. Die Länge von Spiegel bis Vordersteven beträgt 28,50 m, Breite 6,70 m und die Tiefe von Unterkante Deck bis Oberkante Kielschwein 2,60 m. Die Masten sind an der Stelle, wo die Segelbäume gegenliegen, ziemlich mürbe, man kann dort ein Messer 2 bis 3 cm weit mit Leichtigkeit hineinstoßen. Die Takelage und Segel sind ziemlich verrottet, wir haben aber so viel Tauwerk und Segeltuch gerettet, daß sich diese Mängel beseitigen lassen. Das Lecken des Schiffes ist vorläufig normal, in einer Stunde ist lenzgepumpt."

Unterbrechen wir die Auszüge aus dem Kriegstagebuch an dieser Stelle, um die Vorgänge auf Mopelia bis zu diesem Zeitpunkt und danach aus französischer Sicht zu betrachten. Die Angaben sind dem offiziellen Bericht des Gouverneurs G. Julien in Papeete entnommen und entsprechend der Kriegszeit anti-deutsch eingefärbt. Zitiert wird aus dem offiziellen Tagebuch der EFO vom 15. Oktober 1917. Die Übersetzung erfolgte sinngemäß.
„Der Kapitän [gemeint ist Graf von Luckner] hatte nach einer abgelegenen und unbewohnten Pazifikinsel gesucht und wählte schließlich das französische Atoll Mopelia, 265 Meilen westlich von Tahiti. Am 31. Juli 1917 ließ er an der rechten Seite der Durchfahrt von Mopelia, nur wenige Meter von den Riffen entfernt, Anker werfen.
Am 1. August nahm der Kapitän der Piraten die Insel in Besitz und hißte die deutsche Flagge auf der letzten Kolonie, wie er selbst sagte, die dem Kaiser blieb.
Der Pirat behandelte seine Gefangenen mit einem geringschätzigen Wohlwollen: Am 2. August hatte er zur Zerstreuung der Besatzung und seiner Gefangenen ein Picknick organisiert, wobei er nur eine geringe Anzahl Personal an Bord bleiben ließ. Die Boote hatten noch nicht den Strand berührt, als von der ‚See-

adler' ein Kanonenschuß abgefeuert wurde. Eine Woge hatte sie soeben auf die Riffe geworfen, wo sie aufschlug, wodurch die Deutschen bei ihrer Eroberung selbst zu Gefangenen wurden.

Die Insel Mopelia war nicht ganz ohne Bewohner: 3 Tahitianer ernteten dort Kopra und züchteten Schweine und Geflügel für die Firma Grand. Miller et Cie. aus Papeete. Diese Firma wollte nach Ablauf des Nutzungsvertrages ihre Arbeiter abholen lassen, was den Piraten auch Besorgnis verursachte. Sofort nach dem Schiffbruch brachten sie Planken und Segeltuch an Land, um Baracken zu bauen, Proviant, Maschinengewehre, Munition und Funkgerät, um mit der Außenwelt Verbindung zu haben. Die zwei 10,5er-Kanonen, zu schwer, um sie vom Schiff zu holen, mußten aufgegeben werden, waren aber beschädigt.

Einige Tage später geriet die ‚Seeadler' in Brand; vorher waren die Masten gesprengt worden, und der Dieselmotor war durch den Ausbau wesentlicher Teile, die im Meer versenkt wurden, betriebsunfähig.

Dank ihres Funkgeräts konnten die Deutschen alle Funksprüche empfangen, doch da ein ziemlich großer Teil chiffriert und unübersetzbar war, fühlten sich die Piraten nicht in Sicherheit.

Sie beschlossen, schnellstens die Sicherheit oder wenigstens die Gastfreundschaft von wohlwollenden Neutralen zu suchen.

Am 23. August stach der Kapitän der Piraten (Graf von Luckner) mit 5 Männern auf einer Motorschaluppe in See, in Richtung der Cook-Inseln, wo er nach 7 Tagen landete und erfolgreich die gutgläubigen einheimischen Behörden täuschte. Nichtsdestoweniger wurde er einige Tage später auf den Fidschi-Inseln gefangengenommen.

Die anderen Piraten hatten nur einen Gedanken: fliehen; aber sie hatten kein Boot von ausreichender Größe für die ganze Mannschaft, die aus 58 Mann bestand.

Am Morgen des 5. September erschien der Schoner ‚Lutèce' vor der Passage von Mopelia. Er kam von Papeete und wollte die drei Eingeborenen sowie die Kopraernte abholen. Die ‚Lutèce' sah auf den Riffen ein gestrandetes und ausgebranntes Schiff und beeilte sich, um die Schiffbrüchigen zu retten. Die Deutschen ihrerseits hatten, nachdem sie die ‚Lutèce' entdeckt hatten, sofort entschieden, sich ihrer zu bemächtigen, um damit zu fliehen, und sie fuhren ihr entgegen mit einer Schaluppe, die mit einem Maschinengewehr bewaffnet war.

Die ‚Lutèce' hatte kaum die Passage von Mopelia durchfahren, als sie sich dem Boot der Piraten gegenüber sah, die im gleichen Moment die deutsche Flagge hißten und ihr Maschinengewehr demaskierten, wobei sie der ‚Lutèce' den Befehl gaben, zu stoppen und sich zu ergeben.

Für die ‚Lutèce', unbewaffnet und ohne Motor, war jeder Widerstand unmöglich. Doch als der Befehl zum Einholen der französischen Farben nicht sofort ausgeführt wurde, schritten die Piraten selbst zum Ersetzen der Farben.

Der deutsche Offizier erklärte die ‚Lutèce' und ihre Ladung zur Kriegsbeute, erlaubte jedoch dem Eigentümer und der Besatzung, ihre Privatsachen an Land zu bringen. Am selben Tag flohen sie alle auf der ‚Lutèce' und ließen ihre Gefangenen fast ohne Überlebensmittel zurück.

Ihrer Gewohnheit gemäß zerstörten die Piraten vor dem Verlassen von Mopelia alles, was sie zurückließen: Funkgeräte, Möbel und verschiedene Geräte, ohne die zahlreichen Bäume zu zählen – ungefähr 500 –, die sie geschlagen hatten, um die Früchte bequemer ernten zu können.

Sogleich nach der Flucht der Piraten beeilten sich die zurückgelassenen Gefangenen, am deutschen Fahnenmast die französischen Farben zu hissen. Anschließend organisierten sich die neuen Robinsons. Kapitän Southard von der ‚Manila' wurde als Chef anerkannt, zusammen mit M. Fain, einem der Besitzer der ‚Lutèce', als Berater. Das Lager mußte wiederaufgebaut, die Schäden repariert, die Aufgabe jedes einzelnen festgelegt werden, und das tägliche Leben nahm wieder seinen Lauf mit dem bangen Warten auf den Ausgang. Die von den Piraten dagelassenen Lebensmittel, die Haupternährungsgrundlage vor der Versorgung durch die Angler und Schildkrötenjäger, mußten inventarisiert und rationiert werden.

Die drängendste und am schwierigsten zu lösende Frage war, wie sie sich in Sicherheit bringen konnten: Die Deutschen hatten ihren Gefangenen angekündigt, daß sie zurückkommen und sie abholen wollten, um sie nach Hamburg mitzunehmen, und außerdem hatten sie alle Boote zerstört. Was tun? Zu fliehen versuchen oder abwarten?

Am 8. September, 3 Tage nach der Abfahrt der Piraten, stach M. Pedro Miller, einer der Eigner der ‚Lutèce', zusammen mit Kapitän Southard von der ‚Manila', Kapitän Porutu von der ‚Lutèce', Mr. William, dem Zweiten von der ‚Manila' und 3 Matrosen von der ‚Lutèce' mit einem kleinen, alten und nicht sehr stabilen Boot in See, in der Hoffnung, die 85 Meilen östlich gelegene Insel Maupiti zu erreichen. Nach 8tägigem Kampf gegen widrige Winde und ein entfesseltes Meer kehrten sie mit letzter Kraft zum Ausgangspunkt zurück, besiegt von den Elementen, entkräftet und der Ohnmacht nahe.

Trotz des Scheiterns dieser ersten Expedition fuhr 2 Tage nach deren Rückkehr, am 19. September, Kapitän Smith von der ‚Slade' mit 2 Zweiten und 1 Matrosen auf einem schlechten einheimischen Walfischboot, repariert und von ihnen umbenannt in ‚Deliverer of Mopelia', in Richtung Westen ab.

Diese zweite Expedition sollte mehr Glück haben. In 10 Tagen überwanden diese mutigen Seeleute die 1080 Meilen, die sie von Tutuila trennten, wodurch den amerikanischen Behörden auf Samoa ermöglicht wurde, die Notlage der von den Deutschen zurückgelassenen Gefangenen per Funk nach Tahiti weiterzugeben.

Die in Papeete mit 4tägiger, durch atmosphärische Störungen bedingte Verspätung empfangene Nachricht meldete die Notlage, in der sich die Opfer der Piraten befanden, und die Dringlichkeit, sie in Sicherheit zu bringen.

Nachdem er am selben Tag von den englischen Behörden von Apia das Angebot erhalten hatte, die auf Mopelia Zurückgelassenen mit dem Schiff der Station zu retten, dankte der Gouverneur der Etablissements français de l'Océanie (...) und traf sofort alle notwendigen Maßnahmen.

Er versammelte die Reeder von Papeete, informierte sie über die Lage, und M. Barberel, Repräsentant der Firma A. B. Donald Ltd., stellte der Behörde sofort den einzigen Schoner zur Verfügung, der solch eine dringende Mission ohne Verzögerung erfüllen konnte. Das war die ‚Tiare Taporo', ausgerüstet mit einem Benzinmotor von 40 Pferdestärken, befehligt von Kapitän Winchester, der seit 40 Jahren den Pazifik befuhr und dem die Ehre zufiel, die Rettung durchzuführen. (...)

Die Überfahrt, begünstigt durch den Ostwind, erfolgte ohne Zwischenfall. Am Samstag, dem 6. Oktober, um 7 h meldete der Ausguck Mopelia im Westen. Einige Minuten später bemerkte man eine Rauchsäule, die sich im Norden der Insel in den Himmel erhob.

Die Schiffbrüchigen hatten einen Wachdienst eingerichtet und den Schoner schon in der ersten Stunde entdeckt. Um 9.50 h umfuhr die ‚Tiare Taporo' das Riff im Süden und sah bald deutlich die nahe bei der Passage im Westen des Atolls gestrandete ‚Seeadler'. Im gleichen Moment wurden von den Schiffbrüchigen neue Feuer als Notsignal angezündet. (...) Einige Minuten danach wurden 2 Segelboote in Richtung NW gemeldet. (...)

Kapitän Winchester ließ sofort alle Segel setzen, befahl dem Mechaniker, Höchstgeschwindigkeit zu geben. Obgleich unbewaffnet, ließ er Vorbereitungen treffen, die Boote zu entern und zu versenken, falls sie mit den Deutschen besetzt sein sollten, die auf die Insel zurückgekommen waren.

Glücklicherweise waren diese Vorsichtsmaßnahmen unnötig. 10 Minuten später wurde M. Miller im ersten Boot erkannt, wo er sich mit 1 Amerikaner und 3 Eingeborenen befand. Das zweite Boot war besetzt mit 2 Amerikanern. (...) Sobald sie den Schoner gesichtet hatten, waren sie ihm entgegengefahren, hatten alle Segel gesetzt, so sehr fürchteten die auf Mopelia Zurückgelassenen, sich eine Chance auf Rettung entgehen zu lassen.

Um 10.10 h legten die 2 Boote an der ‚Tiare Taporo' an, und die Schiffbrüchigen, an Bord gestiegen, fielen vor Freude weinend ihren Rettern in die Arme. (...) Nach einem hastig eingenommenen Frühstück booteten sich die Retter mit der Bordschaluppe aus, überquerten die Passage und die Lagune und kamen um 11 h vor dem ehemaligen deutschen Lager auf Mopelia an.

Die Freude der unglücklichen Gefangenen, von den Deutschen zurückgelassen und auf diesem Atoll lebend, die Amerikaner seit dem 2. August, die Tahitianer seit dem 5. September, ist schwer zu beschreiben: Die Ankunft der Rettungsmannschaft wurde mit frenetischen Hurra-Rufen begrüßt.

Den versammelten Schiffbrüchigen verkündete der Administrator Chazal, daß die Rückfahrt, entsprechend den genauen Anweisungen des Gouverneurs, am gleichen Tag begonnen werden solle, um eine mögliche Überraschung durch die Piraten zu vermeiden. Die Aufforderung, sich zu beeilen, war tatsächlich überflüssig. Jeder hatte es eilig, diesem Boden der Angst und Leiden zu entfliehen. Immerhin gab es keine Kranken. Einige Männer hatten mehr oder weniger tiefe Wunden, die mit den aus Papeete mitgebrachten Verbänden versorgt wurden.

In der Krankenstube des deutschen Lagers befanden sich trotz der hochtrabenden Bezeichnung ‚Feldlazarett', die in großen Buchstaben unter ein großes rotes Kreuz gemalt war, keinerlei Medikamente oder Verbandsmaterial für Erste Hilfe.

Um 3 h wurde die Gruppe der Geretteten am Fuße der französischen Unterkunft fotografiert, und um 4 h begann die Abreise, wobei jeder Schiffbrüchige seine Privatsachen und einige nicht sehr sperrige Andenken mitnahm.

Der Administrator Chazal, begleitet von dem Apotheker Hilfsmajor Lespinasse und von M. Pedro Miller, begab sich an Bord der ‚Seeadler', um den Zustand des Schiffes festzustellen und einige Fotos zu machen von dem Strandgut. Das Schiff war durch den Unfall, der die Ursache für seine Strandung war, schon stark mitgenommen, wurde aber danach durch das Inbrandsetzen und das systematische Zerstörungswerk der Deutschen viel stärker beschädigt.

Um 20 h, nachdem die letzte Bootsladung auf der ‚Tiare Taporo' angekommen war, wurde der Befehl zur Abfahrt gegeben.

Da der Wind entgegenstand, dauerte die Rückfahrt länger als die Hinfahrt. Am Montag früh um 5 h kam die ‚Tiare Taporo' in Sichtweite von Bora-Bora. (...)

Um 8 h versammelte sich die Bevölkerung an Bord der ‚Tiare Taporo', beladen mit frischen Lebensmitteln: Orangen, Bananen, Ananas, Kokosnüssen etc., die den Geretteten geschenkt wurden. (...) Am Mittwoch, dem 10. Oktober, um 8 h morgens, kam das Schiff ohne jeden Zwischenfall auf der Reede von Papeete an. Die ganze Bevölkerung hatte sich auf den Quais versammelt und erwartete mit ungeduldiger Neugier die Rückkehr der Geretteten.

In der ersten Reihe befanden sich der Gouverneur, der Konsul der Vereinigten Staaten, der Konsul von England, der Generalsekretär und die Repräsentanten des Magistrats etc. (...) Die Geretteten brachten drei kräftige Hurras aus zu Ehren der französischen Republik."

So weit der französische Bericht über den Fortgang der Ereignisse.

In der Zwischenzeit reiste die Mannschaft der „Seeadler" mit der gekaperten „Lutèce" weiter. Die Details werden wieder aus dem Kriegstagebuch zitiert.

„8.9.17: Fangen Regenwasser. F. T. Anlage zum Empfang ist eingebaut. – 9.9.17: Fangen Regenwasser. 3.45 h nachm.: Passieren die Insel Rimitara in 6,5 sm Abstand an B. B. Schiffe waren unter der Insel nicht zu sehen. – 10.9.17: Ich gab dem Schoner den Decknamen ‚Fortuna'. Nichts Besonderes.

19.9.17: Schiff macht mehr Wasser wie vorher, es mußte 4 Stunden gepumpt werden. – 20.9.17: Pumpten 3 $1/2$ Stunden. – 21.9.17: Schiff scheint wieder dichter zu sein, pumpten 1 $1/2$ Stunden.

22.9.17: Infolge der hohen Dünung stampfte das Schiff während der letzten Tage sehr, die Folge hiervon war ein starkes Lecken. Heute morgen wurde 1 m Wasser im Frachtraum gepeilt. Das Wasser mußte mit Pützen ausgeschöpft werden, weil die Pumpe nicht genügend warf. Es wurde während des ganzen Tages gepumpt. Das Schiff ist bolzenlahm, darauf ist das starke Lecken bei größerer Beanspruchung zurückzuführen. Es wird von nun an weniger stark gesegelt, um dies zu vermeiden.

23.9.17: Der Schoner läuft ausgezeichnet, das heutige Etmal beträgt 193 sm. Pumpten 3 $1/2$ Stunden. – 24.9.17: Pumpten 3 Stunden. Nichts Besonderes. – 25.9.17 Desgl. Pumpten 2 Stunden. – 26.9.17: Schiff ist wieder dichter geworden, pumpen jetzt nur 1 Stunde. – 3.10.17: 6.15 h a. m. Sichteten die Osterinsel in SO z. O. 11.50 h p. m. ankerten in La Perouse Bay. Pumpten 3 Stunden.

4.10.17 La Perouse Bay: Liegen zu Anker. Vormittags kam der Subdelegado [Gouverneur] Herr Acuna – Vertreter der chilenischen Regierung – an Bord. Auf seine Fragen sagte ich ihm, wir kämen von See, ich bäte ihn, einige Wochen auf der Osterinsel verweilen zu dürfen, um notwendige Reparaturen vorzunehmen. Der Subdelegado war sehr zuvorkommend, mit all' meinen Wünschen einverstanden und bot mir alle Hilfe an. Den Namen des Schoners gab ich als S. M. S. ‚Fortuna' an.

5.10.17 Hanga Roa: 8.15 h morg. Anker auf, segeln nach Hanga Roa (Cook Bay). Ich beabsichtige, dicht unter Land zu ankern, um möglichst vor der stets laufenden südl. Dünung geschützt zu sein, weil das Schiff unter Wasser auf Seetüchtigkeit untersucht werden soll, um nach dem Ergebnis dieser Untersuchung meine weiteren Entschließungen treffen zu können.

11 h vorm.: Ankern in der Hanga Roa Bucht auf 3 1/2 Faden = 6,30 m Wassertiefe. Beim Schwoien scheuerte das Schiff zweimal leicht an einem nicht in der Karte bezeichneten, unter Wasser befindlichen Stein. Durch entsprechende Segelmanöver wurde der Schoner von dem Felsen freigehalten. Ich ließ den Anker auf 30 Fd. Kette schlippen, ging wieder unter Segel und ankerte auf 13 Fd. = 23,50 m Tiefe. Durch Peilen der Pumpen wurde festgestellt, daß das Schiff nicht mehr Wasser machte als gewöhnlich. Der Schoner hatte vorne einen Tiefgang von 1,40 m und hinten 2,20 m. Nachmittags fuhr ich an Land und erwiderte den Besuch beim Subdelegado.

Osterinsel (Hanga Roa) 6.10.17: Nachts um 2 h wurde mir gemeldet, daß das Schiff mehr Wasser machte. Durch ständiges Pumpen konnte das stärkere Lecken bewältigt werden.

Morgens um 7 h nahm das Wasser ganz plötzlich so schnell zu, daß mit dem Sinken des Schoners gerechnet werden mußte. Ich ließ sofort den noch nicht naß gewordenen Proviant an Deck schaffen, weil das Wasser sehr schnell stieg. Ich schickte dann ein Boot an Land, machte dem Subdelegado Mitteilung von dem Zustand des Schiffes und bat ihn um Unterstützung, weil unser einziges Boot nicht ausreiche, den Proviant zu bergen. Herr Acuna sandte mir sofort in bereitwilligster Weise seine Kanaker mit ihren Booten, diese fuhren dann unter Mitwirkung der

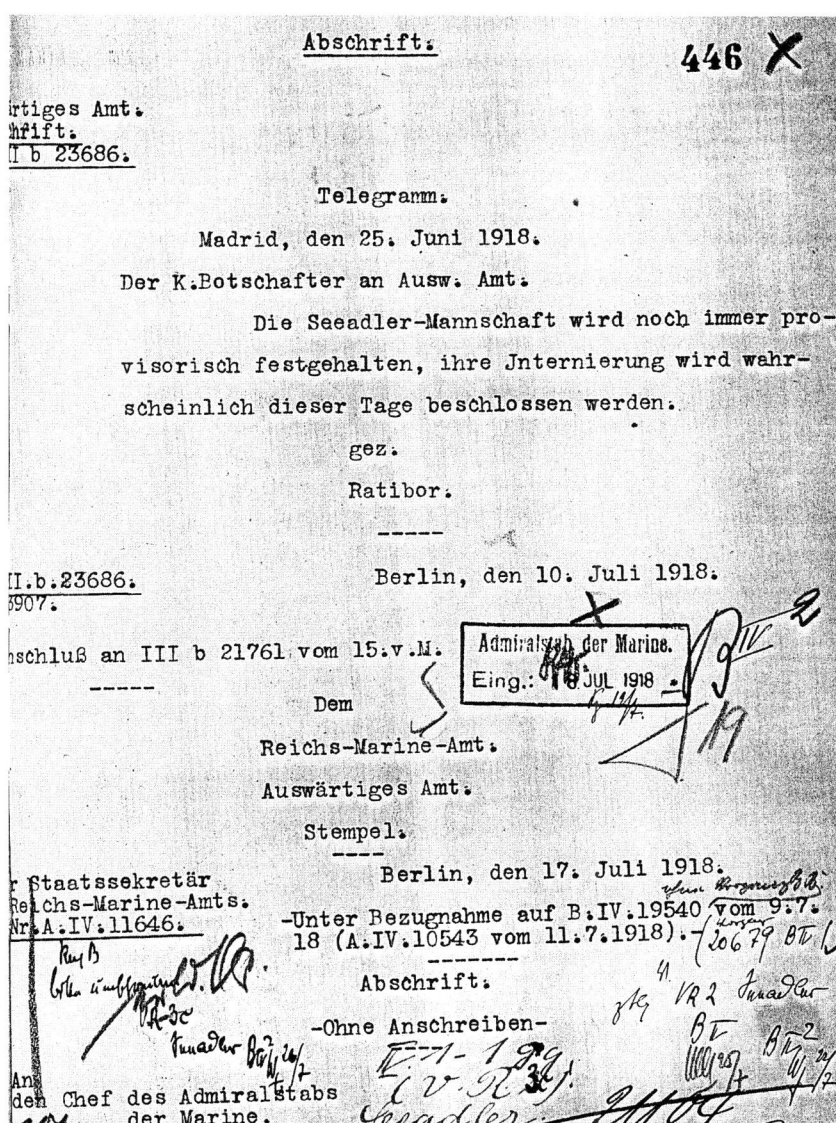

eigenen Mannschaft den Proviant an Land. Ich beschloß nun, den Schoner auf Grund zu setzen, um den Schiffskörper noch als Brenn- und Bauholz verwenden zu können, denn auf der Insel wachsen nur ein paar Feigenbäume und Sträucher.

Um 9 h morg. ließ ich den Anker schlippen und ging unter Segel, um gegen den ablandigen Wind aufzukreuzen und die Küste zu erreichen.

Ein paar Schläge gelangen, wir machten den halben Weg vom Ankerplatz bis zum Strand gut, dann mußte ich aber den Versuch, das Schiff auf Strand zu segeln, aufgeben, weil es schon zu tief lag, infolge des Segelns zuviel Wasser machte und nicht mehr durch den Wind drehte. Ich warf jetzt Anker, um das gewonnene Stück nicht wieder zu verlieren, denn Wind und Strom setzten stark auf See zu. Nun ließ ich Verholleinen aneinanderstecken und befestigte diese an der nächsten Klippe. So holten wir den Schoner auf Grund bis ca. 200 m von Land entfernt.

In der Brandung wurde das Schiff von einer Seite auf die andere geworfen und drohte zu kentern, ich schickte deshalb den größten Teil der Mannschaft an Land und kappte dann die Masten, um ein Kentern zu verhüten.

Mittags 12 h saß das Schiff auf Grund. Trotzdem der Schoner in der Brandung beständig hin und her geworfen wurde, wurden die Bergungsarbeiten fortgesetzt und noch eine Menge Materialien etc. gerettet. Um 5.30 h nachm. verließ ich mit dem Rest der Mannschaft das Schiff.

An Land wurden uns von Herrn Acuna in freundlichster Weise Quartiere angewiesen. Für die Mannschaft stehen 2 Fischerhütten und 1 Holzbaracke zur Verfügung, die aber noch wohnlich eingerichtet werden müssen. Das Holz hierzu wurde uns auch vom Subdelegado in bereitwilligster Weise zur Verfügung gestellt."

An dieser Stelle der Inhalt eines Briefes, den Leutnant Kling am 11. März 1918 aus der Internierung an den deutschen Gesandten in Santiago de Chile schrieb. Darin heißt es unter anderem: „Der Subdelegado stellte uns Holz zur Verfügung, das vom Herrn Bischof [dem Vorgesetzten des Subdelegado] für den Bau einer Schule bestimmt war, damit wir uns eine Baracke bauen konnten. Auch lieferte er einen Teil Schuhe unentgeltlich, die eigentlich für die Kanaker bestimmt waren ... seine rührende Aufopferung für uns blieb stets die gleiche, vom ersten bis zum letzten

Tag ... ich bitte, dem Subdelegado eine Auszeichnung zukommen zu lassen."

Zurück zu dem Geschehen auf der Osterinsel, wie es im Kriegstagebuch festgehalten ist.

„Das plötzliche starke Lecken ist auf die Altersschwäche und wahrscheinlich auf das vorhergehende Berühren des Felsens zurückzuführen. Nach allgemeiner Ansicht muß während der Nacht, als etwas Dünung aufkam, der Werg aus einigen Nähten gefallen sein, denn sonst ist das plötzliche, 15 Stunden nach der Berührung mit dem Felsen, starke Lecken nicht zu erklären. Wir wundern uns jetzt, daß uns dieses nicht schon auf hoher See passiert ist – denn ohne es zu wissen, befanden wir uns auf einem schwimmenden Sarg.

Den Schiffspapieren zufolge sollte sich der Schoner in einem seetüchtigen Zustand befinden, allerdings nur noch seetüchtig für Kanaker. Wir haben aber jetzt, nachdem Teile vom Kiel und Achtersteven losgebrochen sind, festgestellt, daß der Schoner unter Wasser vom Bohrwurm stark zerfressen und an vielen Stellen gänzlich verrottet ist. Wie durch ein Wunder hat der alte Kasten noch so lange gehalten, und das haben wir in der Hauptsache den Spanten zu verdanken, die aus einer Art Eisenholz gemacht sind. Vor einigen Jahren hatte der Schoner eine 2 cm starke, aufgenagelte Außenhaut bekommen vom Kiel bis zur Wasserlinie, um überhaupt noch in der ewig ruhigen Südsee schwimmfähig zu bleiben. Die Masten sind, 2 m über Deck, wo die Segelbäume gegenliegen, bis zur Hälfte verrottet. Dies wurde nach dem Kappen festgestellt.

Der Proviant ging zum größten Teil verloren, ebenfalls ein Teil unserer Privatsachen.

An Waffen und Munition wurden gerettet: 34 Karabiner mit Koppelzeug, 22 Pistolen, 1 Maschinengewehr, 2200 Patronen f. Karabiner, 400 Patr. für Pistolen, 7 Sprengpatronen und 1 B. G.

Vom 7. Okt. bis 23. Nov. 17: Die hintere Hälfte des Schoners ist abgewrackt und als Brenn- und Bauholz verwandt. Bei näherer Untersuchung ergab sich, daß zwischen der Außenhaut und den aufgenagelten Brettern eine Fettschicht geschmiert war, um das Schiff noch einigermaßen dicht zu erhalten. Ferner war der

Schoner innen so stark von Ameisen zerfressen, daß die Innenhölzer bis zur Hälfte durchgefressen waren und wie Blätterteig aussahen.

Nach diesen neuen Entdeckungen und dem allgemein verrotteten Zustand des Schoners hätte er keinen regelrechten Sturm mehr ausgehalten, sondern wäre auf hoher See wrack geworden. Vom Schoner wurden noch geborgen 1 Motorboot und 1 Brandungsboot, die einzigen Boote, die wir auch nur während der Überfahrt besaßen.

Nach einer genauen Übersicht reicht der gerettete Proviant bei rationeller Einteilung noch für 6 bis 7 Monate. Auf der Insel ist weiter nichts zu haben wie Ochsen- und Hammelfleisch. Gartenfrüchte sind fast gar nicht zu haben, weil jeder nur für seinen Bedarf baut. Ich habe aus diesem Grunde einen Garten anlegen lassen, um wenigstens für einige Zeit versorgt zu sein.

Die Mannschaft ist mit der Einrichtung des Lagers, dem Ausbau einer Quelle, Gartenbau, sonstigem Arbeitsdienst und Exerzieren beschäftigt. Wegen der Wasserknappheit müssen wir uns eine eigene Wasserstelle schaffen, weil es hier sehr an gebrauchsfähigem Trinkwasser fehlt und man sonst nur auf Regenwasser angewiesen ist. Das Quellwasser schmeckt stark nach Pottasche.

Die F. T. Station wurde mit Erlaubnis des Subdelegados auf einem ca. 250 m hohen Berg errichtet. In der ersten Zeit empfingen wir Bruchstücke von Pressenachrichten von der Großstation St. Cristobal in Peru.

Der Lautverstärker wurde aber immer schwächer und versagte nach kurzer Zeit gänzlich, so daß wir nichts mehr hörten. Es wird jetzt versucht, aus Bordmitteln eine neue Batterie von 100 Elementen herzustellen, um wieder empfangen zu können.

Wir sind nicht interniert und genießen vollste Freiheit. Die Waffen und Munition wurden uns nicht abverlangt.

Nach Angabe des Subdelegados und des Leiters der hiesigen Viehzüchterei soll hier im November oder Dezember ein chilenischer Schoner von Valparaiso ankommen. Ich habe daher beschlossen, die Ankunft dieses Schiffes abzuwarten, um evtl. die Weiterreise nach Chile anzutreten.

24. bis 30. Nov. 17: Am 24. Nov. segelte hier in 17 bis 20 sm Entfernung ein amerikanischer Viermastschoner vorbei. Es herrschte flaue Brise und zeitweise Windstille, so daß der Schoner während des ganzen Tages in Sicht war. Ich beabsichtigte, den Schoner zu kapern, um den feindlichen Handel zu schädigen und mit dem Schiff weiterzusegeln.

Meine Gründe für diese Maßnahme waren folgende:

1.) Der Subdelegado erhob keinen Protest, im Gegenteil kam er mir in jeder Weise entgegen.

2.) Ich erinnere mich, im Kreuzerhandbuch von Bord S. M. S. ‚Seeadler' gelesen zu haben, daß die chilenische Regierung ihren Anspruch auf Beachtung der Neutralitätsrechte auf diese Insel nicht ausdehnt.

3.) Wir haben hier keinerlei militärischen Schutz von seiten der chilenischen Regierung und sind bei feindlicher Annäherung auf unsere eigenen Waffen angewiesen, denn außer dem Subdelegado ist hier noch ein Chilene von der Regierung hergeschickt, der für das Vieh aufpaßt.

4.) Bisher ist jedes Jahr um diese Zeit, während des Krieges, ein englischer Hilfskreuzer hier gewesen und hat die Insel abpatrouilliert. Bei Erinnerung an den Fall S. M. S. ‚Dresden' muß ich damit rechnen, daß die Engländer versuchen werden, uns gefangenzunehmen, falls in nächster Zeit wieder ein Kreuzer kommt.

Aus diesen Gründen glaube ich mich berechtigt, ein feindliches Schiff zu kapern, um damit nach Deutschland zu segeln oder einen neutralen Hafen anzulaufen, je nach den Umständen.

Der Schoner konnte nicht aufgebracht werden, weil nach kurzem Laufen der Motor versagte und dieses Aussetzen nach jedesmaligem Überholen wieder eintrat. Die Störung kam daher, daß der Gasolinmotor für Petroleum umgearbeitet war, denn es mangelte uns an Gasolin.

Hilfsleutnant z. S. Pries versuchte durch allerlei Einwände, mich von meiner Absicht, den Schoner zu kapern, abzubringen. Er ging schließlich soweit, mir den Gehorsam zu verweigern, indem er mir am 26. Nov. durch Assistenzarzt Dr. Pietsch dienstlich melden ließ: er würde ein gekapertes Schiff nicht betreten und er erkännte mich nicht als stellvertretenden Kommandanten an. Ich wies Hilfsl. Pries zur Information auf den ‚Dienst an Bord' hin. Infolge dieses unerhörten Benehmens, das der Mannschaft von seiten eines Offiziers als schlechtes Beispiel dient und diese zum Widerstand gegen die militärische Gewalt und Aufreizung zur Meuterei verleiten muß, habe ich Hilfsleutnant Pries vorläufig von allen Dienstleistungen entbunden und ihm verboten, der Mannschaft Befehle in bezug auf den Dienst zu erteilen. Ich bitte gehorsamst um kriegsgerichtliche Bestrafung des Hilfsleutnants z. S. Pries."

Und nun kurz das, was Luckner über das Geschehen in seinem „Freibeuterleben" schrieb: „Leutnant z. S. d. Res. Kling, dem ich den Befehl während der Dauer meiner Kreuzerfahrt zur Aufbringung einer geeigneten Prise übergeben hatte, unternahm, getreu meinen Anweisungen, bei der auftauchenden Gefahr für die Besatzung des ‚Seeadler', von den Engländern auf der Insel Mopelia aufgehoben zu werden, die heroisch durchgeführte Fahrt nach der Osterinsel. Auch ihm war ein entscheidender Erfolg in der beabsichtigten Richtung nicht beschieden. Immerhin gelang es ihm und seiner umsichtigen Führung, meine geliebten blauen Jungens auf den Planken des mit viel List erbeuteten französischen Schoners ‚Lutéec' [richtig ‚Lutèce'] von der Insel Mopelia nach der Osterinsel zu bringen. Dort allerdings ging das Rettungsschiff, das inzwischen von ihnen auf den Namen ‚Fortuna' getauft worden war, abermals verloren. Ungebrochen blieb ihr Mut. Sie hofften noch immer auf eine Gelegenheit, wieder ein größeres Fahrzeug zu erbeuten. Nur ein heimtückischer Zufall verhinderte es."
In den letzten zitierten Zeilen des Kriegstagebuches wird deutlich, warum Luckner die weiteren Erlebnisse seiner Mannschaft nie vollständig wiedergab: Einer seiner Offiziere, einer der von ihm persönlich ausgewählten Männer, hatte nach geltendem Kriegsrecht unbestreitbar gemeutert. Es war der gleiche Hilfsleutnant zur See Richard Pries, der an Bord der „Seeadler" als Wachoffizier seinen Dienst versah, als das Schiff zerschellte. Der gleiche Offizier hatte für die Sprengung der Masten der „Seead-

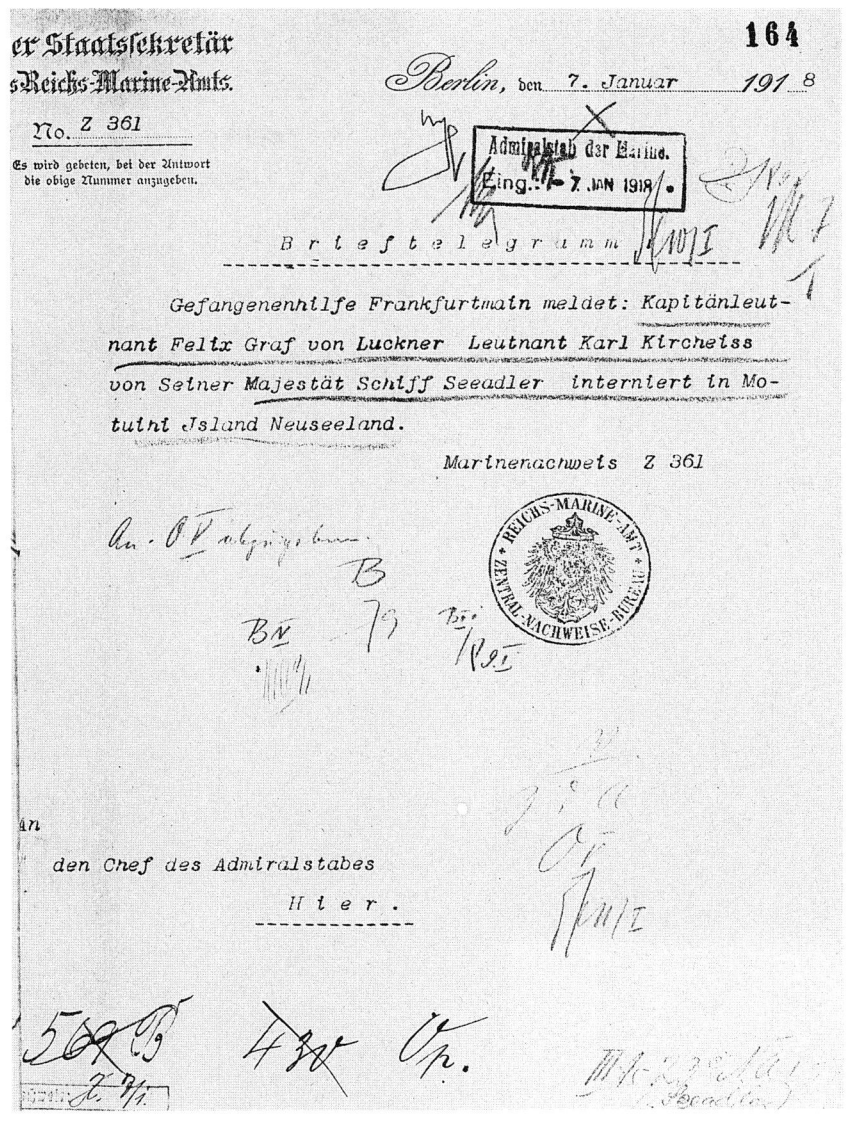

ler" zu sorgen, bei der das Schiff in Brand geriet. Pries war es auch, der sich krank meldete und unter Deck ging, als er das ihm vorübergehend übertragene Kommando wieder abgeben mußte. Es kam nie zu einem Kriegsgerichtsverfahren gegen Leutnant Pries. Luckner hingegen schlug, obwohl er den Inhalt des

Kriegstagebuches genau kannte, später Mannschaft und Offiziere – auch Pries – für die Verleihung des Eisernen Kreuzes II. und I. Klasse vor. Dies ist einem von ihm verfaßten Brief vom 7. Juli 1920 zu entnehmen. Allerdings sollten zwei Mannschaftsmitglieder keine Auszeichnung erhalten, da sie sich „verschiedenes haben zuschulden kommen lassen".
Bereits in diesem Schreiben an die Marineleitung stellte er seine spätere Eloquenz hinsichtlich der Heldentaten, die er mit seiner Mannschaft vollbracht hatte, unter Beweis:
„,Seeadler' war das einzige Segelschiff als Hilfskreuzer im Weltkriege und hatte allen anderen Hilfskreuzern gegenüber unter weit schwierigeren Umständen seine Aufgabe zu erfüllen. (...) Am 21.XII.16 verließ ,Seeadler' die deutsche Heimat, und bei einer schweren Sturmesfahrt wurden sämtliche Blockaden durchbrochen. Später trieben ungünstige Winde uns auf die Höhe von Island, wo Schiff und Mannschaft schwer unter Eis zu leiden hatten. Wir waren nicht mehr in der Lage, die Takelage zu bedienen, da das ganze Tauwerk vereist und nicht mehr durch die Blöcke führte. Die Luken, die zu den Räumen der Leute unter Deck führten, waren infolge der Vereisung für jeden Verkehr ausgeschlossen. Infolgedessen konnten die Leute nur notdürftig und ohne warmes Bettzeug bei der grimmigen Kälte untergebracht werden. Nach schweren Kämpfen zwischen Färöer und Island hält uns der englische Hilfskreuzer ,Avenge' zur Untersuchung an. Mustergültig haben sich hierbei meine Leute benommen, und nur derjenige, der sich eine Vorstellung machen kann, was es heißt, den Feind, den man bekämpfen will, auf seinen Planken als wohlwollende Neutrale zu begrüßen, noch dazu der Gedanke des traurigen Zustandes unserer Schiffspapiere, der wird das Verhalten meiner Leute, die so hervorragende Ruhe bewahrt haben, staunend bewundern. 1 1/2 Stunden sind Kapitän und Mannschaft auf das gründlichste untersucht. Der Feind wurde aber trotzdem getäuscht.
Die Armierung ,Seeadlers' war eine recht bescheidene; als Breitseite nur ein altes 10,5-Geschütz, an dem noch die Auswerfer fehlten und das sehr beschränkte Bestreichungswinkel hatte. Unsere Besatzung betrug nur 64 Köpfe, davon gingen von Deck

E VII 13./23644.

Verbalnote.

Die Schweizerische Gesandtschaft beehrt sich, dem Auswärtigen Amt des Deutschen Reiches unter Bezugnahme auf seine sehr geschätzte Verbalnote -IIIb 47240- vom 2. November v.J. und im Anschluß an die diesseitige Verbalnote - E VII 13/15791- vom 22. Januar d.J. in der Anlage Durchschlag eines Schreibens der Schweizerischen Gesandtschaft in London vom 22. v.M. an das Politische Departement in Bern nebst zwei Durchschlägen der Note des Britischen Auswärtigen Amts vom 21. v.M., betreffend die Strandung des deutschen Hilfskreuzers "Seeadler" bei Mopeha Island und die Gefangennahme der Besatzung, zur gefälligen weiteren Veranlassung ergebenst zu übermitteln.

Berlin, den 3. Juni 1918.

3 Anlagen.

An
das Auswärtige Amt

20 Mann für Motor-Mechaniker und F.T. Personal sowie Köche ab. Während der ganzen Kreuzerfahrt wurde 4 um 4 Stunden Wache gegangen. Erleichterung war nicht möglich, da die Wache nur 20 Mann zählte und kaum für die schwere Takelage ausreichte, die eine Segelfläche von über 2600 qmtr. trug.

Bei stürmischem Wetter, worunter wir sehr schwer zu leiden hatten, besonders bei Cap-Horn [Kap Hoorn], waren fast dauernd beide Wachen an Deck, da eine Wache nicht im entferntesten ausreichte, um die Segel zu bergen. 4 Wochen lang haben wir bei Cap-Horn gegen die Stürme gekreuzt und nicht weniger als 2 Gestell Sturmsegel verloren, die nur zu ersetzen möglich waren durch tage- und nächtelanges Nähen derselben. Das Deck ist des öfteren eingeschlagen worden, so daß die Handpumpen, die wir als einziges Lenzmittel besaßen, ununterbrochen in Tätigkeit waren.

Beispiele treuester Pflichterfüllung und Überwindung der Müdigkeit durch eiserne Energie haben meine Leute trotz ungenügender Verpflegung, Hartbrot, Hülsenfrüchte und Salzfleisch, stets gezeigt. Da ‚Seeadler' keine Kühlräume für die Munition eingebaut erhalten hatte und wir ununterbrochen 3 Wochen in der Nähe des Äquators kreuzten, stieg die Temperatur in den Munitionsräumen auf 40 bis 45 °C. Da die Munition nicht über 30 °C Temperatur liegen darf, war ich gezwungen, den größten Teil über Bord zu werfen. Um mit dem kleinen Restbestand sehr sparsam zu sein, haben wir einen großen Teil der Schiffe durch Entern vom Motorboot aus gekapert. Trotz alledem hat ‚Seeadler' 64.000 To. versenkt, ohne einen Verwundeten noch ein Menschenleben von uns noch vom Feinde verloren zu haben.

3 Monate lang waren 386 Gefangene an Bord. 1 Mann als Posten war der einzige von der Besatzung, der Waffen trug, da Waffentragen für die übrigen beim Segelhandwerk unmöglich ist. Nur der Respekt, den die Gefangenen vor meinen braven Leuten hatten, gestattete es mir, dieser großen Übermacht volle Freiheit an Bord zu geben.

Nach 35.000 sm ununterbrochener Kreuzerfahrt waren wir gezwungen infolge von Skorbut, die Insel Mopelia anzulaufen, um uns dort zu erholen. Am 2. August 17 wurde das Schiff durch Flutwelle vernichtet. Mit den geretteten Habseligkeiten lebten wir auf dieser Insel. Während ich mit 5 Leuten im Rettungsboot 2300 Meilen nach den Fidschi-Inseln segelte und dabei gefangengenommen wurde, blieb der Rest der Besatzung auf Mopelia. Nach 4 Wochen kaperten sie den französischen Schoner

‚Lutèce', ein ganz alter Küstenfahrer, und erreichten nach vielen Entbehrungen im sinkenden Schiff die Oster-Inseln, wo sie wiederum durch den Untergang der ‚Lutèce' ihr letztes Hab und Gut verloren. Nach 1/2jährlichem Aufenthalt kamen sie mit dem chilenischen Schoner ‚Falson' nach Chile.
Nach all dem beispielvollen Verhalten in den schwierigsten Lagen, die ich nur zum Teil beleuchten konnte, und den hervorragenden Erfolgen mit primitivsten Mitteln glaube ich, die Einreichung zur Verleihung des E.K. II. und I. genügend begründet zu haben." [Offensichtliche Schreibfehler wurden berichtigt]

Kehren wir nochmals kurz zu den letzten Eintragungen des Kriegstagebuches zurück.
„1. bis 31.12.17: Alle Bemühungen, die F. T. Station wieder auf weite Entfernungen empfangsbereit zu machen, scheiterten an dem gänzlichen Zusammenbruch des Lautverstärker-Apparates. Aus diesem Grunde ließ ich die Station abbrechen und einziehen.
Das Brandungsboot wird umgebaut, aufgetakelt und für eine längere Seereise hergerichtet, um damit nach Chile segeln zu können, falls der angesagte Schoner bis Ende Januar 1918 hier nicht eintrifft.
25.1.18: Heute morgen wurde östlich der Insel in ungefähr 25 sm Entfernung ein Segelschiff gesichtet, das auf die Insel zusteuerte.
Von der hiesigen Subdelegation erhielt ich die Erlaubnis, unser Segelboot zu probieren und dem Schiff entgegenzusegeln, denn falls es ein feindliches war oder Chile uns in der Zwischenzeit den Krieg erklärt hatte, wollte ich das Schiff rechtzeitig in unseren Besitz bringen.
Nachmittags um 1 h ging ich mit 12 Mann in See. Ungefähr 6 sm von Hanga Roa erreichten wir das Schiff. Es war der hier erwartete chilenische 3-Mastschoner ‚Falcon'. Wir gingen in voller Fahrt längsseit und enterten an Bord. Ich begrüßte den Kapitän freundlichst und erfuhr von ihm als erstes, daß Chile noch neutral ist, infolgedessen konnte ich nichts unternehmen. Ich lotste das Schiff in die Bucht, um den Verdacht irgendwelcher anderer Absichten zu verwischen. Der Kapitän erklärte sich einverstan-

den, uns nach seinem nächsten Bestimmungshafen Talcahuano mitzunehmen.

26.1. bis 31.1.: Treffen Vorbereitungen für die Überfahrt: in der Hauptsache Herstellung von Dörrfleisch und Anbordbringen von Frischwasser.

3.2.18: Für Verproviantierung mußte ich selbst sorgen, denn der Kapitän hatte kaum genügend Lebensmittel für seine Mannschaft. Die Mannschaft ist im Schiffsraum untergebracht. Für Offiziere ermietete ich die Kammern des Steuermanns und Bootsmanns. Proviant und Wasser ist für reichlich 35 Tage an Bord. Waffen und Munition wurden mitgenommen.

Nachmittags 5 h alles an Bord, gingen in See nach Talcahuano.

Am 2. März 1918 erreichten wir Talcahuano ohne Zwischenfall. Wir wurden vorläufig auf dem deutschen Dampfer ‚Memphis' untergebracht bis zur weiteren Entscheidung. Waffen u. Munition wurden an die Behörde abgeliefert.

Am 9. Sept. 1918 siedelten wir auf den deutschen Dampfer ‚Berengar' und den deutschen Segler ‚Magdalena Vinnen' über, die Mannschaft wurde auf die beiden Schiffe verteilt.

Am 1. Mai 1919 übergab ich das Kommando an Hilfsleutnant z. See Pries, weil ich die Absicht habe, mir in Chile eine neue Zukunft zu gründen.

Am 12. August reichte ich beim Kommando ‚Dresden' mein Abschiedsgesuch ein. Abgeschlossen am 12. August 1919, gezeichnet Alfred Kling, Leutnant z. See d. R."

Der Vollständigkeit halber sollte noch angemerkt werden, daß nach dem Eintreffen der Besatzung in Chile ein langwieriges Tauziehen hinter den Kulissen zwischen den deutschen und chilenischen Behörden über den völkerrechtlichen Status der Mannschaft begann. Nicht zuletzt ging es dabei auch um die Frage, wer für die Unterbringung und Verpflegung aufzukommen habe. Es gibt zig Seiten Gutachten und Korrespondenzen, die letztlich dann doch zu der Entlassung der Internierten, wenn auch erst 1919, mehr als ein Jahr nach Kriegsende, führten.

Luckner schrieb im „Freibeuterleben" über das Schicksal seiner Crew:

„So fuhren sie dann eines Tages als freie Passagiere auf einem chilenischen Schiff nach Chile. Die deutsche Kolonie nahm sich ihrer in der folgenden Internierungszeit mit großer Liebe an. Auch für sie alle gab es ein Neuaufleben der Freibeuterei auf Schiffe nicht mehr. Sie haben aber damals bereits durch ihr ganzes Verhalten in Chile Tausende von Herzen für Deutschland zurückgewonnen und damit eine Bresche in die Hetze der Feindmächtepresse geschlagen. Verständnis und Bewunderung für die Haltung deutscher Menschen, wenn es das Wohl des Vaterlandes gilt, haben sie erworben. Auch das ist Freibeuterei, Freibeuterei auf Freundschaft und auf Achtung."
Der Marine-Assistenzarzt Dr. Pietsch war während der Internierung in Chile gestorben, und zwar nicht, wie von Luckner behauptet, an gebrochenem Herzen wegen des verlorenen Krieges, sondern schlicht an Herzversagen, wie ein Marinearzt es im Totenschein bestätigte. Nach der Rückkehr der Mannschaft verstarb ein Besatzungsmitglied an den Folgen einer Grippe, die sich wegen des geschwächten Gesundheitszustandes fatal ausgewirkt hatte. Alle anderen haben das Abenteuer gesund überstanden.
Leutnant Kling, der zunächst in Chile geblieben war, kehrte Anfang der dreißiger Jahre wieder nach Deutschland zurück.

Vom Seeteufel zum Großmeister

„Und damit ich nicht vergesse, wo ich die Kriegskasse mit dem vielen Geld des gestrandeten ‚Seeadlers' auf der Insel Mopelia vergraben habe, ließ ich die Längen- und Breitengrade auf mein Knie tätowieren", erzählt schmunzelnd Graf Luckner, der nicht weit von uns sein Heim hat, „wollen Sie mal sehen?" Der fast 80jährige zieht das Hosenbein über das Knie hinauf und tatsächlich: da sind die Zahlen zu erkennen.

Aus seinen Augen sprüht der Humor und vielleicht auch noch „der Seeteufel", wenn er von seinen Abenteuern erzählt und erklärt, er müsse noch unbedingt eine Fahrt zur Insel Mopelia machen, um den dort vergrabenen Schatz zu holen.

Fast möchte man ihm diesen Plan glauben, auf jeden Fall kann man nicht an seiner Vitalität zweifeln — Graf Luckner, heute fast eine legendäre Gestalt, ist noch lange kein Greis. In einem Alter, in dem andere schon lange resigniert haben und froh sind, wenn sie auf ihrem Altenteil sich der wohlverdienten Ruhe hingeben dürfen, hat Graf Luckner noch seinen Wohnwagen vor der Haustür stehen.

„In Schweden, direkt am Meer, haben wir ein Haus, es stammt aus der Familie meiner Frau. Es hat 56 Zimmer, aber das ist mir zu groß, ich bin sowieso lieber auf Reisen" erzählt der Ruhelose und holt ein Familienalbum mit Abbildungen des Schlosses. Zwischen den Fotos prunkvoller Räume und Rosengärten liegen Aufnahmen seiner „Seeräuber-Vergangenheit", und der alte Herr kommt nicht aus dem Erzählen heraus. Ein buntes Leben breitet er vor dem Zuhörer aus: der 13jährige, der sich Buffalo Bill zum Vorbild wählte und zu Hause ausriß, um zur See fahren zu können, die Kriegs- und Kaperjahre als „Seeteufel", die kurze Zeit als Leutnant der Heilsarmee in Freemantle (Australien) — und dann spricht er von den Jahren nach dem 1. Weltkrieg, von den Versuchen, die Amerikaner den Deutschen als Freunde zurückzugewinnen. Mit einer Crew ausgewählter Jungen — nach Lucknerschen Maßstäben, also nach Muskelkraft und Bizeps ausgesucht — landete er mit seinem Segelschiff „Vaterland" in den USA, um als unpolitischer Botschafter des good-will deutschen Interessen zu vertreten.

Eine der größten Freuden war für ihn, daß er jetzt nach 42 Jahren die alte Flagge seines gestrandeten Schiffes zurückerhielt. Sie wird in seinem Haus in Schweden aufbewahrt.

Um ihn sind die Zeugen seiner abenteuerreichen Vergangenheit. Auch heute noch ist der „Seeteufel" ein Begriff für die Seefahrer aller Nationen. Wovon und wie lebt der alte Pirat? Nun, seine Bücher gehören auch heute noch in jede Jugendbibliothek, und dann hält er Vorträge. Aus seinen Erlebnissen heraus versucht er, der Jugend die ganze Welt näher zu bringen und ihr Verständnis für das friedliche Zusammenleben der Völker wachzurufen.

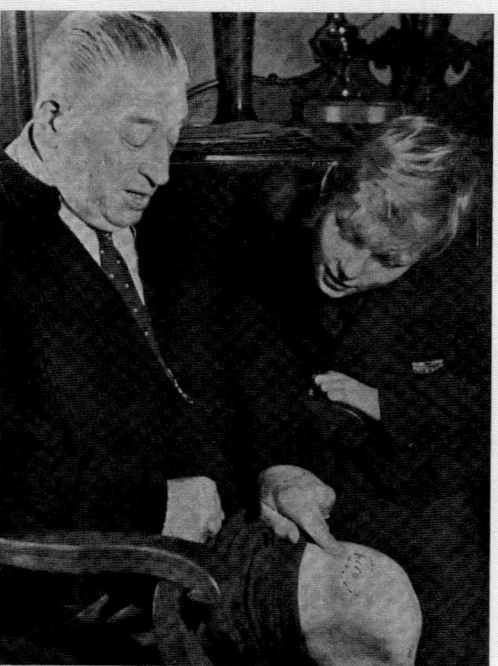

GROSSMEISTER — Immer noch der alte ist Graf Luckner, Pirat, Seeteufel und jetzt auch Großmeister der Tempelherren. Näheres über die Tätowierung über dem Knie erzählt unser Bericht „Vom Seeteufel zum Großmeister".
Foto: Hajo

Graf Luckner vertritt überall diese Gedanken und diese Ideen-Welt. Seit einem Jahr ist er Großmeister der Tempelherren. „Seit 700 Jahren bin ich nach Kaiser Karl V. der erste Deutsche, der Großmeister dieses Ordens ist." Mit wohl berechtigtem Stolz zeigt er die Großmeister-Kette. „Wir helfen, wo wir können, ohne nach Vaterland oder Religion zu fragen", erklärt er. Und bewiesen hat Graf Luckner diesen Grundsatz auch während der Unwetterkatastrophe in Chile durch die Hilfeleistung seines Ordens dort. Als Dank des Landes wird die Universität in Santiago de Chile seinen Namen tragen und zukünftig „Luckner-Universität" heißen.

Die unendliche Geschichte: Der Schatz des Seeteufels

Mit seinem ausgeprägten Gespür für schlagzeilenträchtige Geschichten setzte Luckner in den dreißiger Jahren, mit tatkräftiger Unterstützung einiger eifriger Zeitungsreporter, etwas in die Welt, was bis heute leichtgläubige Gemüter bewegt: die Mär vom Goldschatz des Seeteufels.

Im „World Treasure Atlas" des amerikanischen Schriftstellers Thomas P. Terry liest sich das wie folgt: „Der deutsche Kaperfahrer Felix Graf von Luckner kaperte und plünderte elf alliierte Schiffe während des Ersten Weltkrieges und versteckte das Gold und die erbeuteten Papiere persönlich unter einem hervorspringenden Korallenriff außerhalb der gefährlichen Zufahrt zur Lagune von Mopelia im August 1917." In einem Brief vom 16. März 1964, kurz vor seinem Tod, bestätigte Luckner: „Nachdem ich alle wertvollen Goldmünzen sorgfältig in einer leeren Munitionskiste versiegelt hatte, beschwerte ich die Kiste zusätzlich mit einigen Stücken Alteisen. Eines Nachts, kurz nach dem Schiffbruch der ‚Seeadler', senkten wir die Kiste über Bord und schleppten sie durch etwa 60 cm tiefes Wasser zu einem bestimmten Punkt, wo wir die Kiste in einer kleinen Höhle auf der niedrigeren Seite von zwei identischen Korallenriffen, nicht tiefer als etwa 3 bis 4 m unter Wasser, versteckten…"

Von den Unrichtigkeiten, wie der Anzahl der gekaperten und versenkten Schiffe, einmal abgesehen, ist die Darstellung Zeitungsartikeln über Luckners Angaben entnommen.

Weit romantischer stellt der Schatzsucher Reinhold Ostler den Seeteufel und seinen Schatz in dem Buch „Verborgenen Schätzen auf der Spur" vor. Luckner beschreibt er so: „Ein Kerl wie ein Baum, mit Händen wie Kohleschaufeln. (…) Auf dem Oberschenkel hatte er eine Tätowierung. Den Lageplan seines legendären Schatzes. (…) Luckner war mehr oder minder der Idealheld – pfeiferauchend, groß, breitschultrig und immer den Schalk in den Augen. (…) Er fraß für zwei, soff für drei und hatte mehr Kraft in einer Hand als mancher Politiker Gehirn im Kopf." Anscheinend auch mehr als der Schreiber, um bei dem Beispiel zu bleiben, denn seine Darstellung der Kaperfahrt ist durch Sachkenntnis ungetrübt. Der Schatzsucher, vom Lucknerschen Gold geblendet, kommt zu dem Schluß, daß der Wert des Schatzes „die Summe von höchstens zwei Millionen kaum überschritten" habe.

Sogar die angesehene Wassersportzeitschrift „Yacht" akzeptierte die Luckner'sche Mär. In großer Aufmachung wurde im Dezember 1993 über des „Seeteufels Schatz" und die Suche danach berichtet. Der Schatz habe aus „Gold, Juwelen und Papieren aus den Bordtresoren der vom ‚Seeadler' gekaperten und versenkten Schiffe" bestanden. Sowohl bei der Darstellung des Lucknerschen Lebensweges als auch hinsichtlich der „Schatzgeschichte" haben sich zahlreiche Desinformationen eingeschlichen. Nicht verwunderlich, denn nahezu völlig unkritisch hat die Weltpresse des „Seeteufels" Darstellungen als Wahrheit übernommen. Nur nebenbei ist zu erwähnen, daß die angebliche Tätowierung der „Schatzkarte" in dem „Yacht"-Artikel nun vom Oberschenkel in die „linke Kniekehle" gewandert ist.

Die phantasievolle Erzählung Luckners löste im Laufe der Jahre zahlreiche Suchvorhaben aus. Nicht nur amerikanische, australische und neuseeländische Schatzsucher stellten ihr Glück auf die Probe – stets ergebnislos –, sondern auch zumindest zwei deutsche Suchexpeditionen machten sich auf den Weg in die Südsee. Eine davon von dem Schriftsteller Rolf Lasa geleitet, die andere angeblich von einem Schatzsucherclub mit dem verheißungsvollen Namen „Monte Christo". Rolf Lasa schrieb anschließend ein spannendes Buch über seine Expedition, das leider vergriffen ist.

Der Regisseur Sylvio Heufelder aus München ging gleich mit einem ganzen Filmteam auf die Reise, um den vermeintlichen Hort aufzuspüren und gleichzeitig für das Fernsehen eine Art Dokumentation zu erstellen.

Alles begann, als Luckner einem Provinzzeitungs-Reporter nach einem seiner Vorträge in Amerika auf die Frage, was er denn mit dem vielen erbeuteten Geld, das sich an Bord der Schiffe befunden habe, gemacht hätte, mit der augenzwinkernden Andeutung antwortete, es liege auf Mopelia in Sicherheit. Es folgte die schon fast obligate Frage nach dem Wert seiner Beute, die ebenso viel- oder nichtssagend sinngemäß beantwortet wurde: Mehr als genug für ein ganzes Leben. Mit diesen wenigen Sätzen war die Legende geboren. Nicht mehr nachvollziehen läßt sich die Frage, ob Luckner die Geschichte mit Bedacht oder mehr einer spontanen Eingebung folgend in Umlauf setzte.

Immerhin haben die Schlagzeilen und die Geschichte seines Schatzes, die bis zum heutigen Tage periodisch immer wieder erscheinen und die von Luckner im Laufe der Jahre mit immer neuen Details angereichert wurden, wie zahlreichen Presseartikeln zu entnehmen ist, an Faszination nicht verloren.

Bereits in meinem Buch „Mythos Gold" kam ich aufgrund der damals zur Verfügung stehenden Unterlagen zu der Ansicht, daß die Geschichte des angeblichen Schatzes nur eine der häufigen Seemannsgarn-Erzählungen Luckners ist.

Zugegeben, ich stehe damit im Gegensatz zu Rolf Lasa, der, wie er in einem Telefonat bestätigte, noch immer an die Existenz des goldenen Hortes glaubt. Nicht zuletzt wegen des angeblich noch immer anhaltenden Interesses französischer Behörden, die den Schatz, so er existiert, gern für die Staatskasse vereinnahmen würden.

Auf Umwegen erfuhr Lasa von dem Schatz. Von Bekannten und Freunden wurden ihm so viele Details mitgeteilt, die von Luckner selber, natürlich unter dem Siegel der Vertraulichkeit, erzählt worden waren, daß er sich Anfang der siebziger Jahre in die Südsee begab, um nach dem Gold zu suchen.

Zuvor hatte er erfahren, daß Luckner sich direkt über seinen Schatz geäußert hatte. Das Gold sei, so Luckner Mitte der sechziger Jahre gegenüber der Mutter seines Freundes Ralph Varady, der auf Tahiti lebte, in eine Munitionskiste eingelötet worden. Anschließend habe er, Luckner, die schwere und unhandliche Kiste zusammen mit einem Maat am Abend, bevor er mit dem Beiboot der „Seeadler" auf erneute Kaperfahrt auslief, zu einem Korallenriff unmittelbar an der Einfahrt zur Lagune geschleppt und dort in einer Höhle in etwa zwei Faden Tiefe verborgen. Sogar eine „authentische Schatzkarte" hatte Luckner angeblich vorzuweisen. Er erklärte, daß er die genaue Lage des Schatzes auf einer Karte auf seinem Oberschenkel habe eintätowieren lassen. Er zupfte sogar an seinem Hosenbein, wurde aber durch seine zufällig erscheinende Frau daran gehindert, die Karte vorzuzeigen. Statt dessen markierte er auf einer Kopie der aus seinem Buch bereits sattsam bekannten Karte der Insel, die Bestandteil des Kriegstagebuches der „Seeadler" ist, die genaue Lage des goldenen Hortes mit einem Punkt. Natürlich verbunden mit den besten Wünschen für die Bergung, an der er selber aus gesundheitlichen Gründen nicht mehr teilnehmen könne. Alle Angaben sind den Briefen der Mutter Varadys, die mit Luckner Kontakt hatte, entnommen.

Lasa machte sich also auf die weite Reise, um nach dem Gold des Seeteufels zu tauchen. Professionell ausgerüstet, wurde von Tahiti aus die Insel Mopelia angelaufen. Dort wurde getaucht und gesucht, aber nichts gefunden. Die sehr spannende Geschichte der ganzen Suchaktion veröffentliche Lasa in seinem Buch „Piraten – Träumer – Schätze".

Da mittlerweile umfangreiches, bisher nicht veröffentlichtes Material zu der Legende ausfindig gemacht werden konnte, soll auch dieser Teil der Darstellung Luckners unter die Lupe genommen werden.

Nachdem Luckner bereits elf Schiffe aufgebracht und versenkt hatte, wurde es an Bord seines Seglers drangvoll eng. Immerhin befanden sich zusätzlich zur Mannschaft 263 „Gefangene", nämlich die Besatzungen der gekaperten Schiffe, an Bord der „Seeadler". Deshalb entschloß sich Luckner nach Beratung mit Leutnant Kling, die Gefangenen freizugeben. Als am 21. März 1917 um 7.45 h ein Segler gesichtet wurde, sah Luckner die Chance gekommen. Das Schiff, die französische Bark „Cambronne", wurde gekapert, aber nicht versenkt wie die zuvor aufgebrachten Schiffe. Es sollte zum Freiheitsschiff für die Gefangenen werden. Den genauen Ablauf der Aktion gibt das bereits zitierte Kriegstagebuch der „Seeadler" wieder.

Genau dieser Zeitpunkt bildet den Anfang der verbreiteten Legende des Seeteufel-Schatzes. Dieser Mär zufolge zahlte Luckner die Gefangenen in Gold aus, als Ausgleich für die Heuer, die sie ansonsten erhalten hätten, wenn sie nicht in Gefangenschaft geraten wären. Das war aber nur möglich, so die Spekulation, wenn sich so viel Gold und Geld an Bord der „Seeadler" befunden hätte, daß die ausgezahlten Summen keine bedeutende Rolle spielten. Denn, so wurde theoretisiert, Luckner habe ja immerhin die Bordkassen aller versenkten Schiffe übernommen und sei außerdem sicherlich mit beachtlichen Mengen Gold in seiner eigenen Kasse ausgelaufen, da Gold die einzige auf der ganzen Welt akzeptierte Währung sei.

Abgesehen von dem kleinen, aber bedeutenden Gedankenfehler, daß ein gänzlich im geheimen operierendes Schiff nirgendwo anlegen konnte, ohne sich zu verraten, demzufolge auch kein Geld für „Einkäufe" brauchte, befand sich in der Bordkasse der „Seeadler" lediglich der relativ bescheidene Betrag von 59.682,50 Reichsmark.

Einem mit „geheim" abgestempelten Aktenvermerk der Kassenverwaltung über die „Abgabe fremden Geldes von dem Kommandanten S. M. Hilfskreuzer ‚Seeadler'" vom 13. April 1917 ist folgende Auszahlung zu entnehmen:

„Es sind abgegeben:

£	500	engl. Gold	(20,43 M)	=	10.215,00 M
£	500	„ Papier	(27,35 M)	=	13.675,00 M
Kr.	200	dänisch Papier	(157,40 M)	=	314,80 M
Kr.	100	schwedisch „	(159,40 M)	=	159,40 M
Kr.	200	norwegisch „	(159,15 M)	=	318,30 M
					24.682,50 M
		an deutschem Gelde			35.000,00 M
		Gesamtsumme			59.682,50 M"

Die Bordkasse der „Seeadler" war bereits bei der Planung der Kaperfahrt nur als eine Art eiserne Reserve für einen wie auch immer gearteten Notfall ausgelegt worden. Das dänische, schwedische und norwegische Geld diente der Tarnung für den Blockadedurchbruch.

Doch zurück zu der Legende. Nach dem Zahl- und Freiheitstag der Gefangenen zog Luckner weiter durch die Weiten des Pazifiks auf der Suche nach neuer Beute. Es gelang ihm, nach der „Cambronne" noch weitere drei Schiffe aufzubringen, allesamt kleinere Frachtschoner mit dem Heimathafen San Francisco. Auch diese Bordkassen habe er übernommen, so die Erzählung, und sei deshalb mit umfangreichen Geldmitteln ausgestattet gewesen, als er Mopelia anlief.

Nachdem sein Schiff dort gestrandet sei, habe der Kommandant natürlich die prall gefüllte Kasse in Sicherheit gebracht. Es gab nur zwei Möglichkeiten des Verbergens, sie wurde entweder am Korallenriff versenkt oder aber an Land irgendwo auf dem kleinen Atoll vergraben.

Da Luckner später gefangengenommen wurde, hatte er keine Möglichkeit, die Kasse wieder zu bergen. Selbst als er in den dreißiger Jahren anläßlich einer Vortrags- und Goodwillreise nach Neuseeland und Australien kam, konnte er, obwohl er das Eiland Mopelia anlief, die Kasse nicht bergen, da die Franzosen ihn keinen Augenblick aus den Augen gelassen hätten. So die immer wieder etwas abgewandelt erzählte und publizierte Version Luckners. – Nach all dem muß die Kasse, deren Wert je nach Darstellung zwischen 2 und 20 Millionen Mark, Dollar oder Pfund betragen soll, noch immer auf oder vor Mopelia liegen.

Luckner selbst schürte die Legendenbildung durch Andeutungen und vage Aussagen, die auf die tatsächliche Existenz eines „Schatzes" hinweisen könnten. Allerdings konnten sie auch so interpretiert werden, daß es den Schatz nicht gab.

Ob in Europa, Amerika, Australien oder Neuseeland, die Presseberichte heizten die Phantasie der Menschen an. Die leisen Zwischentöne verschwanden aus den Darstellungen, der Schatz wurde zum Fakt, zu einer unumstößlichen Tatsache, zumal des Grafen Fabulierkunst von Anfang an alles absolut echt und glaubwürdig erscheinen ließ. Nach 1945, als der Stern des „Seeteufels" zu verblassen begann, behauptete Luckner dann ganz konkret, daß es den Schatz auf Mopelia gäbe.

In einem Interview mit der Hamburger Dammtor-Zeitung, aus dem Dezember 1961, sagte er: „Und damit ich nicht vergesse, wo ich die Kriegskasse mit dem vielen Geld des gestrandeten ‚Seeadlers' auf der Insel Mopelia vergraben habe, ließ ich die Län-

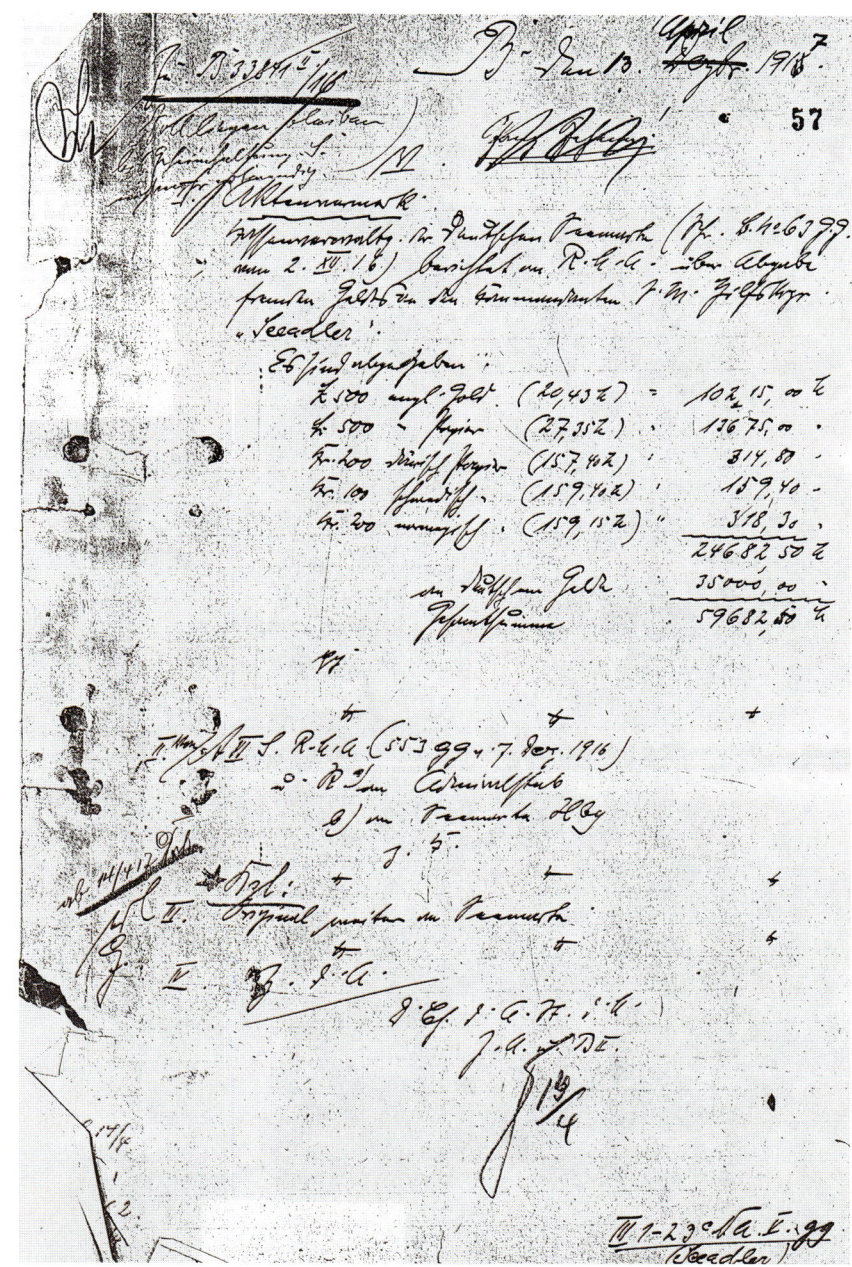

Die Abrechnung für die Bordkasse der „Seeadler".

gen- und Breitengrade auf mein Knie tätowieren." Zu dieser Aussage wurde ein Foto veröffentlicht, welches Luckner mit aufgekrempeltem Hosenbein zeigt, auf die angebliche Tätowierung, die wie eine Tintenzeichnung aussah, hinweisend.

Bereits der Ansatz der Geschichte, nämlich die Auszahlung der Gefangenen, liest sich im Kriegstagebuch und im Logbuch der „Seeadler" gänzlich anders, abgesehen davon, daß in beiden Dokumenten kein Hinweis auf übernommene Kassen enthalten ist. Vielmehr ist fast immer, mit Ausnahme der „Cambronne", von der Einsicht in die Bücher der aufgebrachten Schiffe die Rede.

Die ersten konkreten Hinweise, daß ein regelrechter Schatz überhaupt nicht existieren kann, ergeben sich bereits aus den Befehlen, die Luckner für die Durchführung seiner Kaperfahrt erhielt.

In dem schriftlichen, mit „ganz geheim" abgestempelten Befehl, der Luckner am 20.11.1916 übergeben wurde, heißt es unter „III. Aufgabe": „1.) Handelskrieg. Auf genaue Befolgung der Prisenordnung wird hingewiesen. Die ‚Geheimen Angaben für den Handelskrieg' sind zu beachten." Der Schlüssel liegt in dem Stichwort „Prisenordnung", einem feststehenden Begriff des Seekriegsrechts, erstmals in der Pariser Seerechtsdeklaration von 1856 festgelegt. Diese Ordnung wurde in dem Haager Abkommen von 1907 erneuert und bestätigt.

Dem Seekriegsrecht zufolge dürfen kriegführende Staaten Handelsschiffe auf hoher See und in den Gewässern des Kriegsgegners aufbringen, um festzustellen, welcher Art die Fracht ist, diese entweder als „gute Prise" nach Durchführung eines prisengerichtlichen Verfahrens komplett in Besitz nehmen oder aber wie im Falle der „Seeadler" versenken. Das Seekriegsrecht, ein Völkerrecht, ist eine Maßnahme zur Schädigung des gegnerischen Seehandels, also eine Maßnahme des Wirtschaftskrieges.

Nicht erlaubt ist die Plünderung von Privateigentum oder der Dinge, die mit dem Sinn der Prisenordnung nicht vereinbar sind. Das bedeutet, daß ein gegnerisches Schiff aufgebracht, gegebenenfalls auch versenkt werden durfte, aber sonstiges Privateigentum zu respektieren war.

Die Darstellung der Ereignisse nach der Aufbringung der „Cambronne" gemäß Kriegstagebuch wurde bereits ausführlich in dem Kapitel „Die Kaperfahrt der ‚Seeadler'" dargestellt. Deshalb soll hier das Logbuch zitiert werden, aus dem eine weitere Einzelheit zu dem Vorfall bei der Auszahlung von „Löhnen" unter der Rubrik „Gerichtsdienst" zu entnehmen ist. Dort heißt es:
„Bei der Ausschiffung der Gefangenen beleidigte der holländische Koch ‚Stuttjes' von dem engl. Dampfer ‚Lundy Island' das deutsche Ansehen vor allen Gefangenen, indem er mit dem für geleistete Arbeit empfangenen deutschen Papiergeld eine Bewegung machte, als ob es nur gut genug wäre zum Arschwisch. Er wurde sofort verhaftet und nach 3tägigem Arrest zur Arbeit verwendet. [Gezeichnet mit dem Kürzel K. für Kling]"
Dem zitierten Eintrag ist eindeutig zu entnehmen, daß bereits der erste Ansatz zu der Legende um den Schatz Luckners von völlig falschen Voraussetzungen ausgeht. Nicht alle Seeleute, sondern nur ein Koch, der als Steward tätig war, wurde entlohnt. Die Auszahlung erfolgte nicht in dem angeblich reichlich vorhandenen Gold, sondern durch deutsches Papiergeld aus der Bordkasse der „Seeadler".
Wer zudem die Eintragungen des detailliert zitierten, offiziellen Kriegstagebuches aufmerksam gelesen hat, konnte feststellen, daß in keinem der Kaperungs-Fälle die Bordbücher und Kassen der gekaperten Schiffe übernommen wurden, sonst wäre eine solche Handlung zwingend in das Kriegstagebuch oder das Logbuch eingetragen worden. Statt dessen wurden die jeweiligen Schiffspapiere und Kassen den Kapitänen, die als Gefangene übernommen wurden, sofern nicht ausdrücklich anders vermerkt, belassen.
Zur Erinnerung: Der klare Auftrag der „Seeadler" war, feindliche Handelstonnage in möglichst großem Umfang zu versenken. Dadurch sollte nicht nur ein direkter Schaden, nämlich durch die Vernichtung der Ladung und die Versenkung der Transportschiffe, entstehen, sondern auch eine Verunsicherung der Reedereien mit dem Resultat des Einschlagens von Umwegen mit längeren Transportzeiten. Daß gleichzeitig die Versicherungsprämien ansteigen würden, war ein erwünschter Nebeneffekt. In

dem bereits zitierten schriftlichen Befehl für Luckner heißt es ausdrücklich: „Das Hauptangriffsziel ist die Getreidezufuhr zu unseren Feinden, die während des ganzen Jahres aus Australien erfolgen und außerdem von Anfang Februar an besonders stark aus dem La Plata einsetzen wird."

Daß ein Hafenaufenthalt, gleich wo auf der Erde, nicht beabsichtigt war, ergibt sich aus dem Befehl und der Tatsache, daß Proviant und sonstige für die Fortsetzung der Fahrt unentbehrliche Versorgungsgüter, wie Werkzeug, laufendes und stehendes Gut, direkt von den aufgebrachten Schiffen vor der Versenkung übernommen wurden. Jede dieser „Entnahmen" wurde penibel im Kriegstagebuch festgehalten. In dem Befehl an Luckner heißt es unter dem Stichwort „Hilfsmittel": „Auf Unterstützung aus der Heimat und dem neutralen Ausland kann nicht gerechnet werden."

Wenn kein Hafenaufenthalt zur Verproviantierung oder Ausbesserung des Schiffes vorgesehen war, benötigte der Kommandant auch keine prall gefüllte Bordkasse. Für einen Notfall war ja durch den Bestand von rund 60.000 Mark gesorgt.

Besonders wichtig für die Bewertung der „Kassenbelege" ist der Aspekt der absoluten Geheimhaltung der Fahrt und der Fahrtroute der „Seeadler". Die Kriegsgegner, die Alliierten, waren der Marine des Deutschen Reiches etwa im Verhältnis 5:1, nach anderen Quellen sogar 8 oder 10:1 überlegen. Ein Hilfskreuzer konnte nur dann mit einiger Aussicht auf Erfolg operieren, wenn von seiner Anwesenheit in bestimmten Gewässern nichts oder nur Ungenaues bekannt war. Schon deshalb konnte kein Hafen angelaufen werden. Vorausschauend heißt es in Luckners Befehl: „Um die Tätigkeit S.M.S. ‚Seeadler' solange wie möglich zu verschleiern, sollen nur solche Schiffe angehalten werden, deren Vernichtung mit Sicherheit erfolgen wird ..." An anderer Stelle wurde dem Kommandanten Luckner befohlen: „Wenn die Durchführung der Verkleidung keine Aussicht auf Erfolg mehr verspricht, soll vor der Versenkung des Schiffs Flagge und Wimpel gehißt und Uniform angelegt werden." Die Chance der unbeschadeten Rückkehr von Besatzung und Schiff wurde demzufolge von vornherein durch die Marineleitung skeptisch beurteilt.

Anders als die legendären Freibeuter und Korsaren früherer Zeiten hatte Luckner nie den Auftrag, Beute zu machen. An diese rigide Anweisung hielt er sich. Und das geht auch eindeutig aus der Schilderung der Ereignisse hervor, die die Kapitäne nach ihrer Freilassung abgaben. Keiner von ihnen erwähnte, trotz der damals vorherrschenden anti-deutschen Stimmung, eine Beschlagnahme der Bordkasse oder der Bordbücher mit nur einem Wort. Ohne weiteres hätten sicherlich mehrere von ihnen Luckner als Kommandanten und die Kriegsmarine des Deutschen Reiches als beutemachende, gegen das Seekriegsrecht verstoßende Piraten entlarvt, wenn es den Tatsachen entsprochen hätte.
Manch einer mag jetzt immerhin erwägen, daß Luckner an Bord der Schiffe wohlbestückte Kassen vorgefunden haben könnte. Aber auch diese Spur führt ins Leere. Alle aufgebrachten Schiffe waren voll beladen. Sie hatten demzufolge, sofern es sich um Barbezahlung der Ladung handeln sollte, das an Bord befindliche Geld oder die Erlöse aus zuvor gelöschter Fracht bereits in neue Fracht investiert, wie es damals üblich war. Die Dampfer hatten außerdem Kohlen für die Dampfkessel bezahlen müssen. Von Proviant, Löhnen und anderen Kosten ganz zu schweigen. Bestenfalls könnten sich Handelsüberschüsse zuzüglich einer bestimmten Menge „Reservegeld" für Notfälle an Bord befunden haben. Eine Betrachtung, die nur theoretischer Art ist, denn die Kassen wurden ja nicht konfisziert.
Die Reederei Hapag-Lloyd, deren Vorgänger bereits zu Luckners Zeiten im Frachtgeschäft tätig waren, hat mir gegenüber diese Beweisführung bestätigt. Zudem wickelten Handelshäuser die Geschäfte oft im Verrechnungsverfahren ab. Schiffe der Hapag und des Lloyd hatten zum Beispiel kaum Bargeld an Bord, sondern firmeneigenes Verrechnungsgeld, das nicht konvertierbar war. Ähnlich wurde es bei anderen Reedereien gehandhabt.
Kein einziges der gekaperten Schiffe hatte eine besonders wertvolle Fracht an Bord, zumindest nicht der Art, wie sie für einen „Schatz" in Frage kommen könnte. Der persönliche Besitz einschließlich aller privaten Wertsachen der Offiziere und Mannschaften verblieb in deren Gewahrsam und wurde mitgenom-

men. Als der größte Teil der Gefangenen die „Seeadler" mit der „Cambronne" verließ, nahmen sie ihr gesamtes persönliches Eigentum mit.

Woher sollen also die „Millionen" gekommen sein, von denen im Zusammenhang mit dem „Seeadler"-Schatz immer wieder berichtet wird?

Aus der angeführten Indizienkette muß gefolgert werden, daß es nicht einen einzigen konkreten Hinweis auf die Existenz eines wie auch immer gearteten Schatzes gibt. Es besteht lediglich die theoretische Chance, daß der Seeadler-Kommandant Beute auf eigene Rechnung angesammelt haben könnte: an Wertsachen, die es aber höchstwahrscheinlich gar nicht gab. Eine Unterstellung, die völlig abwegig ist. Denn unbemerkt von seinen Untergebenen wäre ein solcher Vorgang nie möglich gewesen.

Auch für den Verbleib des Geldes der Bordkasse Luckners gibt es zwei unwiderlegbare Indizien: Als Luckner mit einigen seiner Leute in Gefangenschaft geriet, hatte er Bargeld bei sich. Das Geld wurde konfisziert. Davon wurden für die Gefangenen Tabak, Körperpflegemittel usw. bezahlt, wie die neuseeländischen Akten ausweisen. Der größere restliche Teil verblieb bei Leutnant Kling. Erinnern wir uns an zwei Nebensätze aus dem Kriegstagebuch: „Für Offiziere ermietete ich die Kammern des Steuermanns und Bootsmanns." Oder an anderer Stelle: „Treffen Vorbereitungen für die Überfahrt, in der Hauptsache Herstellung von Dörrfleisch (...)" Ja, wovon soll das bezahlt worden sein?

Das Beste kommt – wie meist – zum Schluß. Als Luckner 1938 Neuseeland mit seinem Schiff „Seeteufel" besuchte, um dort auf eine Goodwill- und Vortragstour zu gehen, holten ihn seine früheren Aussagen über den angeblich versteckten Schatz wieder ein. Gegenüber einem Reporter der Zeitung „The New Zealand Herald" gab er eine Erklärung zu seinem Schatz ab, die er dann gegenüber mehreren Zeitungen wie „The Waganui Chronicle", dem „Manawtu Evening" und gegenüber „The Times" auf Nachfragen wiederholte und bestätigte.

Am 28. März 1938 veröffentlichte die Zeitung „The New Zealand Herald" unter den Überschriften: „Treasure Trove – Von Luckner's Cache – Recovery from Island – Value of about £ 10.000 –

Property of Government" das nachstehende Interview: Der Besuch des Grafen Luckner in unserer Region war nicht nur ein erneuter Besuch mit seiner Frau zu einigen der Schauplätze seiner Heldentaten als „Seeteufel" während des großen Krieges. In Wanganui gab er gegenüber einem Mitarbeiter des „Herald" während eines Telefonates zu, daß er anläßlich seines Besuches auf der Insel Mopelia, einer Insel der Gruppe der Gesellschaftsinseln, Geld, Gold, ungeschliffene Diamanten und Perlen ausgegraben habe, die er dort vor 21 Jahren versteckte. Auf geheimem Weg seien die Wertsachen nach Deutschland geschickt worden. Auf die Frage, ob er nicht wertvolle Frachten der gekaperten Schiffe erbeutet habe, erklärte Luckner: „Das ist so, aber das gehörte nicht mir, das wurde nach Deutschland geschickt. Hätte ich das nicht getan, so hätte ich als Pirat gegolten. Und ein Pirat war ich nie."

Auf die direkte Frage, ob die „Seeadler" nicht Gold und Edelsteine an Bord gehabt habe, als sie in Mopelia zerstört wurde, und ob es ihm gelungen sei, zumindest einen Teil davon zu verstecken, antwortete Luckner: „Oh, da gab es einige Papiere. Sehen Sie, ich hatte etwas Geld, etwas englisches, dänisches, norwegisches und deutsches Papiergeld an Bord, damit ich davon in einem sogenannten neutralen Hafen unseren Proviant einkaufen konnte. Ja, ich hatte mein Logbuch und einen Kaperbrief des deutschen Kaisers, der mir gestattete, feindliche Schiffe anzugreifen. Diese Unterlagen sind für die Geschichte von großer Bedeutung."

Auf die mehrfach geäußerte Frage, ob er heimlich Mopelia angelaufen habe, als er im Januar den Pazifik überquerte, ob er bei der Gelegenheit ein metertiefes Loch gegraben und aus diesem eine Holzkiste geborgen habe, die nicht nur Dokumente, sondern auch Geld und andere Wertsachen enthalten habe, antwortete er: „Was ich dort vorgefunden habe, könnte etwa 10.000 Pfund wert sein, vielleicht sogar etwas mehr. Ich habe keine Ahnung vom Wert solcher Sachen." Auf die Frage, ob das geborgene Gut nicht doch wesentlich wertvoller als magere zehntausend Pfund gewesen sei, habe der Graf gelacht und geantwortet: „Da gab es eine Menge deutsches Papiergeld, das jetzt keinen

Wert mehr hat, denn seit dem Krieg hat sich unser Geld verändert. Als ich es dem Versteck entnommen hatte, mußte ich feststellen, daß es verfault war. Natürlich werde ich nichts davon behalten, denn es war Kriegskonterbande. Es gab dort auch etwas Gold, aber nicht viel, vielleicht im Wert von 100 Pfund."

Auf die Frage, ob er das geborgene Geld an Bord seines Schiffes habe oder dieses bereits in Deutschland sei, verweigerte Luckner die Antwort.

Soweit der Inhalt des Telefon-Interviews, in dem Graf von Luckner seine eigene frühere Erzählung ad absurdum führte, von der Tatsache einmal abgesehen, daß zahlreiche Unrichtigkeiten sich auch in diesem Interview wiederfanden.

Es hat nie einen „Kaperbrief" des deutschen Kaisers Wilhelm II. gegeben. Nicht der geringste Hinweis auf eine auch nur mögliche Existenz eines solchen Dokumentes ist in den umfangreichen Akten zu finden. Diese Idee entnahm Luckner anscheinend der belletristischen Piratenliteratur. Für einen Offizier, unter geltendem Seekriegsrecht fahrend, gab es lediglich einen Befehl und sonst nichts. Es ist absurd anzunehmen, daß der Kaiser extra für Luckner eine Ausnahme machte, denn keiner der anderen Hilfskreuzer respektive deren Kommandanten, von denen es eine ganze Anzahl auf deutscher Seite gab – erinnert sei nur an die „Möwe", die „Emden", die „Königsberg", die „Goeben", die „Breslau", die „Kronprinz Wilhelm" und andere mehr –, hatten einen solchen „Kaperbrief des Kaisers" erhalten.

Der Hinweis auf die Bergung des Logbuches der „Seeadler" ist ebenfalls abwegig. Das Logbuch, das Kriegstagebuch und die Kasse des gestrandeten Schiffes wurden dem auf Mopelia zurückbleibenden Leutnant Kling übergeben. Außerdem hatte Luckner in seinem Befehl an Kling selber festgelegt, daß Lt. Pries die „Journalführung" zu übernehmen habe. Kling übergab die Dokumente später dem Kommando „Dresden" während der Internierung in Chile. Letztlich gelangten sie wieder in den Besitz der Marine.

Es gab einen ausführlichen schriftlichen und einen mündlichen Befehl der vorgesetzten Marinestellen, die die Grundlage für die Kaperfahrt bildeten. Im übrigen wurde zu keinem Zeitpunkt während der Kaperfahrt ein deutsches Schiff auch nur gesichtet, das eventuelle Wertsachen, wie von Luckner behauptet, nach Deutschland hätte mitnehmen können.

Mit kleineren Abweichungen erzählte Luckner dann die Geschichte seiner erfolgreichen Bergung auf Mopelia auch noch weiteren Zeitungen. Natürlich fand seine Version erhebliche Beachtung und machte Schlagzeilen bis in die Städte Auckland und Wellington. Das vermutete Primärziel, Aufmerksamkeit für die Vortragsreise zu wecken, war erreicht.

Vermerkt werden muß die Tatsache, daß Luckner mit der Schilderung der Schatzbergung, zumindest hinsichtlich des Wertes, der Wahrheit ziemlich nahe kam. Diamanten und Perlen allerdings gab es nie.

Die Sache hatte aber einen Haken: Der Kameramann Hans Günther Oesterreich, der Luckner an Bord der „Seeteufel" auf dieser Fahrt begleitete, gab in einem Reisebericht anläßlich eines Untersuchungsverfahrens gegen Luckner, von dem noch die Rede sein wird, vertraulich zu Protokoll: „Auf der Weiterfahrt [von Tahiti kommend] wurde die Insel Mopelia nicht angelaufen, entgegen den Zeitungsberichten, nach denen er [gemeint ist Graf von Luckner] den Goldschatz und das Certifikat Wilhelms des Zweiten wiedergefunden haben will."

Selbst das falsche „Geständnis" in Neuseeland im Jahre 1938 hinderte den erzählfreudigen Seebären nicht, ähnliche Versionen der Schatzgeschichte bis in die sechziger Jahre hinein zu wiederholen. Kritisch muß jedoch vermerkt werden, daß er selbst gute Freunde mit Einzelheiten versorgte, wohl wissend, daß einige von ihnen erhebliche Kosten auf sich nehmen würden, um das vermeintliche Geheimnis zu lüften.

Warten wir einmal ab, wie lange die Geschichte vom „Schatz des Seeteufels" noch durch Gazetten und Bücher spuken wird, denn ein besonderer Typus des Schatzsuchers ist weit verbreitet, der des „Gläubigen". Selbst wenn alle Fakten dagegen sprechen, wird geglaubt, daß doch etwas an der Geschichte „dran" sein könnte. Und so wird weiter erzählt und geschrieben, ungeprüft übernommen, bis letztlich wieder eine teure Expedition im Sande verläuft, weil nach etwas gesucht wurde, was es nicht gibt.

142

Unterwegs
mit der „Vaterland"

Als Luckner 1919 aus der Kriegsgefangenschaft mit einem Schiff in die Heimat zurückkehrte, fand er eine veränderte Welt vor. Deutschland hatte den Krieg verloren, der Kaiser hatte abgedankt und lebte im holländischen Exil. Die „schimmernde Wehr" war nur noch ein Schatten ihrer selbst, die Bestimmungen des Versailler Vertrages drückten die Wirtschaft auf den Boden. Deutschland war nicht mehr die stolze Nation von einst.
Für ihn persönlich war noch gravierender, daß die Marine erheblich an Ansehen eingebüßt hatte, waren es doch Marinesoldaten gewesen, welche mit zu den ersten gehörten, die zum Sturz der Monarchie durch ihre Meuterei beigetragen hatten.
Nach seiner Scheidung von Petra Schulz hatte die Tochter Inga-Maria bei ihrer Mutter gelebt. Während Luckner in Gefangenschaft war, verstarb seine geschiedene Frau, und die Tochter wurde von der Großmutter aufgezogen. Luckner kümmerte sich auch nach seiner Rückkehr kaum um das Kind. Das sollte sich erst Ende der dreißiger Jahre ändern.
Wie distanziert das Verhältnis Luckners zu seiner Tochter war, die er ohnehin so gut wie nie sah, zeigt sich auch am Beispiel einer Weihnachtskarte vom 10. Dezember 1926. Diese Karte, aus dem Aktennachlaß der Luckner-Vertrauten Schneider-Lindemann, hat folgenden Text: „Lieber Vati! Das Weihnachtsfest kommt nun wieder heran, Du bist weit fort, ich weiß nicht, wo Ihr das Fest feiern werdet, ich denke mir aber an Bord ‚Vaterland'. Da wünsche ich Mutter Ingeborg und Dir, daß Ihr es recht gesund und froh verlebt, ich werde an Euch denken, wenn ich unter dem Christbaum stehe, ach ich freue mich schon so sehr auf den heil'gen Abend, hoffentlich bekomme ich alle meine Wünsche erfüllt, ich habe allerdings sehr viele. – Neulich sah ich ein Bild von Euch in der Zeitung, das war aber gar nicht gut. Also nochmals ‚fröhliche Weihnachten', innigst grüßt Euch Eure Inga-Maria."

Luckner selbst stand fast vor dem Nichts. Die Marine brauchte kaum Offiziere, da die Kriegsschiffe an die Siegermächte ausgeliefert wurden, sofern sie den Krieg überdauert hatten. Seine Weiterverwendung bei der Marine war zunächst fraglich. Die Handelsmarine war durch Ablieferung von Frachtschiffen ebenfalls stark dezimiert, und so herrschte ein Überangebot an Seeleuten jeglichen Dienstranges. Die Nachzahlung seiner Bezüge für die Zeit, in der er interniert war, reichten gerade für wenige Monate. Da er außer dem Seemannsberuf nichts anderes gelernt hatte, sahen auch seine Zukunftsperspektiven düster aus. Zusammen mit dem ebenfalls entlassenen Botschafter Schultz-Ewerth und seinem Mitgefangenen Kircheiss entstand die Idee, dem deutschen Volk ein Vorbild, einen Seehelden zu präsentieren, an dem es sich – trotz der Schmach seiner Niederlage – ein Beispiel nehmen und sich aufrichten konnte.
Über diese Zeit heißt es im Buch „Seeteufel":
„So verließ ich den Westteil unserer Antipoden, der mir mehr als ein Abenteuer bereitet hatte, und betrat Ende Juli 1919 deutschen Boden, um wieder Dienst zu tun im Vaterland und in seiner Marine, die, beide niedergebrochen unter einem ungeheuren Schicksal, heute mehr als je Männer brauchen, welche unverzagt ihre Pflicht tun und den Mut nicht sinken lassen. (...) In mein geliebtes Vaterland zurückgekehrt, fand ich so vieles verwandelt vor und anders, als man erhofft hatte. (...) Und so betrachtete ich es nun als meine Hauptaufgabe, zunächst für meine herrlichen Jungs zu sorgen und zu zeigen, daß man ihr alter Kamerad ist. Wenn man damals auch die Hand war, die sie führte, nun mußte man die Hand der Liebe sein, die für sie sorgte. Wenn man den deutschen Landsleuten von ihren Taten erzählte, so wurden die Herzen der Hörer aufgeschlossen und die alte Devise lebte: Einer für alle, alle für einen. (...) Die Waterkant war verödet, der Engländer machte alle Seeleute brotlos, nahm uns nicht nur die Schiffe, die wir hatten, sondern wir mußten neue bauen, um sie unsern Zwingherrn abzuliefern. Aber das alles durfte uns nicht entmutigen. Jetzt brauchte der Baum Stützen!"
Die Heimkehr des letzten „Kaperfahrers" hatte auch in der Öffentlichkeit ein nicht unbeträchtliches Echo ausgelöst. Luckner

wurde, nachdem er seine Version der Fahrt der „Seeadler" einigen Journalisten erzählt hatte, Anerkennung für sich und seine Crew zuteil.

Nachdem er sich bei der Marine zurückgemeldet hatte, kamen die alten Geschichten, wie die der Indiskretion vor dem Auslaufen der „Seeadler", in Marinekreisen wieder hoch. Auch die Tatsache, daß er sein Schiff fahrlässig, wie es ausgelegt wurde, verlor, wollten Marinestellen durch ein Kriegsgerichtsverfahren prüfen und zu einem Abschluß bringen. Genau in

So präsentierte sich Luckner als „Seeheld" in Amerika: mit zahllosen Orden, manche davon nicht verliehen, und breiten Rangabzeichen, den sogenannten „Kolbenringen", am Ärmel, die einem Admiral zur Ehre gereicht hätten.

die Zeit des Aktenstudiums bei der Marine fielen die ersten Veröffentlichungen über den „Seehelden" Luckner. Und so findet sich am Rand eines Personalaktenauszuges der Vermerk: „Kein Aufsehen erregen, keine Auszeichnung, alles auf sich beruhen lassen." Hinter diesem Abschluß, der, wenn er nicht erfolgt wäre, Luckner erhebliche Nachteile, bis hin zur unehrenhaften Entlassung aus der Marine, hätte bringen können, stand das Bestreben der Marineleitung, das Ansehen des verbliebenen Restes nicht durch ein Verfahren zu belasten, welches zwangsläufig ein beachtliches Echo in der Bevölkerung ausgelöst hätte. Es kam hinzu, daß die Marine darauf erpicht war, auch aus ihren Reihen Helden, Vorbilder, zu präsentieren, um das angeschlagene Ansehen zu verbessern. Des weiteren waren zu dem Zeitpunkt mehrere Details, von denen noch die Rede sein wird, der Marineleitung unbekannt. Und so kam Luckner „mit einem blauen Auge" davon.

Der Einsatz für seine Crew-Mitglieder, von dem im „Seeteufel" geschrieben wurde, daß er ihn übernehmen würde, erstreckte sich dann auch nur auf den Vorschlag, die Mannschaft mit dem Eisernen Kreuz auszeichnen zu lassen. Das lehnte die Marineleitung ab, denn dann hätte auch Luckner ausgezeichnet werden müssen.

Und Luckner blieb bei der Marine. Er wurde zum Kommandanten des in der Ausrüstung befindlichen Segelschulschiffes „Niobe" ernannt. Als das Schiff fertig war und mit der Ausbildung an Bord begonnen werden konnte, wurde ihm aus Marinekreisen nahegelegt, auch wegen seiner immer mehr Zeit in Anspruch nehmenden Vortragstätigkeit, den Dienst zu quittieren. Luckner wurde noch zum Korvettenkapitän [Major] chargiert. Das heißt, er erhielt den nächsthöheren Dienstrang, aber nicht die Bezüge jenes Ranges, und schied aus der Marine aus. In dem Buch „Aus siebzig Lebensjahren" liest sich Luckners Darstellung dieser Zeit so:

„(...) dem ersten Vortrag folgten weitere. Doch ich war immer noch bei der Marine (...). Ich wurde Kommandant des Segelschulschiffes ‚Niobe' und bildete begeisterte junge Menschen zu tüchtigen Seeleuten aus. Die ‚Niobe' und meine Jungs trugen dazu bei, daß die ‚rote' Marine wieder eine deutsche wurde. Soweit es meine Zeit erlaubte, hielt ich Vorträge, aber bald sah ich ein, daß man zwei Dinge nicht zur gleichen Zeit machen kann. Darum nahm ich im Mai 1922 meinen Abschied und widmete mich von nun an nur noch der Vortragstätigkeit."

In der Zwischenzeit, die Marine war aufgrund des Versailler Friedensabkommens gezwungen, Personal zu reduzieren, begann eine interne Marineuntersuchung über die Qualifikation und Weiterverwendungsmöglichkeit aktiver Offiziere. Im Falle Luckners schrieb der Chef des Stabes an das Kommando der Marinestation der Ostsee am 1. März 1920: „Der Chef der Admiralität hat um Vorlage von Qualifikationsberichten über alle aus Kriegsgefangenschaft oder Internierung zurückgekehrten Seeoffiziere ersucht, die sich noch im aktiven Dienst befinden und über die seit ihrer Rückkehr noch nicht berichtet ist. Die Berichte sind von den früheren Vorgesetzten bzw. dem ältesten überlebenden Offizier des betreffenden Schiffes pp. oder dem nächstältesten aktiven Seeoffizier aufzustellen. In den Berichten ist bestimmt

**Luckner auf einem Stahlhelm-Treffen mit Weltkriegs-Held Ludendorf (1).
Links neben Luckner der Kronprinz (2).**

zum Ausdruck zu bringen, ob die betreffenden Offiziere sich nach jeder Richtung hin zur Weiterverwendung im aktiven Dienste eignen und wie sie sich im Kriege bewährt haben. Es wird daher gebeten, eine Beurteilung über den Kapitänleutnant Graf v. Luckner, s.Zt. Kommandant S.M.S. ‚Seeadler', von dem damaligen Referenten für Auslandskriegsführung beizufügen."

Auch andere Marinedienststellen befaßten sich in dieser Zeit intensiver mit Luckner und seiner Kaperfahrt.

Bereits im September 1918, Luckner war bereits in Gefangenschaft, die „Seeadler" zerstört, begannen Marinestellen mit der Einleitung eines Prisenverfahrens hinsichtlich der versenkten Schiffe. Luckner hatte, das geht aus Aktennotizen und Meldungen hervor, bereits während seiner Fahrt laufend per FT [Funk] Erfolgsmeldungen an die Marineleitung abgesetzt. Teilweise waren diese verstümmelt angekommen. Insbesondere die Schiffsnamen der versenkten Schiffe konnten von der Admiralität nicht genau identifiziert werden. An den Leutnant z. S. Kling wurde das Ersuchen der Admiralität weitergeleitet, genaueste Angaben über die als Prisen versenkten Schiffe zu machen.

Das wird Kling wohl getan haben, wenn auch ein Prisenverfahren aufgrund des Kriegsendes nicht mehr durchgeführt wurde. Anstatt dessen mußte sich die Admiralität mit Wiedergutmachungsforderungen beschäftigen. Deutschland war verpflichtet worden, für alle Kriegsschäden in vollem Umfang aufzukommen. Im Zuge dieses Verfahrens stellte das Reichswehrministerium, Admiralität, Generalstab Abwicklung, in seiner Sitzung vom 30. Juni 1920 fest, daß die von Graf Luckner als versenkt gemeldete Tonnage bei weitem nicht erreicht wurde. Luckner hatte 62.000 Tonnen versenkter Tonnage gemeldet, der Marinestab errechnete lediglich 30.003 Tonnen. In dieser Summe war die „Cambronne", die nicht versenkt, sondern als „Gefangenenschiff" nach Buenos Aires gesandt wurde, bereits enthalten. Die sachliche Feststellung der Admiralität über die tatsächlich versenkte Tonnage und die Falschmeldungen Luckners führten in weiten Marinekreisen zu erheblicher Verärgerung. Insbesondere, weil Luckner auch in seinen Vorträgen falsche, also zu hohe Zahlen nannte, was die Marine stets in Erklärungsnot gegenüber den Siegermächten brachte.

Die Beurteilung Luckners durch seinen „Führungsoffizier" Kapitän zur See Toussaint fiel äußerst knapp aus. Am 15. 4. 1920 teilte dieser dem Reichswehrministerium, Admiralität, mit: „Kapitänleutnant Graf von Luckner hat die ihm gestellte Aufgabe mit höchst anerkennenswertem Schneid gelöst. Über seine sonstigen dienstlichen Kenntnisse und Fähigkeiten habe ich kein Urteil."

Offensichtlich wollte Toussaint Luckner nicht schaden. Sein Kommentar kurz vor dem Auslaufen der „Seeadler", daß Luckner „kriegsgerichtlich zur Verantwortung" gezogen werden sollte, wurde nicht wiederholt.

Im Mai 1920 erschien das Buch „Seeteufel" im Leipziger Verlag von Hase & Koehler. Ein Bestseller war auf dem Markt, der letztlich in mehreren verschiedenen Fassungen, mal mehr deutschnational, mal „bereinigt", bis heute vertrieben wird. Mittlerweile wurden in Deutschland mehr als 600.000 Exemplare verkauft. Mehrere Übersetzungen in Fremdsprachen folgten. Allein die amerikanische Ausgabe, die unter dem Namen des Bestseller-Autors Lowell Thomas erschien, verkaufte sich mehr als 1 Million mal. In diesem sehr kurzweilig geschriebenen Buch findet sich dann auch die Darstellung des Lebens Luckners, die bis

heute sein Bild in der Öffentlichkeit prägt. Immer wurde angenommen, daß Luckner der Autor des „Seeteufel" sei, das unter seinem Namen publiziert wurde. Dem ist nicht so. In einem Vorgriff auf kommende Ereignisse kann hier erstmals das Geheimnis der Autorenschaft jenes Buches, wie auch des Werkes „Aus siebzig Lebensjahren", gelüftet werden.
Der Verleger des Buches, Dr. von Hase, schrieb dem Oberregierungsrat Schlecht des Reichsministeriums für Volksaufklärung und Propaganda, Abteilung Schrifttum, am 27. Februar 1941 im Zusammenhang mit dem Sonderehrengerichtsverfahren gegen Luckner, auf das noch eingegangen wird:
„Ich bin von Anfang an stets für die Interessen meines Autors, des Grafen Luckner, eingetreten, was während der Systemzeit nicht einfach war; außerdem waren die meisten Marinekameraden, zu denen auch verschiedene meiner Autoren gehörten, gegen ihn eingestellt. Der Tatsache, daß der Verlag für Luckners Buch einen geeigneten Herausgeber stellte und den ‚Seeteufel' mit aller Stoßkraft propagierte, verdankt Graf Luckner zum großen Teil seine Erfolge. Durch meine Gründung einer Vortragsabteilung innerhalb des Verlages habe ich Luckners Vortragstätigkeit eine günstige finanzielle Grundlage gegeben. Ich gehörte zum Ausschuß für Luckners erste Seereise nach dem Weltkriege und stellte RM 10.000,- dafür zur Verfügung. Selbst als Luckner unberechtigterweise das englische Übersetzungsrecht des ‚Seeteufel' in Amerika verkaufte und ein Vermögen dafür gewann, ohne dem Verlag die diesem vertraglich zukommende Hälfte auszuzahlen, habe ich nichts gegen ihn unternommen, sondern nach wie vor seine Interessen gewahrt. Als Luckner nach der Machtergreifung als Freimaurer verdächtigt wurde, habe ich ihn durch Abfassung von Eingaben wesentlich unterstützt. Als ich aus sicherster Quelle sehr frühzeitig von Luckners sittlichen Verfehlungen Kenntnis erhielt, habe ich geschwiegen. (...) Als ich von dem Verbot hörte, habe ich als Verleger im Interesse aller Beteiligten versucht, es nicht zur Auswirkung kommen zu lassen. (...)
Durch das Verbot der Luckner-Bücher wurde ein weitgehender Eingriff in das Wirtschaftsleben Luckners vorgenommen, denn

er wurde damit seiner Einnahmen aus seinen Büchern, die wohl die einzigen laufenden Einnahmen Luckners waren, beraubt. Der Ernst und die Schwere des Verbotes wurde durch die Anordnung noch unterstrichen, daß die Entfernung der Lucknerbücher aus allen Büchereien sofort und restlos durchgeführt werden mußte, wodurch die Diffamierung Luckners ziemlich öffentlich bekanntgegeben wurde. (...) Geradezu die Pflicht eines Kaufmannes aber ist es, für Schadenersatz besorgt zu sein, wenn nicht nur er Schaden erleidet, sondern mit ihm auch andere, insbesondere wenn er zu diesen in einem Treueverhältnis steht und die anderen nicht die kaufmännische und juristische Schulung besitzen, wie gerade ich sie besitze. Am ‚Seeteufel', dem Haupt-Lucknerbuch, sind nämlich ausser Luckner noch drei andere Herren beteiligt, so zu 1/6 Kapitän Kling, zu 1/6 Kapitän Kircheiss, dessen Tagebücher die Grundlage für die ‚Seeadler'-Fahrt bildeten, und zu 3/6 Universitätsprofessor Kern, Bonn. Letzterer ist der eigentliche Verfasser des ‚Seeteufel', während Kling und Kircheiss Teilnehmer an der ‚Seeadler'-Fahrt waren, denen sich Luckner zur Drittelung des Gewinnes aus den Bucheinnahmen verpflichtet hatte. Am ‚Mein Freund Juli-Bumm' ist Luckner überhaupt nicht beteiligt, sondern die Einnahmen fließen allein der in schwierigen Verhältnissen lebenden Witwe des Kapitän Lauterbach zu! (...) Der Verlag hat den Beteiligten am ‚Seeteufel' pflichtgemäß Mitteilung vom Verbot gemacht. Sie sind alle durch das Verbot finanziell schwer betroffen worden, da sie ihre jährliche nicht unerhebliche Einnahme aus ihrer Mitbeteiligung verloren, und zwar ohne jede Schuld ihrerseits. (...)"
Auch das zweite Hauptwerk Luckners, „Aus siebzig Lebensjahren", entstammt nicht seiner Feder, wenn er auch die Meriten – und Honorare – dafür einstrich. Die erste Fassung des Buches wurde von Dagmar von Rochow, damals wohnhaft in Icking, erstellt. Sie hatte recherchiert, die Daten zusammengetragen und die Erzählungen Luckners über tatsächliche und vermeintliche Abenteuer in Worte gefaßt. Geplant war, daß sie eine Biographie schreiben sollte, und Luckner dann ein Vorwort. In dem Zusammenwirken zwischen Luckner, seiner Vertrauten Schneider-Lindemann und zwei Verlagen, die sich hinter den Kulissen um die

Rechte stritten, wurde dann die Verfasserin von Rochow „ausgebootet". Die Korrespondenz zeugt von wenig feiner Art, auch von seiten Luckners, der auf die Einnahmen aus dem Buch erpicht war. So wurde mit der Endfassung eine weitere Vertraute Luckners, von Brauchitsch, beauftragt. Ihre Fassung ist es, die unter Luckners Namen in Koehlers Verlagsgesellschaft 1955 erschien. Dagmar von Rochow war die Verliererin dieses „Buchpokers", sie schrieb am 4. Juli 1955 an Luckners Bevollmächtigte Schneider-Lindemann:

„(...) Sie können verstehen, liebe Frau Lindemann, dass ich nicht gewillt bin, unter eine zweijährige, im Auftrag des Grafen durchgeführte Arbeit, einen Strich zu machen und mitanzusehen, wie die Früchte von anderen geerntet werden. (...)

Wenn ich mir heute ebenfalls überlege, welche – auf aller persönlichstem Gebiete liegenden Bedingungen – Graf Luckner an die schriftliche Bestätigung seines Einverständnisses zur Buchverlegung meiner Arbeit [Der ursprüngliche Titel des Buches lautete „Aus 70 Lebensjahren Luckners"] verknüpft hat – und mir weiterhin vergegenwärtige, daß der Graf nunmehr nach Vollendung meines Werkes zur Tagesordnung uebergeht und mich ignoriert, so brauche ich Ihnen wohl nicht zu sagen, welche Gedankengänge mich hierbei bewegen!"

An dieser Stelle soll nur kurz der Hinweis erfolgen, daß auch dieses Buch keineswegs eine Läuterung Luckners, hinsichtlich des Wahrheitsgehaltes, erkennen läßt.

Doch kehren wir zu den Ereignissen im chronologischen Ablauf zurück. Nicht zuletzt durch das Erscheinen des „Seeteufel" wurde Luckner in kürzester Zeit bekannt. Zahlreiche Vorträge in allen größeren und vielen kleinen deutschen Städten trugen zum Nimbus und Ruhm bei, der ihn in Deutschland bis zu seinem Tod begleiten sollte.

Luckner hatte eine ausgeprägte Redebegabung. Mit teilweise theatralischen Gesten unterstrich er seine Ausführungen und schlug die Zuhörer in seinen Bann. Insbesondere, wenn er auf der Bühne dicke Telefonbücher in einem Kraftakt mitten durchriß, war das Publikum begeistert und überzeugt, einen wirklich einmaligen Menschen und Helden vor sich zu haben. Die Tat-

Hochzeitsfoto vor dem Haus der Braut in Malmö.

sache, daß Luckner mit Menschen der unterschiedlichsten Schichten „auf ihrem Niveau" zu kommunizieren vermochte, immer den passenden „Schnack" auf den Lippen hatte, machte ihn zum Volkshelden und Liebling der Menschen, auch vieler Frauen, denen er sich häufig intensiver widmete.

Im Jahre 1924 heiratete Luckner zum zweiten Mal, und zwar Ingeborg Engeström. Eine Schwedin, die ihn durch sein weiteres Leben, wahrlich in guten und den folgenden schlechten Zeiten

Das imposante Elternhaus der Braut, erbaut, als es der Familie finanziell noch sehr gut ging.

Foto rechts: Studentencorporationen während eines Umzuges anläßlich Luckners Hochzeit.

begleitete. Sie wußte um die Übertreibungen ihres Mannes, seinen Hang zur Selbstdarstellung, sein Faible für hübsche Frauen. Und als das Geld im Hause Luckner mal wieder äußerst knapp war, Luckner aber beim Ausgeben keine Abstriche zu machen imstande war, war sie es, die, unerkannt von den Besuchern an der Tür zum Vortragssaal, die Kasse führte, die Einnahmen zählte und verwaltete.

Die Hochzeit wurde mit viel Pomp gefeiert. Luckner hatte in ihr eine Frau gefunden, die auch in der Gesellschaft zu glänzen verstand. Nicht zuletzt aufgrund ihres Charmes, Aussehens und der Art sich zu kleiden. Soweit nachvollziehbar war, die Ehe, die bis zum Tode Luckners hielt, weitgehend glücklich. Mit ihr an seiner Seite war er für die Menschen, die seine Vorträge besuchten und sich in seinem Glanz, wenn auch nur für Augenblicke, sonnen wollten, noch imposanter, imponierender, ansehnlicher. In ihrem Elternhaus in Malmö, einem imposant-protzigen Bau

aus finanziell besserer Zeit der Familie – es wurde gemunkelt, daß der Vater sein Vermögen beim Zusammenbruch des Streichholzimperiums verloren hatte – hielt sich Luckner, der auch eine gute Beziehung zu seiner Schwiegermutter hatte, gern auf, auch in späteren Jahren. Und wenn der finanzielle Druck mal wieder übergroß war, vertröstete Luckner seine Gläubiger mit dem Hinweis auf seine „Millionärstochter", die er in dem Buch „Aus siebzig Lebensjahren" als „meine treue, nimmermüde Begleiterin" bezeichnete.

Folgen wir seiner Darstellung über die Zeit vor seiner ersten großen Vortragsreise, die als „Graf von Luckners Weltumsegelung" in Deutschland bekannt wurde. In dem bereits genannten Buch heißt es: „Je mehr ich in meine neue Lebensaufgabe hineinwuchs, desto klarer wurde mir, daß sich mein Aufgabengebiet über die Grenzen des Vaterlandes erstrecken müßte. Deutschland hatte eine Welt von Feinden und brauchte Freunde.

Hatte ich feindliche Schiffe gekapert, so mußte es mir gelingen, auch feindliche Herzen zu kapern. Als daher eines Tages ein Freund zu mir sagte: ‚Luckner, Sie müßten ein Schiff haben, um damit im Ausland für Deutschland zu wirken' – lag ein neues Ziel vor mir. Ich jagte per Bahn und Auto kreuz und quer durch Deutschland und hielt oft drei Vorträge an einem Tage. Außerdem verlegte ich mich aufs Sparen. Viele Freunde und Gönner halfen mit und die Jugend steuerte aus der Sparbüchse dazu bei. Im Mai 1926 lichtete der Schoner ‚Vaterland' die Anker. Mein Schiff konnte nur ein Segler sein! Dieser herrliche Viermast-Gaffelschoner war für sich allein schon ein würdiger Repräsentant des Vaterlandes. Auf ging es zu neuen Kaperfahrten! Diesmal hatte ich es auf die Herzen abgesehen. Meine Aufgabe wußte ich: Freunde wollte ich finden und dem Haß ein Schnippchen schlagen. Ich glaube, daß mir das auch gelungen ist."

Auf Mitinitiative von Dr. Schultz-Ewerth, in dem Luckner einen treuen Verbündeten fand, wurde der Plan gefaßt, das Ansehen Deutschlands in aller Welt durch Vortragsreisen Luckners zu verbessern. – Erinnern wir uns, es war die Zeit nach dem verlorenen Krieg, für den Deutschland in der internationalen Propaganda die Alleinschuld zugesprochen wurde. – Gleichzeitig sollte Luckner durch diese weltumspannende Reise der finanzielle „Unterbau" gegeben werden.
Für das Vorhaben wurde am 31. März 1925 der Verein „Graf Luckner's Weltumsegelung e.V." gegründet. Die Gründungsmitglieder des Vereins waren, ausweislich der Satzung und des Gründungsprotokolls vom 31. März 1925: Freiherr von Brandenstein als Generalbevollmächtigter des Herzogs Adolf Friedrich von Mecklenburg; Dr. Wilhelm Cuno, Geheimrat und Reichskanzler a. D.; Albert Broschek, Herausgeber des Hamburger Fremdenblattes; Gustav Böss, Vorstandsvorsitzender des Deutschen Städtetages; Ernst Sachs, Kommerzienrat; Dr. Hermann von Hase, Verleger [von Hase war der Verleger des „Seeteufel"]; Dr. Emil Georg von Strauß, Direktor der Deutschen Bank in Berlin. Den Vorsitz übernahm Dr. Cuno, Schatzmeister war Herbert Gutmann, Direktor der Dresdner Bank in Berlin. Zum Geschäfts-

Erſte Propaganda-Weltreiſe des Grafen Felix von Luckner für das Deutſchtum

Nachdem die mannigfaltigſten Schwierigkeiten und Hinderniſſe, die ſich dem Plane der Weltreiſe entgegenſtellten, glücklich überwunden worden find, wird *im März ds. Js.*

Graf Felix von Luckner,

der durch feine Kreuzfahrten während des Krieges im In- und Auslande gleichermaßen bekannt und populär gewordene frühere Kommandant des Hilfskreuzers „Seeadler", mit dem Viermaſt-Gaffelſchoner „Vaterland" von Hamburg auslaufen.

führer des Vereins wurde der Kapitän Herman Steinerth bestellt. Zu den Mitgliedern gehörten namhafte Vertreter aus Wirtschaft, Politik und Publizistik, die von Dr. Schultz-Ewerth geworben worden waren. Über den Verein wurden dann Spendenaktionen initiiert, weitere Mitglieder geworben, Garantiefonds aufgelegt, um die erforderlichen Gelder zum Ankauf eines Schiffes und für die Reisedurchführung zu beschaffen. Mit großem publizistischem

Aufwand wurde auch die deutsche Wirtschaft zu Geld- oder Sachspenden aufgefordert. Die Dresdner Bank in Berlin räumte benötigte Kredite ein. Sogar in Schulklassen wurden Spenden gesammelt, um die geplante Weltreise zu finanzieren.
Eine Hochglanzbroschüre wurde aufgelegt, die Geldgeber von der Richtigkeit einer Spende überzeugen und die geplanten Ziele der Reise näherbringen sollte. Nachstehend einige Textauszüge:
„Erste Propaganda-Weltreise des Grafen Felix von Luckner für das Deutschtum. Nachdem die mannigfaltigsten Schwierigkeiten und Hindernisse, die sich dem Plane der Weltreise entgegenstellten, glücklich überwunden worden sind, wird im Laufe d. Js. [1926] Graf Felix von Luckner, der durch seine Kreuzfahrten während des Krieges im In- und Auslande gleichermaßen bekannt und populär gewordene frühere Kommandant des Hilfskreuzers ‚Seeadler', mit dem Viermast-Gaffelschoner ‚Vaterland' von Hamburg auslaufen.
Die Reise wird folgenden Weg nehmen:
Nordamerika-Ost: 1. Neuyork, 2. Philadelphia, 3. Baltimore. Brasilien: 4. Rio de Janeiro. Argentinien: 5. Buenos Aires. Süd-Afrika: 6. Kapstadt. Australien: 7. Melbourne, 8. Sydney. Neuseeland: 9. Wellington, 10. Auckland. Südsee: Cook- und Gesellschafts-Inseln: 11. Mopelia. Samoa: 12. Apia. Fidschi-Inseln: Gilbert-Inseln: Java: 13. Batavia. Sumatra: 14. Belawan. Indien: 15. Kalkutta. China: 16. Canton. Japan: 17. Nagasaki, 18. Osaka, 19. Yokohama. Nordamerika-West: 20. San Franzisko, 21. Portland, Oreg. Chile: 22. Valparaiso. Süd-Georgien: (Walfischfang). Südwest-Afrika: 23. Swakopmund. Kamerun: 24. Victoria. Spanien: 25. Vigo. Heimathafen: 26. Hamburg.
Der Zweck der Reise ist, in kluger und beherrschter Weise Propaganda für das Deutschtum in der ganzen Welt zu machen. Der Wege, die zum Ziele führen, gibt es naturgemäß viele, in der Hauptsache soll dies aber erreicht werden durch Vorträge des Grafen Luckner, wie er sie bisher mit bestem Erfolge in Deutschland, Österreich-Ungarn, der Tschechoslowakei, der Schweiz und in Schweden gehalten hat. Ferner durch eine groß angelegte Schiffs-Ausstellung, in der den deutschen Firmen Gelegenheit

gegeben ist, ihre Erzeugnisse dem Auslande vor Augen zu führen. Die Leitung der Ausstellung liegt in den Händen eines erfahrenen Kaufmannes, der die Interessen der Aussteller im Auslande wahrnehmen wird. Jedem Spezialwunsch kann Rechnung getragen werden. Durch Vorführung von Werks- und Trick-Filmen in dafür geeigneten Räumen wird auch den Firmen, deren Artikel sich schwer in den Rahmen dieser Ausstellung bringen lassen, ein unbegrenztes Propagandafeld erschlossen. (...) Die Mittel wurden aus öffentlichen und privaten Spenden aufgebracht. Insbesondere hat Graf Luckner selbst bedeutende Summen aus seinem Privatvermögen geopfert. Ferner haben Industrielle und Kaufleute sich in hochherziger Weise durch Geldspenden und durch Lieferung von Ausrüstungsgegenständen und Proviant beteiligt. Die Unterstützung der Regierung ist uns gewiß. (...) Das Schiff für die geplante Expedition ist Eigentum des Vereins und befindet sich zurzeit in Hamburg im Umbau.

Korvettenkapitän a. D. Graf Felix von Luckner
Kommandant des „Seeadler" im Weltkriege
Schirmherr des Deutschen Volksbundes
„Schwarz-Weiß-Rot"

Schiffs-Ausstellung an Bord der ‚Vaterland'. In dem (...) Haupt-Ausstellungsraum, welcher 6 m lang, 12 m breit und 2 m hoch ist, sollen alle die kleineren und leichteren Gegenstände untergebracht werden, welche sich gut befestigen lassen, so daß sie ohne Gefahr der Beschädigung Fahrten bei bewegter See aushalten. Größere Ausstellungsobjekte, wie Maschinen, Modelle u. a. m., werden während der Reise in den umfangreichen Verladeräumen des Schiffes transportabel untergebracht. Erst im Augenblicke des Vorankergehens in den jeweiligen Häfen

Der Speisesaal der „Vaterland".

verwandelt sich das gesamte Schiff durch Aufbau der Ausstellungsgegenstände an Deck unter entsprechenden Sonnensegeln sowie in den verschiedenen Deckräumen gewissermaßen in einen schwimmenden Messepalast.

Die gesamte Schiffsbesatzung widmet im Hafen ihre gesamte Zeit und Aufmerksamkeit der Schiffsausstellung, so daß die Gegenstände, welche leicht unter der feuchten Seeluft leiden, stets im Zustande vollkommenster Akkuratesse dem Auge des Beschauers dargeboten werden. Firmen, deren Erzeugnisse sich schwer in den Rahmen unserer Ausstellung bringen lassen, steht die Möglichkeit offen, in der Weise Propaganda zu machen, daß sie geschmackvolle Firmenschilder an Deck aushängen lassen oder Prospekte und sonstiges Werbematerial auslegen. Der Individualität eines jeden Ausstellers wird in weitestem Maße Rechnung getragen werden. Jeder Aussteller erhält einen Plan der Reise, woraus er stets den jeweiligen Standort des Schiffes ermitteln und sich in kürzester Zeit mit dem Leiter der Schiffs-

Ankunft in New York.

ausstellung in Verbindung setzen kann. Bedingungen für die Beteiligung an der Schiffsausstellung: Der Ausstellungsraum wird wie folgt vermietet: a) in Wandflächeraum, Preis pro 1 qm 500 RM; b) in Tischflächeraum, Preis pro 1 qm 750 RM; c) in Bodenflächeraum, Preis pro 1 qm 1000 RM. Die Preise verstehen sich für die Dauer der Reise.

Die Bedingungen für besondere Propagandawünsche, wie Filmreklame etc., werden von Fall zu Fall festgesetzt. Sämtliche Gegenstände werden nach Beendigung der Reise den Ausstellern zugestellt. Für sachgemäße Vorführung übernimmt die Leitung der Ausstellung die Garantie. Auf speziellen Wunsch werden sämtliche ausgestellten Waren gegen Diebstahl, Feuer und sonstige Beschädigungen versichert. Die Kosten der Versicherung gehen zu Lasten der Aussteller."

Die angebotenen Ausstellungs- und Werbemöglichkeiten sind insofern von Bedeutung, als sie während der Weltreise, die kaum über New York hinausging, Anlaß für Auseinandersetzungen zwischen dem Verein, den Werbenden und Luckner boten. Viele, die Geld investiert hatten, fühlten sich düpiert, da der Zweck der Reise nur zu einem geringen Teil erfüllt wurde.

Vor Reisebeginn spendeten deutsche Unternehmen tatsächlich großzügig. Von Zigaretten über Schnaps, Konserven, Öl, Treibstoff, Ausrüstungsgegenstände, Kleidung, stehendes und laufendes Gut des Schiffes, alles wurde gespendet und organisiert. Der Ausstellungsraum war ebenfalls bestens bestückt. Von Büchern über edle Möbel bis hin zur Laborausstattung reichte das ausgestellte Angebot. Die Crew wurde angeworben, mußte allerdings für die Fahrt selber zahlen, Gehälter fielen also nicht an. Auch die Möglichkeit zur Teilnahme an Teilstrecken der Reise wurde „verkauft". Kurz gesagt, es wurden alle Reserven ausgeschöpft, um die Reise zu finanzieren.

Nach der Fertigstellung und Ausrüstung des Schiffes wurde noch eine sogenannte „Bädertournee" absolviert. Die „Vaterland" ging vor größeren Seebädern, zum Beispiel Borkum, vor Anker und nahm Schaulustige gegen eine Besichtigungsgebühr an Bord.

Autogrammkarte des Ehepaars Luckner.

Bei diesen Gelegenheiten verkaufte Luckner seine zu Tausenden vervielfältigten Fotos in Uniform mit ordensgeschmückter Brust sowie Fotos von sich und seiner Frau und des Schiffes. Die Einnahmen aus den Fotos gingen in seine private Reisekasse.

Dann war es soweit, die „Vaterland" trat ihre Reise zur ersten Station, New York, an. Mit an Bord Kapitän Kircheiss und der zur damaligen Zeit ebenfalls sehr bekannte Kapitän Julius Lauterbach, der als Prisenoffizier der „Emden" zu Ruhm gelangt war. Bei der Ankunft in New York wurde Luckner und seiner Crew ein „großer Bahnhof" bereitet. Eine Kapelle spielte, Tausende von Schaulustigen säumten den Kai, als das Schiff anlegte. Und sofort begann das, was Luckner als „Völkerverständigung" bezeichnete. Das Schiff wurde zur Besichtigung freigegeben, Luckner und seine Offiziere nahmen Pressetermine und private Einladungen wahr, erste Vorträge vor deutschen Clubs wurden gehalten. Hinter den Kulissen bemühte sich eine „Heerschar" von Mitarbeitern, Vortragstermine zu planen und ein entsprechendes Presseecho auszulösen.

Luckner sprach in der ersten Zeit ausschließlich vor Mitgliedern und Gästen deutscher Organisationen. Für jeden Vortrag war von den Veranstaltern eine Garantiesumme als Honorar zu zahlen. Dieses bewegte sich zwischen 200 und 500 US-Dollar. Höhere Vortragshonorare waren die Ausnahme. Luckner verkaufte bei diesen Anlässen seine Fotopostkarten und signierte diese. Seine Frau führte

Luckner mit den Schiffsoffizieren der „Vaterland" nach der Ankunft in New York.

penibel Buch über die Verkäufe, die an einem Vortragsabend zwischen drei und 150 US-Dollar lagen. Gleichzeitig warb Luckner bei den deutschstämmigen Amerikanern um Spenden für seine „Besatzung". Alkohol, Kartoffeln, Gänse, Fleisch, Konserven, Kuchen, Reinigungsmittel, Schmieröl und vieles mehr wurden als Sachspenden verzeichnet.

Die geplante Vortragstour in den Vereinigten Staaten umfaßte die nachstehenden Städte. „Osten: New-York - New Jersey - Hoboken; Boston, Philadelphia, Baltimore, Washington, Richmond, Norfolk, Charleston, Savannah, Buffalo, Detroit, Cleveland, Pittsburg, Indianapolis, Cincinnati, Louisville, Milwaukee, Chikago, St. Louis, New Orleans, Minneapolis, St. Paul, Omaha, Lincoln, Kansas City. Westen: San Francisco, Los Angeles, Denver, Sacramento, Oakland, Seattle, Portland, Oregon."

Im Namen seiner Besatzung nahm Luckner Spenden entgegen.

Nach einiger Zeit kam es zwischen Luckner und seiner Besatzung zu Reibereien wegen der Spenden. Es wurde ihm vorgeworfen, die „besseren Sachen" für sich zu behalten und nur den Rest der Mannschaft zu übergeben. Das weisen Beschwerdebriefe von Crewmitgliedern an den Sponsor-Verein in Berlin aus. Luckner wurde schriftlich vom Verein gebeten, für eine „gerechte" Verteilung zu sorgen.

Entgegen seinem selbstgesetzten und vom Verein propagierten Ziel waren die Vorträge Luckners weniger auf Deutschland, sondern nahezu ausschließlich auf seine „Heldentaten" während der Kaperfahrt ausgerichtet. Hunderte von Zeitungsartikeln aus der Zeit verdeutlichen, daß Luckner nahezu nur sich selbst „verkaufte". Das wurde ihm später auch zum Vorwurf gemacht.

Nach den Anfangserfolgen in New York begann Luckner kreuz und quer durch die USA zu reisen, um Vortragstermine wahrzunehmen. Durch das Buch von Lowell Thomas war er auch in Amerika sehr schnell bekannt geworden. Die Vortragstätigkeit

Umschlag des Buches, in dem Luckner über seine Erfolge während der Vortragsreisen berichtete.

**An Bord der „Vaterland" vor Reisebeginn.
Bildmitte mit Hut – Kronprinzessin Cecilie.**

weitete sich mehr und mehr aus, und Luckner gab immer neue Variationen seiner Kaperfahrt zum besten. Letztlich wurde ihm dringend geraten, auch Vorträge in englischer Sprache für das „amerikanische" Publikum zu halten. Und das tat Luckner dann auch – mit Erfolg.

Aus Deutschland erreichten ihn erste Mahnungen in dieser Zeit. Hatte er doch „vergessen", vor seiner Abreise mit der „Vaterland" zahlreiche Rechnungen zu begleichen. So mahnten die Fotofirma, welche die Autogrammkarten geliefert hatte, das Finanzamt wegen nicht abgeführter Steuern für Vorträge in Deutschland, Ausrüster und zunehmend auch Firmen, die keinerlei Resonanz auf ihre „Bordausstellung" erfuhren. Sogar der Verein mahnte Luckner an, die Einnahmen aus den Vorträgen endlich abzuführen, da diese zur Schuldentilgung bei der Bank für den Kauf der „Vaterland" und die Schiffsausrüstung benötigt würden. Neben den offiziellen Vortragsterminen, die über den Verein liefen und abgerechnet wurden oder werden sollten, vereinbarte

Am Anfang der Reise vermochte Luckner auch größere Säle zu „füllen".

Luckner für sich zahlreiche weitere Termine. Deren Erlöse verbuchte er für sich privat. Das wiederum führte zu Spannungen mit dem Verein, der sich teilweise nicht in der Lage sah, den eingegangenen Verpflichtungen Folge zu leisten, obwohl die Vortragstour insgesamt recht erfolgreich verlief.

Luckner nutzte sämtliche ihm zur Verfügung stehenden Beziehungen, um weitere Einnahmen über Vorträge und Autogrammstunden für sich zu sichern. So sprach er mehrfach vor Mitgliedern der Freimaurerlogen, deren Mitglied er in Deutschland war. Diese Mitgliedschaft sollte ihm später noch erheblichen Ärger bereiten. Er erzählte von seinen Abenteuern über verschiedene Radiosender, und sogar in einem Hollywood-Film erhielt er eine kleine Statistenrolle. Kein Geringerer als Regisseur John Ford, durch zahlreiche Filme bekannt, gab Luckner die Chance zu einem Leinwanddebut in dem Film „Großmutter Bernle lernt schreiben". In dem 1931 gedrehten Film erhielten auch Kapitän

> **Graf Luckner Ehrenbürger von San Francisco:**
>
> **His Excelency General von Hindenburg**
> Präsident German Republic.
>
> San Francisco by unanimous vote of its legislativ authorities concurred in by the mayor has elected Count Felix von Luckner an Honorary Citizen of the City and County of San Francisco stop these signal honors from our great city are very rare there being only six in existence including Count von Luckner and captain Charles Lindberg who were both honored yesterday stop this recognition on the part of San Francisco to your daring courageous preserver of human lives in his dangerous mission during the war brought to him the admiration of the entire world for his humanitarian methods of warefare and San Francisco wants to show its gratitude and its pride in a man who while destroying property in war saved live of every captive stop please accept our compliments in this notification of the honor we have just conferred upon Count Felix von Luckner during his good will mission to San Francisco which has solidified Friendship between Germany and San Francisco.
>
> Respectfully
> James Rolph jr. Mayor of
> San Francisco
>
> May 24th 1927

Der Ehrenbürger-Brief.

Lauterbach und der Erzherzog Leopold von Österreich eine kleine Rolle.

Trotz aller Versuche des Fördervereins, weitere Mittel zur Fortsetzung der Weltreise aufzutreiben, blieb die „Vaterland" in New York am Pier liegen. Luckner versuchte noch, amerikanische Ölkonzerne zu Treibstoffspenden zu bewegen, doch auch dieser

Buchwerbung.

Versuch scheiterte. Außerdem hatte Luckner, der stets mit seiner Frau reiste, zunächst wenig Neigung, Amerika zu verlassen. Dazu ging es ihm trotz aller finanziellen Probleme dort zu gut. Er wurde anerkannt, als Seeheld gefeiert und sehr häufig privat eingeladen.

Die Mahnungen des Fördervereins wurden immer dringlicher, Luckner möge doch alle Vortragseinnahmen abführen. Dann entschloß sich Luckner, seiner Sache sicher, zu einem Schritt, der das Ende der geplanten „Weltreise für die deutsche Sache" bedeutete. Er teilte dem Verein in Berlin mit, daß er in Amerika zu bleiben gedächte und bereit sei, das Schiff – zu einem günstigen Preis – zu kaufen. Das geschah zu einem Zeitpunkt im Jahre 1931, als Luckner auf der Höhe seiner Popularität in Amerika stand. Die Vorträge, zum Beispiel an Universitäten, hatten bis zu 2000 Zuhörer. Die Einnahmen sprudelten, ein amerikanisches Veranstaltungsbüro wurde als Agentur für Vortragsbuchungen engagiert, Luckner hatte den Autokönig Henry Ford kennengelernt und hoffte auf eine Einladung in das Weiße Haus beim Prä-

Luckner überreicht dem Bürgermeister von San Francisco als Geste der Versöhnung die Flagge eines von ihm versenkten Schiffes, welche er gerettet habe.

sidenten. Doch dieser nahm aus politischen Gründen Abstand von einem Empfang, da Luckner schließlich auch amerikanische Schiffe im Krieg versenkt hatte.
Um das Ruder dennoch herumzureißen, kam Luckner eine besonders publizitätsträchtige Idee: Der Reeder eines der von ihm versenkten amerikanischen Schiffe war zum Bürgermeister von San Francisco gewählt worden. Luckner vereinbarte einen Termin und überreichte dem Mann als Geste der Versöhnung die Flagge des von ihm versenkten Schiffes, die er gerettet habe. Abgesehen von der Tatsache, daß die Darstellung unwahr ist, trug ihm die Geste, die ein breites Presseecho fand, die Ehrenbürgerschaft der Stadt ein. Später wurde er noch Ehrenbürger von Miami und zwei kleinen, unbedeutenden Orten.
Nach der Übernahme der „Vaterland", um die er sich wegen der Vortragsreisen kaum intensiv kümmern konnte, ließ er das Schiff – auf Kredit – leicht umbauen und taufte es mit großem Zeremoniell in „Mopelia" um. Mit der „M.S. Mopelia", ex „Vaterland", führte Luckner dann Kreuzfahrten in die Karibik mit Jungen aus begütertem Elternhaus durch. Die Agentur Henderson & Grace

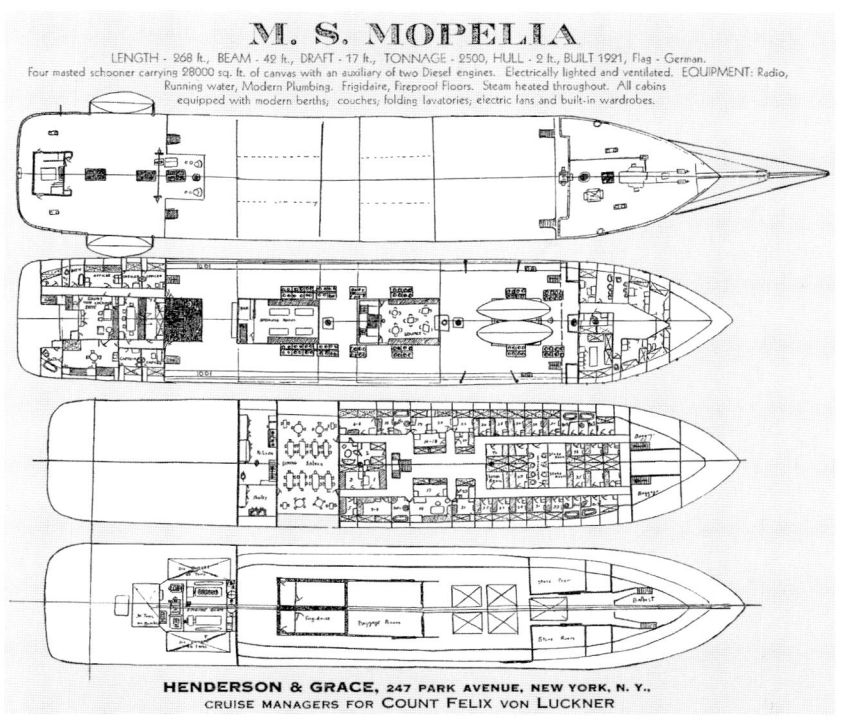

in New York zeichnete als „Cruise Manager" verantwortlich. Soweit nachvollziehbar, wurden insgesamt fünf Kreuzfahrten durchgeführt, dann gingen die Buchungen zurück. Alle Versuche, die Anzahl der Fahrtteilnehmer zu erhöhen, schlugen fehl. Auch die Vortragsbuchungen gingen zurück. Nicht zuletzt deshalb, weil Luckner nahezu immer die gleiche Geschichte, die seiner Kaperfahrt, wenn auch in Variationen, erzählte. Durch die vielen Zeitungsberichte machte sich eine gewisse „Marktsättigung", wie wir heute sagen würden, bemerkbar. Daran änderten auch alle publizistischen Versuche nichts. Ohne es zu merken, hatten die Zeitläufe Luckner überholt.

Was blieb, waren Rechnungen und Schulden. Die großen Erfolge waren vorbei, und mehr als einmal suchte Luckner Trost im Alkohol. Er lebte zuletzt an Bord der „Mopelia" in New York von Spenden und Zuwendungen. Proviant und Mittel zur Instandhaltung seines Schiffes versuchte er von den Kapitänen deutscher

Schiffe, die den Hafen anliefen, zu erlangen. Doch alles half nichts. Wegen zahlreicher unbezahlter Rechnungen, darunter Steuern und Liegegebühren im Hafen, wurde sein Schiff an die Kette gelegt, also gepfändet. Luckner reiste mit seinen letzten Mitteln zurück nach Deutschland. Dort hoffte er, Gelder der Regierung des Dritten Reiches auftreiben zu können.

Eine zeitgenössische Darstellung der „Vaterland".

Im Dritten Reich

"Aus siebzig Lebensjahren" heißt das letzte von Luckner veröffentlichte Buch. In diesem schildert er sein Leben nochmals, ergänzt durch zahlreiche neue Anekdoten. Gleichzeitig beschreibt er die Zeit der dunklen Jahre des Nationalsozialismus in Deutschland:
"1933 kam Hitler an die Regierung, und Deutschland erlebte eine Scheinblüte, auf die auch ich für kurze Zeit hereinfiel. Diese kurze Zeit genügte völlig, daß ich seitdem von der hohen Politik die Nase voll habe. Ich hielt zwar meine Vorträge wie immer, aber irgend etwas stimmte nicht mehr. Am liebsten hätte ich mich auf das Meer geflüchtet, um die klare, reine Seeluft und frischen Wind um mich zu haben. Da kannte ich mich wenigstens aus."

Bereits sehr früh hatte Luckner mit den neuen Machthabern in Deutschland Verbindung aufgenommen, auch, um finanzielle Förderung zu erhalten.
In einem Schreiben vom 20. September 1933 des Auswärtigen Amts an die Reichskanzlei heißt es: "Nach mündlicher Auskunft des Grafen Luckner hat der Herr Reichskanzler [Adolf Hitler] ihm gegenüber geäußert, er würde etwas für ihn tun, wenn das Reichsministerium für Volksaufklärung und Propaganda ein Ja-Votum in seiner Angelegenheit abgeben würde. In diesem Zusammenhang ist ein Doppel der beigefügten Denkschrift dem Reichsministerium für Volksaufklärung und Propaganda, Abteilung Demann, überreicht worden und die Abteilung Demann gebeten worden, ihr Ja-Votum an die Reichskanzlei, zu Händen von Herrn Oberregierungsrat Thomson, abzugeben."
Die erwähnte Schrift trägt den Titel: "Denkschrift über die Verwendung des Grafen Felix v. Luckner und seines Segelschiffes ‚Vaterland' für die Aufklärung des gesamten Auslandes über den Neuaufbau des deutschen Reiches, über die Führer der

deutschen Nation, über die gesamte Innen-, Außen-, Wirtschaftspolitik des deutschen Reiches, gegen Greuel- und Lügenpropaganda, insbesondere auch gegen die Boykottbewegungen [usw]."

Die zwölf Punkte umfassende Denkschrift wurde von Luckner in enger Zusammenarbeit mit seiner Vertrauten und quasi Managerin Thea Lindemann verfaßt. Hauptzweck der Schrift war es, „zunächst einen Zuschuß ... in Höhe von RM 20.000 zu beschaffen", um damit „die Ehre der Nation wieder herzustellen, eine neue, mit allen Mitteln durchzuführende Aufklärungsarbeit zu ermöglichen". Das Geld soll „dazu verwendet werden, das Schiff ‚Vaterland', das gegenwärtig nutzlos in New York liegt, nach einem deutschen Hafen zu überführen. (...) Es soll bereits auf allen Stationen der Reise Amerika – Deutschland den besten Eindruck machen und propagandistisch wirken."

Luckner erwähnte dabei nicht, daß die aus Spendengeldern von Schulkindern gekaufte „Vaterland", die er während seines Amerika-Aufenthaltes in „Mopelia" umgetauft hatte, um damit Kreuzfahrten für zahlendes Publikum auf eigene Rechnung, entgegen dem Stiftungszweck, durchzuführen, wegen diverser unbezahlter Rechnungen von einem Gerichtsvollzieher in New York an die Kette gelegt worden war. Es drohte die Zwangsversteigerung.

Unter dem Punkt drei der Denkschrift heißt es dann weiter: „Graf Felix v. Luckner wurde nach der Revolutionierung der deutschen Nation durch den Nationalsocialismus von vielen seiner einflußreichen Freunde in den U.S.A. gebeten, nach Deutschland zu reisen, die deutsche Entwicklung zu studieren und dann zu seinen amerikanischen Freunden zurückzukehren und dem amerikanischen Volke die Wahrheit über das neue Deutschland zu bringen."

Natürlich werden auch die Erfolge und das Ansehen von Luckner dargestellt. Unter Punkt vier der Schrift wird fortgefahren: „Während der Überholungszeit des Schiffes will Graf Felix v. Luckner nicht müßig sein, sondern jeden Augenblick benutzen, um aufklärend zu wirken. Er wird in einer großen Anzahl amerikanischer Universitäten und Clubs sprechen. Graf Felix v. Luckner ist Ehrenbürger der U.S.A., er ist Ehrenmitglied von 116 der

Der Segler „Seeteufel", mit dem Luckner seine zweite Vortragsreise durchführte.

bedeutendsten amerikanischen Clubs, er ist Ehrenmitglied von 27 Studentenverbindungen, er ist Mitglied eines Ehrenausschusses der gesamten amerikanischen Jugendorganisationen usw. Es ist leicht auszudenken, welches Gewicht ein Wort Graf Felix v. Luckners hat und welche Bedeutung seiner Aufklärungsarbeit zukommt. Presseempfänge werden die Haltung der großen amerikanischen Zeitungen unbedingt zugunsten des neuen Deutschlands beeinflussen."

Generös ist das Angebot Luckners an die Reichsregierung, wie unter Punkt fünf dargestellt: „Graf Felix v. Luckner will sein Schiff nach der Überführung nach einem deutschen Hafen der deutschen Freiheitsbewegung schenken. Für die Überfahrt soll deshalb die Mannschaft mindestens zum Teil aus seemännisch vorgebildeten Leuten aus den Marinestürmen der NSDAP bestehen."

Wie er sich die Heimkehr vorstellte, erläutert er unter Punkt sechs der Denkschrift: „Nach dem Eintreffen im deutschen Heimathafen wird das Schiff in feierlicher Weise, die Hakenkreuzflagge im Vortopp, unter vollen Segeln der Hitlerjugend, der gesamten deutschen Jugend als Geschenk übergeben werden. Seesport als Ergänzung zum Landwehrsport, das dürfte immerhin als erstrebenswertes Ziel erscheinen."
In seiner Denkschrift führt Luckner weiter aus, daß sein Schiff nach der Rückkehr in einen deutschen Hafen als „Ausbildungsschiff der Marinejugend der NSDAP gelten" solle. Bis das Schiff für weitere Weltreisen ausgerüstet sei, wolle er in Deutschland „selbst eine großangelegte Vortrags- und Aufklärungsreise halten, um der deutschen Wirtschaft wieder Vertrauen zu geben".
Sobald sein Schiff neu bemannt und ausgerüstet sei, beabsichtige er, eine Aufklärungsfahrt in die skandinavischen Länder Schweden, Norwegen und Dänemark zu unternehmen, da er „die nordischen Sprachen beherrscht". Während dieser Reise solle uneingeschränkt im „prodeutschen Sinne" geworben und aufgeklärt werden. Das Schiff solle dabei als Mittelpunkt der ganzen Aktionen dienen. Luckner fährt fort: „Vor allen Dingen aber soll die Mannschaft, bestehend aus Hitlerjugend und Marinestürmen, durch eiserne Disziplin und tadelloses Aussehen, durch ihr ganzes Verhalten im Verkehr mit der Jugend der jeweils besuchten Staaten zum ausgesuchtesten Repräsentanten ihres deutschen Vaterlandes werden. Jugend in dieser Form kritisiert man nicht, Jugend in dieser Form besitzt von vornherein absolutes Vertrauen, besitzt den besten Empfehlungsbrief, den der Jugend und den der Schönheit. Wenn es aber gelingt, das Herz der Jugend eines fremden Staates durch unsere eigene Jugend zu

gewinnen, dann dürfte die Eroberung der Herzen der Erwachsenen nicht mehr schwer sein."

Nach der beabsichtigten Skandinavien-Reise könne dann, so Luckners Vorschlag, eine Bäder-Reise entlang der deutschen Häfen an Nord- und Ostsee erfolgen, um Gelder für weitere Vorhaben zu sammeln. Danach plane er eine Reise nach England mit dem Besuch sämtlicher Häfen, um auch dort für Deutschland und die neuen Machthaber zu werben. Als größtes Ziel sei eine Reise nach Nord-, Mittel- und Südamerika zu planen, um Freundschaften „für das neue, für das nationalsozialistische Deutschland und seine Führer" zu gewinnen. Dieser Reise messe er besondere, auch „wirtschaftspolitische Bedeutung" zu. Er fährt fort: „Es ist ohne weitere specialisierte Ausführung klar, daß der Wirkungsmöglichkeiten für unser Vaterland, für den Führer der deutschen Nation, für deutsches Wesen, deutsche Art, für Wirtschaft usw. durch die Aufklärungsarbeit Graf Felix v. Luckners Legion ist."

Der Hauptzweck der Denkschrift war die Geldbeschaffung, notfalls „in der Form eines Zwischenkredites", da „die ungeheuer wertvolle Kraft" seiner Person zur Zeit der Denkschrift „leider ungenutzt ist".

Bereits kurze Zeit nach der Einreichung der Denkschrift vermerkt eine Aktennotiz des Propagandaministeriums, Abteilung Demann, vom 19. Oktober 1933: „Das Reichsministerium für Volksaufklärung und Propaganda ist entschlossen, die zunächst in Aussicht genommene skandinavische Propagandareise des Grafen Luckner mit seinem Schiff, das er der Hitler-Jugend zur Verfügung stellen will, mit allen Mitteln zu fördern. Zunächst kommt es aber darauf an, die für die Indienststellung und Heimreise des im Hafen von New York liegenden Schiffes nach Deutschland erforderlichen Mittel in Höhe von 20.000 RM aufzubringen. Das Reichsministerium für Volksaufklärung und Propaganda hat zu diesem Zweck in interessierten Kreisen der Wirtschaft eine Sammlung eingeleitet. Um dieser Sammlung Auftrieb zu geben, möchte ich vorschlagen, daß der Herr Reichskanzler [Hitler] sich mit einem Betrag von 1.000 RM an ihr beteiligt."

Die Aktennotiz durchwanderte mehrere Instanzen und wurde, wie die Vermerke ergeben, über den Staatssekretär Dr. Lammers dem Reichskanzler zur Kenntnis gebracht. Dieser verfügte, daß „1.000 RM aus Fonds für allg. [allgemeine] Zwecke" zur Verfügung gestellt werden sollten.

Ein Erfolg war dieser Aktion dennoch zunächst nicht beschieden, da es zwischen Graf von Luckner und dem Propagandaministerium, wie eine Aktennotiz vom 6. Januar 1934 zeigt, „zu schweren Meinungsverschiedenheiten gekommen" war, „an deren Überbrückung noch gearbeitet" werde. Die Zahlung des Reichskanzlers könne noch zurückgehalten werden, „bis die vorbereitenden Maßnahmen zu einem gewissen Abschluß gelangt" seien.

Einige Monate später kam es dann zwischen Ministerialrat Demann vom Propagandaministerium und Graf von Luckner zu einer Einigung. Die Sammlung erbrachte den benötigten Betrag, die „Mopelia", ex „Vaterland", konnte die Heimreise antreten und wurde in Bremerhaven vertäut.

Die Frage stellt sich, ob die Bemühungen zur Erlangung eines Kredites, wenn die „eigenen Mittel erschöpft" sind, bereits ausreichen, um einen Vorwurf der Zusammenarbeit mit den neuen Machthabern zu erheben. Luckner befand sich in einer finanziellen Notlage. Die während seiner mehrjährigen Amerika-Vortragstournee erwirtschafteten Gelder reichten ebensowenig für den Unterhalt des Schiffes aus, das er letztlich von dem Verein „Graf von Luckner's Weltumsegelung e.V." übernahm, wie die mit dem umgetauften Schiff verdienten Passagegelder.

Erschwerend kam hinzu, daß zahlreiche seiner Begleiter sich enttäuscht von ihm abwandten, als sie feststellten, daß die von Luckner propagierten hehren Ziele der Völkerverständigung nur bedingt verfolgt wurden. Die ausgedehnte Vortragsreise entwickelte sich zunehmend zu einer Selbstdarstellung des Seehelden Luckner. Viele Einnahmen kamen nicht der Stiftung zugute, sondern wurden von Luckner zu erheblichen Teilen privat verbraucht.

Die Zusammenarbeit zwischen den Machthabern in Berlin und dem Grafen von Luckner ging stetig voran. Doch konnte weder die Skandinavien-Tour noch die England-Tournee, wie von Luckner geplant, durchgeführt werden. Inmitten der Vorbereitungen zu den Aktionen brach auf der jetzt wieder umbenannten „Vaterland", ex „Mopelia", ein Feuer aus, und das Schiff sank.

Luckner schrieb darüber in seinen Erinnerungen „Aus siebzig Lebensjahren": „1935 brach auf meinem im Hafen liegenden Schiff ein Brand aus, während ich auf einer Vortragsreise war. Aus dem Maschinenraum züngelten plötzlich die Flammen hoch, die Wasserleitung versagte aus unerklärlichen Gründen, und die Feuerwehr schien stundenlang der Sonntag verschluckt zu haben. Mein liebes Schiff brannte völlig aus und sank. Das war ein schwerer Schlag.

Doch im Untergang liegen schon die Fundamente für einen neuen Beginn. Wieder sparte ich, daß die Knochen krachten, legte Pfennig auf Pfennig, und nach knapp eineinhalb Jahren hatte ich ein anderes Schiff. Das war der kleine, tüchtige ‚Seeteufel'. Nun gab es aber kein Halten mehr. Wir setzten die Segel, und hinaus ging es zu einer neuen Reise in die Welt. Auch auf dieser Fahrt konnte ich noch einmal für Deutschland sprechen. Aber schon war das Ausland mißtrauisch geworden, und oft hörte ich ängstliche Fragen."

Diese Darstellung gibt nur die halbe Wahrheit wieder. Nach dem Verlust der „Vaterland", die anschließend zum Verkauf angeboten wurde, klemmte sich Luckner aufgrund seiner Beziehungen erneut hinter die Reichskanzlei Adolf Hitlers, um weitere Gelder zu erhalten. Und er hatte Erfolg.

Mit dem Verkauf seines Schiffes beauftragte er den Schiffsmakler Philipp Jakob. Dieser schrieb auf eine Anfrage am 2.8.1935 über den Zustand des Schiffes: „Das Schiff ist noch nicht leergepumpt. Die Brandschäden sind nicht sehr bedeutend & ist solches mit geringen Mitteln wieder in Stand zu setzen."

Die „Mopelia", ex „Vaterland", wurde schließlich abgewrackt. Luckner kaufte sich ein neues Schiff, begann mit der Ausrüstung, teilweise auf Pump, teilweise aus den Erträgen seiner zahlreichen Vortragsveranstaltungen.

In enger Zusammenarbeit mit der Reichskanzlei – Hitler empfing Luckner mehrmals – wurde letztlich eine Reise in die Süd-

see geplant, die bis nach Australien und Neuseeland führen sollte. Als Gegenleistung für die erheblichen finanziellen Zuschüsse aus der Kasse der Reichskanzlei sollte Luckner, wie in seiner eigenen Denkschrift angeboten, Propaganda für das Deutsche Reich und seine Machthaber machen. Unter Propaganda ist im damaligen Sprachgebrauch der heute gebräuchlichere, weil unbelastete Begriff „Werbung" zu verstehen.
Im übrigen wurde erneut, wie bereits mehrfach zuvor, eine Spendenaktion gestartet, mittels der die deutsche Wirtschaft die Fahrt unterstützen sollte. Da Luckner auf die Zustimmung des Führers und Reichskanzlers sowie zahlreicher Parteistellen verweisen konnte, kamen nicht unerhebliche und dringend benötigte Geld- und Sachspenden zusammen. Der neue „Seeteufel" konnte auf die lange vorbereitete Reise gehen. Luckner hatte versprochen, der Reichskanzlei und Goebbels' Reichsministerium für Volksaufklärung und Propaganda laufend Bericht zu erstatten. Sein Gesprächspartner in der Reichskanzlei war der spätere Reichsminister Dr. Hans Heinrich Lammers, zu jener Zeit Staatssekretär.

Die Seereise mit dem neuen, erheblich kleineren Schiff „Seeteufel", die Luckner in die Gewässer seiner Kaperfahrten führen sollte, stand unter keinem guten Stern. Einerseits hatte Luckner sich dem Diktat der neuen Machthaber des Dritten Reiches, hinsichtlich eines Propagandaauftrages, unterworfen, um deren Unterstützung zu erlangen, vermochte dann aber die gesetzten Ziele nur teilweise zu erreichen. Auch weil, bedingt durch die Enge des Schiffes, Reibereien zwischen der Besatzung und Luckner sowie dessen Frau nicht ausblieben. Die Tatsache, daß ein „Stützpunktleiter" der NSDAP mit an Bord war, brachte zudem politische Probleme mit sich.
Luckner hatte offensichtlich fest damit gerechnet, daß er in Australien und Neuseeland wie in den zwanziger Jahren in Amerika mit offenen Armen aufgenommen würde. Sicherlich hatte er auch aus dem finanziellen Debakel der „Vaterland"-Fahrt gelernt und tat alles, damit die neue Reise zumindest finanziell ein Erfolg werden könnte.

Die Industrie hatte in erheblichem Umfang für Proviant, Brennstoffe und Ausrüstung des neuen Schiffes gesorgt. Auch weil höchste politische Stellen die Fahrt befürworteten, ja unterstützten. Die Bordkasse war ausreichend gefüllt, wenn auch Devisen knapp waren.

Wieder wurden Autogrammkarten in beachtlichen Mengen gedruckt, Pressenotizen vorab in den zu bereisenden Ländern veröffentlicht und insbesondere die deutschstämmige Bevölkerung über das bevorstehende Ereignis des Besuches informiert. Ausgestattet mit der Unterstützung der Reichsregierung, die auch ihre Botschafter anwies, die Reise nach Kräften zu einem Erfolg werden zu lassen, startete Luckner in Richtung Südsee.

Offensichtlich hatte er, und das gilt gleichermaßen für die Reichsregierung, die politische Grundstimmung in den beiden Hauptländern Australien und Neuseeland falsch eingeschätzt.

Von anderer Seite brauten sich indes Gewitterwolken über Luckner zusammen. SS-Gruppenführer Reinhard Heydrich, Chef des Sicherheitshauptamtes und dem Reichsführer-SS, Heinrich Himmler, direkt unterstellt, teilte am 8. Juli 1938 dem obersten Parteirichter der NSDAP, SS-Obergruppenführer Walter Buch, in einem Brief mit: „Graf von Luckner hatte wegen seiner Zugehörigkeit zu der ‚Johannisloge Zur goldenen Kugel' in Hamburg, einer Tochterloge der Großen Landesloge der Freimaurer von Deutschland in Berlin, eine Zeitlang ein Redeverbot für Veranstaltungen nationalsozialistischer Organisationen und Gliederungen. Das Redeverbot wurde Anfang 1935 ausgesprochen."

Nachdem sich Luckner, wie aber erst später festgestellt wurde, mit falschen Aussagen von der Loge distanziert hatte, war gleichfalls von Heydrich mit Schreiben vom 1. Juli 1936 die Aufhebung des Verbots beantragt worden.

Der Verleger eines großen Teils der Lucknerschen Bücher, Dr. Hermann v. Hase, beschwerte sich schriftlich beim Obersten Parteigericht der NSDAP darüber, daß es trotz der Aufhebung des Redeverbotes gegen Luckner „in letzter Zeit wiederholt durch Dienststellen der Politischen Polizei" zu Beeinträchtigungen gekommen sei. Daraufhin sah sich der „stellvertretende Chef der Preußischen Geheimen Staatspolizei und Politische

Polizeikommandeur der Länder" in einem Schreiben vom 29. August 1936 genötigt, nochmals in einem Rundschreiben „an alle Staatspolizeistellen, alle Ober- und Regierungspräsidenten" und an alle „Politischen Polizeien der Länder" auf die Aufhebung des Redeverbotes hinzuweisen.

In dem Schreiben vom 8. Juli 1938 – Luckner war bereits auf seiner Weltreise – wurde dem Parteirichter mitgeteilt, daß „nach Sichtung der bei den Freimaurerlogen sichergestellten Akten Tatsachen bekannt wurden, die das Bild erheblich verändern". Heydrich berichtete nicht nur über die Logentätigkeit Luckners und dessen falsche Aussagen, die zur Aufhebung des Redeverbotes führten, sondern auch, „daß Graf Luckner noch in den Jahren nach der Machtergreifung mit Juden Geschäftsverbindungen unterhalten hat", die so weit gingen, daß er sich Geschenke machen ließ. Gleichzeitig wurden zwei Berichte von Parteimitgliedern über die Tätigkeit Luckners im Ausland, und zwar von den Mitgliedern Nowack und Teufel, mit verheerenden Aussagen, jedenfalls für die damalige politische Lage, an den obersten Parteirichter übermittelt.

In dem Bericht des Parteigenossen Nowack heißt es: „.... Es liegt mir völlig fern, die Kriegstaten Luckners zu verkleinern, aber ich weiß, daß der heutige Luckner dem Kommandanten des ‚Seeadler' in keiner Weise mehr gleicht! Der heutige Luckner ist eine auf äußere Schau eingestellte Person, der während der letzten Jahre in Amerika sehr auf seinen eigenen Vorteil bedacht gewesen ist ... Luckner taufte seine ‚Vaterland' in ‚Mopelia' um und machte mit dem von den Geldern deutscher Schulkinder gekauften Schiff Vergnügungsfahrten auf eigene Rechnung für die Kinder reicher amerikanischer Väter. Niemals eine Propagandafahrt für deutsche Erzeugnisse oder deutschen Geist! Zwischendurch die bekannten Vortragsreisen, bei denen aber immer nur er die Hauptrolle spielte. Und als das nicht mehr zog und auch die Fahrten mit der ‚Mopelia' sich nicht mehr lohnten, wurde Graf Luckner das, was man bei uns mit ‚Nassauer' bezeichnet. Eine Tatsache, welche Ihnen viele meiner Kameraden aller Chargen bestätigen können werden. Wie oft war Luckner mit Gattin an Bord unseres Schiffes. Und wann einmal nüch-

Luckner (auf dem Foto ganz rechts) bei der Einweihung des Marine-Ehrenmals in Laboe im Mai 1936.

tern? Ist es nicht bezeichnend, daß man ihn auf vielen Schiffen sehr kühl behandeln mußte, ja sehr oft einfach stehen ließ!

Eines ist gewiß, nämlich, daß Graf Luckner und seine Frau, vor allem in den letzten Jahren, weder in den guten amerikanischen noch deutschen Kreisen verkehrt haben. Und dies ist für eine Propaganda in Amerika maßgebend! Und daß er niemals, solange es eine nat.soz. [nationalsozialistische] Ortsgruppe in New York gab, sich für diese interessierte oder gar verwendet hat. Daß mir Parteigenossen der damaligen Ortsgruppe erzählt haben, daß Graf Luckner sich gegen die Arbeit dieser Männer, zusammen mit dem damaligen Stahlhelm, gestellt hat.

Tief bedauerlich noch die Affäre der Abfahrt seines Schiffes von New York. Er selbst war bereits nach Deutschland vorausgefahren, und Lauterbach sollte das Schiff rüber bringen. Alles war fertig, die Mannschaft zum Teil neu an Bord, als das Schiff an die

Kette gelegt wurde! Wegen Nichtbezahlung irgendwelcher Verpflichtungen! ...
Ich betone nochmals, daß ich meine Ansicht, den Luckner der Nachkriegszeit betreffend, sehr sorgsam überprüft habe und daß viele meiner Kameraden, nicht nur aus dem kleinen Kreis unseres Schiffes, diese Ansicht teilen."
Heydrich fährt in seinem Bericht fort: „Zur Unterrichtung muß ich ausdrücklich bemerken, daß ich diese Berichte über die Tätigkeit des Grafen Luckner im Auslande einer Nachprüfung nicht unterziehen konnte. Ich halte es für angebracht, ausführliche Beurteilungen hierüber bei der Auslandsorganisation der NSDAP einzuholen.
Vor kurzem hat der Stellvertreter des Führers [Rudolf Heß] mir einen ihm zugegangenen Bericht über die Zustände an Bord des ‚Seeteufel' – erstattet von dem an Bord des ‚Seeteufel' befindlichen Stützpunktleiter – übersandt, der ebenfalls sehr ungünstig lautet. In Zusammenhang mit diesem Bericht habe ich im Auftrage des Stellvertreters des Führers noch Ermittlungen eingeleitet, über deren Ergebnis ich Sie zur gegebenen Zeit ebenfalls unterrichten werde. – Heil Hitler! Heydrich, SS-Gruppenführer."
Während Luckner auf Tahiti und anderen Inseln weilte und „für die deutsche Sache" eintrat, ballte sich ein wahrer Orkan gegen ihn in Deutschland zusammen. Einmal auf die Unrichtigkeiten seiner Aussagen aufmerksam geworden, wurden von höchsten NS-Dienststellen Nachforschungen angestellt. Das, während Luckner über seine Vertraute Lindemann euphorische Berichte in den Berliner Ministerien verteilen ließ, die von dem nichtsahnenden Staatssekretär Lammers dem Führer zur Kenntnis gebracht wurden.

In einem Antwortschreiben an Luckner vom 5. September 1937 schreibt Dr. Lammers noch: „Ihre Mitarbeiterin, Frau Th. Lindemann, hatte die Freundlichkeit, mir von Ihrem Schreiben aus Balboa vom 4. August d. Js., soweit dieses sich auf Ihre bisherige Tätigkeit im Auslande bezieht, im Auszug zugleich mit einem Aufsatz aus der australischen Presse über Ihre Gefangenschaft im Weltkrieg zur Kenntnis zu bringen.

Nachdem ich beides mit lebhaftem Interesse gelesen habe, drängt es mich, Ihnen zu den schönen Erfolgen, die Sie offenbar mit Ihrem Eintreten für das neue Deutschland im Ausland haben erzielen können, meine besten Glückwünsche auszusprechen. In Gedanken begleite ich Sie auf Ihrer weiteren Reise in der Hoffnung, daß Ihnen der bisherige Erfolg treu bleiben wird. Zum Zeichen dieses Gedenkens bitte ich, mein anliegendes Bild mit Unterschrift freundlichst entgegenzunehmen. Heil Hitler! Ihr sehr ergebener ..."

Am 9. Januar 1938 schrieb der mittlerweile zum Reichsminister avancierte Dr. Lammers über Frau Lindemann: „Mit Ihrem Brief vom 14. November v. Js. aus Tahiti haben Sie mir eine aufrichtige Freude bereitet. Sein Inhalt und der mit übersandte ‚Reisebericht des Seeteufel' haben mich lebhaft interessiert. Ich hoffe sehr, daß Ihre weitere Reise im Interesse des deutschen Ansehens in der Welt von den gleichen Erfolgen begleitet sein möge wie bisher, und bitte, meinen besonderen Wunsch für das neue Jahr, das Ihnen und Ihrer Frau Gemahlin auch sonst viel Gutes bescheren möchte, freundlichst entgegenzunehmen. Heil Hitler! Ihr sehr ergebener ..."

Rund ein Jahr später, mit Eingang eines Schreibens von Ingenieur Richard Krüger, bis dahin persönlicher Referent und Leiter von Luckners „Adjutantur" in Hamburg, datiert 1. Februar 1939, das vier Anlagen enthielt, geriet Luckner endgültig unter Druck. Krüger schrieb:

„In der Anlage überreiche ich Ihnen vier Berichte, Graf Felix Luckner betreffend. Die Schwere der Anklage zwingt mich, Sie davon zu verständigen. Da die Gefahr besteht, daß Graf Luckner überhaupt nicht mehr nach Deutschland zurückkommt, falls die Angelegenheit öffentlich bekannt wird, ist eine vertrauliche Behandlung wohl notwendig. (...) Durchschläge der drei beiliegenden Schreiben sind an folgende Behörden, mit denen Graf Luckner zu tun hatte, von mir geschickt worden: 1.) Reichsführer-SS Himmler, 2.) Staatssekretär Hanke, 3.) A.O. Staatssekretär Bohle, 4.) Oberstes Parteigericht."

In diesen Unterlagen von Richard Krüger, die der Reichskanzlei erstmals zur Kenntnis gebracht wurden, erhob er schwerste Vorwürfe. Einige davon werden in dem nächsten Kapitel behandelt. An dieser Stelle soll der „vertrauliche Bericht" des Kameramannes Hans Günther Oesterreich, der als „Stützpunktleiter" der NSDAP an Bord des „Seeadler" war, in Auszügen wiedergegeben werden. Bereits an anderen Stellen dieses Buches hatte ich Zitate dieses Parteigenossen wiedergegeben. Andere Berichte von Oesterreich waren bereits zuvor Rudolf Heß zur Kenntnis vorgelegt worden. Heydrich nahm schon ein Jahr früher darauf Bezug.

Bevor jedoch der Stützpunktleiter zu Wort kommt, soll das wiedergegeben werden, was Luckner in seinen Erinnerungen „Aus siebzig Lebensjahren" dazu schrieb: „Der kleine ‚Seeteufel' war ein äußerst tüchtiges Schiff, und kein Sturm konnte ihn aus der Ruhe bringen. Dennoch tauchten auf dieser Reise Probleme auf, denen ich nicht gewachsen war. Jeder an Bord hatte eine andere politische Meinung, und was Deutschland in seinen Grundfesten erschüttern ließ, das machte auch uns an Bord mehr zu schaffen als jede Windstärke zwölf. Das waren Schwierigkeiten, denen ich bisher im Leben nicht begegnet war, und sie vergällten mir auch manche schöne Stunde. Immerhin lernte ich allerhand dabei und bin heute dankbar dafür. Und dankbar denke ich an diese Weltreise zurück."
Jetzt der Bericht vom 12. Januar 1939. Kameramann Oesterreich bezieht sich in seinen Ausführungen auf die schriftlichen Berichte Luckners an die Reichskanzlei und das Propagandaministerium sowie auf die Zeitungsberichte über Luckners tatsächliche oder behauptete Erfolge. Der Bericht wurde in den einzelnen Absätzen neu gegliedert.
„Als wir im Frühjahr 1937 Europa verließen, war sich eigentlich niemand von der Besatzung recht im klaren, zu welchem Zweck die Reise unternommen werden sollte. L. [Luckner], der jedem einzelnen der Mannschaft schon vor unserer Abfahrt vertraulich von einer ‚Geheimaufgabe' Mitteilung machte, deren Sinn wir erst auf hoher See erfahren würden, schwieg sich nach Verlassen Oslos darüber aus. Die Stimmung an Bord war sehr unruhig und wurde denkbar schlecht, d. h. das Verhältnis zwischen Kapitän

und Mannschaft. Die Matrosen, die vor unserer Abfahrt in Deutschland noch im Messraum am gemeinsamen Tisch gegessen hatten, erhielten sofort nach Verlassen Deutschlands strengstes Verbot, den Messraum zu betreten, so daß sie ihr Essen während der ganzen Reise im Freien an Deck einnehmen mußten. Wie immer auf Schiffen, so war auch auf dem ‚Seeteufel' der erste Anlaß zu Mißstimmung an Bord der Proviant.
Dieser wurde von der Gräfin verwaltet, die den Schlüssel zu dem einzigen Zugang durch ihre Toilette besaß. Schon gleich zu Anfang stellten sich im Proviantraum katastrophale Zustände ein. Der Raum diente als Aufbewahrungsort für die schmutzige Wäsche, und infolge völlig unzureichender Unterbringung und mangelnder Übersicht wurde aller empfindlicher Proviant schon nach wenigen Tagen verdorben über Bord geworfen. Aus unerklärlichen Gründen wurde mit dem Essen sehr gespart, da das ganze Schiff mit von zahlreichen deutschen Firmen gestiftetem Proviant gefüllt war. Dazu kam, daß die für die Mannschaft gestifteten Liebesgaben einfach von der Gräfin einbehalten wurden.
Unter vielem anderen wurden z. B. die von der Firma Reemtsma gestifteten 30.000 Zigaretten ausschließlich von L. verbraucht. Ich selbst habe mir von der Gräfin davon Zigaretten in Devisen kaufen müssen. Zu Weihnachten erhielt jedes Besatzungsmitglied eine Schachtel als persönliches Geschenk des Grafen. Dasselbe geschah mit unzähligen andern Sachen (Rasierapparate, Füllhalter usw.), die ausdrücklich für die Mannschaft bestimmt waren. Alle diesbezüglichen Einzelheiten sind schon in dem Schreiben des Amtswalters Katschke an die Abtlg. Seefahrt in Hamburg enthalten, die an den OG-Leiter der NSDAP in Sydney weitergeleitet wurden.

Mehr und mehr zeigte sich auf der Reise, daß es sich weniger um eine Propagandafahrt als um einen rein privaten Ausflug handelte. Die in deutschen Zeitungen veröffentlichten Berichte L.'s sind zum größten Teil erfunden. In Ponta Delgada auf den Azoren wäre in dem an sich schon deutschfreundlichen Portugal die beste Gelegenheit gegeben gewesen, einen Vortrag über das

neue Deutschland zu halten. Dieses unterblieb jedoch, und als einzige Propaganda konnten in dem dortigen Circus Maximus einige Propagandafilme gezeigt werden, bei welcher Vorstellung L. nicht einmal zugegen war.
Auf einer privaten Festlichkeit lernte L. die Offiziere eines holländischen Kriegsschiffes kennen, denen er wieder nicht von Deutschland erzählte, sondern lediglich ein paar Schwänke aus seinem bekannten Buch zum besten gab. U. a. äußerte er auch den Offizieren gegenüber, daß er Träger des ‚Pour le mérite' sei. Diese Angabe wurde im Verlauf der Reise verschiedentlich gemacht. So ist er schließlich auch in einer Ausgabe des ‚Seeteufel'-Buches mit dem Orden ‚Pour le mérite' abgebildet. (...)
Von einer Ansprache des L. in einer Kantine der amerikanisch-holländischen Insel Aruba ist mir nichts bekannt. Er hat lediglich in einer Kantine ein paar Tricks vorgemacht. Die ganzen Angaben über seine Propaganda für das neue Deutschland, die er in deutschen Zeitungen veröffentlicht, beruhen auf Unwahrheit. Ebenso die mehr oder weniger romantischen Schilderungen über seine Besuche auf den einsamen Inseln. Im Gegenteil hat L. sich auch dort oft merkwürdig aufgeführt. So entwendete er die einzige große Baumsäge und mehrere Pfund Seife aus dem Hilfsbestand der Cocosinsel für schiffbrüchige Seeleute. (...)

Der Bericht über seine angeblichen Erfolge auf Tahiti, der in der ‚Nachtausgabe' abgedruckt war, ist frei erfunden. Der erste Offizier, Herr Krause, hat sich beschwerenderweise an die Zeitung gewandt, da wir alle nicht glauben konnten, daß L. diesen Bericht geschrieben hatte. Die Bevölkerung Tahitis war zuerst außerordentlich zurückhaltend. L. hat sich dort fast nur bei amerikanischen Yachtbesitzern aufgehalten, und der herzliche Abschied, den uns die Bevölkerung zuteil werden ließ, ist ausschließlich das Verdienst der Mannschaft, die im Verlauf der beiden Monate in engen Kontakt mit den Eingeborenen und Franzosen trat. (...)
Der von L. in seinem Zeitungsbericht erwähnte ‚Polizeipräfekt' war in Wahrheit ein Briefträger des Postamtes, der ihn von der Kanone wegjagte, so daß sich L. in das Haus des Gouverneurs

flüchten mußte. Überhaupt war das Ansehen L.'s nicht sehr groß in Tahiti, da der Besitzer eines großen Restaurants uns einen Fotoabdruck zeigen konnte, auf dem L. in einem Brief von 1928 seine Militärmütze an einen amerikanischen Millionär für 300 Dollar verkaufen wollte.

Die Stimmung an Bord war infolge aller dieser Umstände sehr wenig schön. L. hatte den Matrosen schon mehrfach aus nichtigen Gründen mit der Geheimen Staatspolizei gedroht und versuchte nun durch ein neues Manöver die Mannschaft zu beruhigen. Er behauptete, der Führer habe ihm gekabelt: ‚Gut so, weitermachen. Adolf Hitler.' Am nächsten Tage wurde er aus dem größten Hotel des Sudetendeutschen R. wegen schlechten Benehmens rausgeschmissen. (...)

In Samoa war der Empfang ein sehr herzlicher infolge der starken deutschen Kolonie. Auch hier lag es wieder an der Freundlichkeit der Gastgeber, daß eine Unstimmigkeit vermieden wurde. Viele der Deutschen kannten ihn aus der Kriegszeit vom Internierungslager in Neuseeland, wo er sich manchmal sehr wenig soldatisch und gentlemanlike benommen hat, so daß, als er eines Tages den ältesten dort internierten Deutschen, einen siebzigjährigen Mann, in rohester Weise niedergeschlagen hatte, niemand im Lager mehr mit ihm sprach. Trotzdem bereitete man einen großen Empfang, zumal er sich offen als der Gesandte Hitlers bezeichnete. Dieses allerdings nur in deutschen Kreisen.

In seinen zwei Vorträgen sprach er auch vor den Deutschen nicht über Deutschland, sondern beschränkte sich auch hier auf seinen alten Vortrag über seine Abenteuer mit dem ‚Seeadler' in der Südsee.

Im übrigen waren hier wieder dieselben Manöver zu bemerken. U. a. erzählte er dem Farmer Berking, der mit seiner Farm hoch in Schulden saß, er wolle durch seinen ‚Vetter', den Finanzminister Schwerin-Krosigk, für Berkings Schulden ein Devisen-Darlehen in Höhe von 10.000 RM bewirken. Für dieses Versprechen bekam er verbilligtes Fleisch und einen Empfehlungsbrief an den Konsul in Neuseeland, Dr. Hellenthal. (...)

Original...

... und Fälschung.

Selbstverständlich war er bei offiziellem Parteibesuch stets der beste persönliche Freund Himmlers, Funks und Lammers. Seine Unterhaltung fing er meist mit der bei der Mannschaft schon zum geflügelten Wort gewordenen ‚captatio benevolentiae' an: ‚Ich sprach mit dem Führer darüber und der sagte mir ...' Überall legte er es darauf ab, durch seine ‚Beziehungen' etwas zu bekommen.

Oft machte er auch folgendes. Z. B. bestellte er mich eines Tages zu seinem Hotel in Bali. Es war das ‚Satrya'-Hotel, im Besitz des Deutschen Engelhardt. Im Gespräch forderte er mich dann auf, ihn zu filmen, wie er mit Herrn Engelhardt aus der Tür des Hotels tritt. Nach der Aufnahme erzählte er dann Engelhardt, diese Aufnahme sei ein Stück des Großfilms, den er in Deutschland herausbringen werde, und sicher werde es dem in Deutschland lebenden Bruder Engelhardts Freude machen, einmal das stolze Unternehmen des Bruders im Film zu sehen. Der Hotelier fühlte sich dann sehr verpflichtet und ließ ihn wirklich umsonst in seinem Hotel wohnen.

Zeitungsberichte günstiger Art bekam er, um nur ein Beispiel zu nennen, auf folgende Art: Der Leiter der deutschaustralischen Zeitung ‚Die Brücke' lebt in sehr dürftigen Verhältnissen in Sydney und möchte einmal mit seiner Familie gerne wieder nach Deutschland fahren, wozu ihm aber die Mittel fehlen. L. verspricht ihm großzügige Hilfe durch seine Beziehungen im Reich und bekommt dann auch wirklich einen begeisterten Artikel über seine Tätigkeit in Australien.

Mehrfach wurde nach Aussage der Besatzungsmitglieder von L. angeordnet, das vom Prog.Min. [Propagandaministerium] gestiftete Material (Druckschriften, Propag.-Bücher usw.) über Bord zu werfen, um Platz zu schaffen, so daß schließlich jedes Besatzungsmitglied einen Teil der Hefte an sich nahm, um sie selbst zu verteilen.

Unter absoluter Hintansetzung der Propaganda wurden leider überall in erster Linie pekuniäre Vorteile berücksichtigt, die großenteils auch recht erheblich waren. Aus Vorträgen in neuseeländischen Kinotheatern über seine Abenteuer flossen L. 523 Pfund [nach heutiger Kaufkraft etwa 50.000 DM] zu. Seine

Autogramme verkaufte L. für 2 Shillg. das Stück. Wohin das Geld gegangen ist, ist nicht bekannt, da auch weiterhin die meisten Reparaturen und Betriebsmittel von gestiftetem Material bestritten wurden. Genaueres wird die von L. s. Zt. [seinerzeit] angestellte Mrs. von Lubbe-Auckland angeben, sobald sie im Frühjahr nach Deutschland kommt. In Sydney wurden jedenfalls 100 englische Pfund an die Schwiegermutter Luckners in Malmö/Schweden gesandt.

Während der ganzen Reise hat L. auch nicht ein einziges Mal über das neue Deutschland gesprochen. In zwei oder drei Zeitungsartikeln hat er sich ganz vorsichtig einige Äußerungen erlaubt, sich im übrigen aber auf das Erzählen seines bekannten Vortrages über seine Abenteuer mit dem ‚Seeadler' beschränkt, wodurch weniger Propaganda gemacht als vielmehr eine alte unerwünschte Kriegsatmosphäre geschaffen wurde.

Ich beschränke mich auf vorliegende Erwähnung der Tatsachen, die z. T. schon durch die Schriftstücke des ersten Offiziers, Herrn Krause, und des Amtswalters Katschke erwähnt wurden und nach Rückkehr von diesen noch ergänzt werden.

In der Nacht vom 20. zum 21. Sept. 1938 wurde ich, am Ruder stehend, nach vorangegangenem Wortwechsel durch L. niedergeschlagen.

Das in Surabaja einberufene Seemannsamt unter Vorsitz des Konsuls gab meinem Antrag auf sofortige Abmusterung statt, so daß ich mit einem Hapag-Dampfer nach Deutschland zurückfahren konnte.

Diese vorliegenden Ausführungen habe ich mit dem ernsthaften Wunsch gemacht, daß L., der sich uns, der Mannschaft, gegenüber sowohl als Mensch und Deutscher wie auch als Offizier, Schriftsteller und Seemann von schlechtesten Qualitäten zeigte, einmal auf diese Qualitäten hin untersucht werden möchte, falls er nach Deutschland zurückkehren sollte. Berlin, 12. Januar 1939, Hans Guenther Oesterreich, Kameramann a. B. [an Bord] ‚Seeteufel'."

Bei den Ausführungen, und das muß ausdrücklich angemerkt werden, kann es sich durchaus um durch Mißgunst oder politi-

sche Erwägungen entsprechend eingefärbte Berichtsteile handeln.
Machen wir an dieser Stelle einen Sprung nach Neuseeland, um zu vergleichen. Obwohl von ihm selbst in seinen Berichten an die Reichskanzlei und in den selbst initiierten Presseveröffentlichungen in Deutschland als äußerst erfolgreich bewertet, war die letzte Weltreise zum großen Teil ein Fehlschlag: was die Resonanz in der Öffentlichkeit anbelangte und, direkt daraus resultierend, auch finanziell. Nicht annähernd konnte Luckner an die früheren publizistischen Erfolge und die Zahl seiner Vorträge, wie in den ersten Jahren in Amerika, anknüpfen. Und das, obwohl ihn die deutschen Kolonien der einzelnen Länder unterstützten.

Immer wieder holten ihn frühere Äußerungen ein, insbesondere zahlreiche Widersprüchlichkeiten und sogar falsche Aussagen in seinen Büchern, namentlich dem „Seeteufel". Ganz schwirig war der Besuch mit dem Schiff „Seeteufel" in Australien und insbesondere in Neuseeland im Frühjahr 1938. Alarmiert durch die Annexion Österreichs und die vorherige Teilannexion der Tschechoslowakei, sah man dort die Politik Hitler-Deutschlands mit erheblicher Sorge. Genau in dieser Phase lief Luckner Neuseeland an. Bereits vor seiner Ankunft wurde zum Teil massiv gegen ihn Front gemacht. So publizierte zum Beispiel die Zeitung „The New Zealand Observer" bereits am 26. August 1937, also mehrere Monate vor seinem Eintreffen, einen Artikel mit der Balkenüberschrift „Keep Felix von Luckner Out". Der Artikel, eine herbe Kritik an seinem Erscheinen, gipfelte in der Feststellung, daß Luckner „der Nukleus des potentiellen Faschismus" sei. Auch während seines Aufenthaltes änderte die Zeitung, trotz eines persönlichen Gespräches Luckners mit dem Chefredakteur, die grundsätzlich ablehnende Haltung nicht. In seiner Mappe mit den Presseausschnitten aus jener Zeit schrieb Luckner handschriftlich an den Rand „Hetzblatt". Nicht zuletzt wahrscheinlich, weil dieses nicht unbedeutende Pressemedium seine politischen Ansichten als „naiv", seine Vortragsinhalte als „unehrlich" und ihn persönlich als „geldgierig" bezeichnete.

Die Haltung eines Teils der Presse wurde aber von der Gewerkschaft „New Zealand Federation of Labour" noch weit übertroffen, und zwar im negativen Sinn. Eine Bewegung der Gewerkschaft mit dem Namen „Movement against War and Fascism" – Bewegung gegen Krieg und Faschismus – verbreitete Anti-Luckner-Flugblätter und veröffentlichte sogar eine 32seitige Broschüre gegen Luckner, die in Australien erschien.

In dem Flugblatt wird Luckner aufgrund eigener Aussagen, so zum Beispiel im „Völkischen Beobachter" vom 19. April 1937, vorgeworfen, er sei ein „eingestandener Agent des Faschismus". Weiter heißt es, er „sei in Neuseeland nicht erwünscht", weil er in seinen Vorträgen versuche, die Handlungen seiner Regierung zu rechtfertigen und zu bagatellisieren. Schlußendlich kommt das Flugblatt zu der Behauptung, daß die „demokratischen und Gewerkschaftskräfte" die Vorgehensweise gegen Männer wie Ernst Thälmann, Edgar André und Carl von Ossietzky dem deutschen Reich nicht vergessen können. Deshalb seien „Nazi-Agenten in Neuseeland unerwünscht". Luckner vermerkte dazu in seiner Pressemappe, die Flugblätter wurden „überall auf Straßen Passanten in die Hand gedrückt" und sogar die „Häuser waren damit beklebt".

Noch direkter ging L. P. Fox, Verfasser der Anti-Luckner-Broschüre mit dem Titel „Von Luckner not wanted" – von Luckner unerwünscht –, mit ihm ins Gericht. Die Titelseite ziert eine Karte des Deutschen Reiches mit einem Hakenkreuz und dem skizzierten Konterfei Hitlers. Anhand des Buches „Seeteufel" wies er Luckner dezidiert nach, daß dieser ein „Pferdedieb" sei, schließlich habe er selber geschrieben, daß er nach einem Techtelmechtel mit der Tochter eines Leuchtturmwärters ein Pferd gestohlen habe, um wegzukommen. Er sei ein „Lügner", wenn er behaupte, er habe sich durch Festklammern an den Füßen eines Albatros so lange über Wasser halten können, bis er aus dem Meer gefischt worden sei. Seine Darstellung hinsichtlich der Vorkommnisse nach dem Verlust der „Seeadler" seien frei erfunden.

Des weiteren stellte er eine Verbindung zwischen Luckner und dessen „Auftraggeber" Hitler her, der, deutschen Zeitungen zu-

folge, Luckner entsandt hatte. Aus der Broschüre einige Auszüge in freier Übersetzung:

„Des Teufels Gutmütigkeit. Lowell Thomas schreibt über von Luckner, er habe Schiffe der Alliierten zerstört, ‚ohne ein einziges Menschenleben zu opfern oder auch nur eine Schiffskatze zu ertränken'. Das ließ den Glauben aufkommen, der Seeteufel sei ein weichherziger Sentimentalist. (...) Noch interessanter ist, daß der Graf, als er die ‚Niobe' kommandierte, das erste Ausbildungsschiff der Deutschen Marine nach dem Krieg, die alte Deutschlandflagge hißte – ‚nicht die Flagge der neuen Sozialistischen Republik, sondern die alte Flagge des Kaiserreichs', um mit seinen eigenen Worten zu sprechen. Als dies offenkundig wurde und von Luckner den Befehl erhielt, die richtige Flagge zu führen, gab er lieber sein Kommando ab und verließ die Marine, als die Farben der Republik zu hissen. Diese entschiedene Bevorzugung der kaiserlichen Militärherrschaft anstatt der demokratisch-republikanischen Regierung brandmarkt von Luckner als Konservativen schlimmster Art, als Gegner des Fortschritts

und Feind der arbeitenden Klasse. (...) Zusätzlich ist da die Tatsache, von der ‚Official British History' berichtet, daß während der Jagd auf die ‚Horngarth', ein britisches Schiff, ein Junge der Besatzung von den ‚Granaten der Seeadler' getötet wurde. Auf der anderen Seite betont Graf von Luckner immer wieder, daß er seine Kaperfahrt ohne Verlust von Menschenleben durchgeführt habe. ‚Ich bin froh, daß keine meiner Aktionen einer Mutter Anlaß gab, ihren Sohn zu beklagen.' (Melbourne Herald, 1. Oktober 1935).

Wiederum finden wir im Melbourne ‚Herald' vom 16. August 1930, daß Luckners Darstellung seiner Kaperfahrt von Mr. H. C. Hills, der Superintendant der Landespolizei in Levuka, Fidschi-Inseln, war und der Luckner und seine Mannschaft mit Hilfe eines halben Dutzend Fidschi-Polizisten und eines ungeladenen Revolvers überwältigte, ‚stark angezweifelt' wird. Von Luckners Version (nach Lowell Thomas) besagt, Hills sei verwirrt, ängstlich und mit Sicherheit ratlos gewesen, doch von Luckner habe sich geweigert, in Zivilkleidung zu kämpfen, da dies ‚gegen die ungeschriebenen Spielregeln' verstoße und ‚wenn wir in Zivilkleidung kämpften, wären wir nichts anderes als internationale Banditen und würden als solche höchstwahrscheinlich schließlich an der Rahnock aufgehängt'. Er beschreibt, wie er Hills austrickste, indem er seine Waffen über Bord warf. Hills schreibt: ‚Von Luckner sagt, die Waffen seien in meiner Gegenwart über Bord geworfen worden. Das ist eine vorsätzliche Lüge. Die Waffen befinden sich in Suva im Fiji Defence Club und können dort jeden Tag besichtigt werden.' Er berichtet auch, daß von Luckner und seine Mannschaft Khakiuniformen im Marineschnitt trugen und nicht den Anschein von Zivilisten erweckten. Hills zweifelt auch noch andere Details aus von Luckners Erzählungen an. (...)
Der deutsche Vizekonsul hat gemeldet (Melbourne ‚Herald', 16.6.37), daß ‚Graf von Luckners Reise ein privates Unternehmen ist', aber er wird wohl kaum annehmen, daß wir diese Mitteilung ernstnehmen. Die einleuchtende Entgegnung wäre, daß Graf von Luckner, wenn er die Freiheit hat, sein Privatleben ganz nach seinen eigenen Wünschen zu gestalten, der einzige Bürger Deutschlands wäre (abgesehen von den Industrie-Millionären, die den Obersten Wirtschaftsrat bilden), dem diese Freiheit gestattet wird. Doch eine viel bessere Antwort kam aus der Feder des Grafen von Luckner höchstpersönlich. Im ‚Völkischen Beobachter' vom 19. April erklärte er: ‚Ich besuche die Jugend der

Titelblatt der Gewerkschafts-Broschüre.

Welt als Hitlers Sendbote.' (...) Aber Luckner kommt nicht als Repräsentant des deutschen Volkes und seiner Ideale zu uns. Er kommt als Vertreter des Faschismus. (...) Wenn ein Mann als Abgesandter einer Regierung kommt, die der überwiegenden Mehrheit ihres eigenen Volkes die Freiheit verweigert, die die Freiheit des spanischen Volkes mit Bomben und Granaten und Maschinengewehren angreift und die Vorbereitungen trifft, die Freiheit aller Menschen auf der ganzen Welt mit Bomben und Granaten und Maschinengewehren zu vernichten, dann ist es unsere Freiheitsliebe, die uns rufen läßt: ‚Bleib weg!' Darum gab die Sydneyer Gewerkschaft den australischen und neuseeländischen Arbeitern ein Beispiel, indem sie forderte, von Luckner die Landung zu verbieten. Gewerkschaften und Gruppen der Arbeiterpartei im ganzen Land unterstützen diese Forderung an die Regierung, etwas völlig Neues in unserer Geschichte – eine Ächtung, die nicht von offiziellen Stellen gegen die Wünsche der Leute ausgesprochen wird, sondern von den Leuten selbst. Es ist nicht unsere Absicht, jemandem den Mund zu verbieten, der uns die Wahrheit bringen will. Wir wollen, daß jeder Australier die Wahrheit über den Faschismus erfährt. Aber die Wahrheit wird man nicht in den Worten von Hitlers Gesandtem, von Luckner, finden.
Die riesigen Räuberpistolen, die manche seiner Geschichten sind, werden neben seinen Darstellungen darüber ‚Wie Hitler Deutschland glücklich gemacht hat' wie winzige Zwerge erscheinen."
Schließlich kommt auch er zu dem Vorwurf, Luckner sei ein „Agent Hitlers" mit der Zusammenfassung „Der echte von Luckner ist bereit, eine gut erfundene Geschichte [yarn] gegen eine kostenlose Mahlzeit zu erzählen, er ist ein Feind des Fortschrittes und der Demokratie."

Die Gewerkschaftsbroschüre hatte einerseits nicht den erwünschten Erfolg, nämlich Luckner die Einreise nach Australien und Neuseeland zu verbieten, behinderte ihn aber andererseits bei seinen Vortragsveranstaltungen, da häufig kritische Fragen gestellt und seine Darstellung der Kaperfahrt angezweifelt wurde. Begleitet wurde die Vortragstätigkeit Luckners dann auch von einer manchmal äußerst kritischen Presse.

Die Stimmung für eine ungestörte Goodwill-Vortragsreise war durch die Veröffentlichungen, Handzettel und das Pamphlet denkbar schlecht. In Wellington kam es sogar im Rahmen der vorherrschenden Negativstimmung, wie „The New Zealand Herald" am 7. April 1938 berichtet, zu einem damals ungeheuren Vorfall: Die deutsche Flagge wurde vom Fahnenmast des Konsulats heruntergerissen.

Nachdem Luckner seine Australientournee nach wenigen Wochen hatte abbrechen müssen, weil der erwartete Erfolg ausgeblieben war, wandte er sich Neuseeland zu. Dort war er nach seiner Gefangenschaft interniert gewesen. Er erhoffte sich ein breiteres Publikumsecho, zumal in den Zeitungen des Landes mehrfach über seinen Ausbruchsversuch berichtet worden war. Die erste Begrüßung in Neuseeland verlief zwar nicht stürmisch, aber auch nicht unfreundlich.

Luckner zog sämtliche Register seines beachtlichen Repertoires, um die Stimmung zu seinen Gunsten zu bessern. Zahlreiche der bereits während seiner Amerika-Reise in anderer Form erprobten Tricks wurden eingesetzt, hatten aber nur teilweise Erfolg. So versprach er mehrfach gegenüber Zeitungsreportern „großzügige Spenden zugunsten verkrüppelter und blinder" neuseeländischer Soldaten des Ersten Weltkrieges, ohne jedoch die Spenden tatsächlich zu übergeben.

Er schrieb zwar an Reichsminister Dr. Lammers von der Reichskanzlei in seinem Brief vom 22. April 1939, daß er „einen Teil meiner Einnahmen an die hiesigen Kriegsblinden im Namen deutscher Frontkämpfer überreicht" habe, „welches sehr viel Sympathie erweckte", beließ es jedoch bei der Ankündigung, die ihm eine gute Presse einbrachte. Er bot an, sich mit ehemaligen Kriegsgegnern zu treffen, um eine öffentliche Versöhnung herbeizuführen, was aber daran scheiterte, daß er nicht bereit war, sich von seiner falschen Darstellung der Ereignisse im „Seeteufel" zu distanzieren. In zahlreichen Zeitungen wurden Leserbriefe abgedruckt, in denen ihm die einseitige und falsche Darstellung verübelt wurde. Erst wenn Luckner sich öffentlich für seine falsche Darstellung entschuldigen würde, so hieß es in mehreren Zeitungen, wären sie bereit, mit Luckner auch nur ein Wort zu wechseln. Dieser Forderung konnte Luckner nicht nachkommen, wenn er "seine Version", wie publiziert und tausendfach in Vorträgen wiederholt, nicht hätte ad absurdum führen wollen. Und so unterblieb das Treffen. Selbst eine Kranzniederlegung brachte nur Kurznotizen.

Keine Meriten erntete er mit seiner eindeutigen Absage an die Gewerkschaften, öffentlich über die gegen ihn erhobenen Vorwürfe und die politische Lage in Deutschland zu diskutieren. Die Gewerkschaften hatten ihn im Rahmen einer Pressekampagne zu einer solchen Diskussion herausgefordert. Luckners Begründung für die Absage:
Er sei nicht 16.000 Meilen gesegelt, um "Propaganda" zu machen. Die Reaktion weiter Teile der Zeitungen war entsprechend negativ, da durch die Absage Luckners vorhandene Mißverständnisse nicht aufgeklärt und eventuell ausgeräumt werden konnten.
Als dann noch eine Diskussion darüber begann, ob er das Militär-Lager, in dem er im Ersten Weltkrieg interniert gewesen war, besichtigen könne oder ein solcher Besuch wegen Spionagegefahr abgelehnt werden solle, war das Ziel der Fahrt nicht mehr zu erreichen. So währte sein Aufenthalt in Neuseeland nur knapp 6 Wochen, weit weniger als geplant.
Natürlich darf nicht verschwiegen werden, daß Luckner, allen Anfeindungen zum Trotz, zahlreiche, teilweise sogar sehr gut besuchte Vortragsveranstaltungen durchführte und aufgrund seiner charmanten Art auch Zustimmung fand. Insbesondere die Auslandsdeutschen in Neuseeland nahmen ihn begeistert als Seehelden vergangener Tage auf.

An Bord seines Schiffes wurde, nachdem es außerhalb der Dreimeilenzone gesegelt war, eine Wahl zum Deutschen Reichstag abgehalten. Das war nur möglich, weil der deutsche Konsul den "Seeteufel" zum Wahllokal in exterritorialen Gewässern erklärt hatte.

Anläßlich dieser Wahl wurden zahlreiche Fotos gemacht, die Luckner im Kreise der vielen Wähler zeigen. Die Fotos wurden von ihm später dahingehend umgedeutet, daß die vielen Menschen an Bord ein Zeichen seines großen Willkommens in Neuseeland gewesen seien.

Die Presseauseinandersetzung hinterließ, wie Luckner an schwindenden Zuhörerzahlen ablesen konnte, einen faden Nachgeschmack. Und so ließ er nichts unversucht, um sich in besserem Licht darzustellen. Doch an die früheren Erfolge, die Großkundgebungen mit bis zu 2000 Zuhörern, konnte er am Vorabend des neuen Krieges nicht anknüpfen. Daran änderten auch seine phantasievollen Geschichten über seinen versteckten Schatz auf Mopelia und weitere zum besten gegebene Anekdoten nichts.

Weil kennzeichnend für die Atmosphäre seines Besuches und weil typisch für sein Auftreten und seine Art der Argumentation im Ausland, einige Auszüge eines längeren Zeitungsartikels von J. Gifford Male in „The New Zealand Observer" vom 3. März 1938. Luckner schrieb in seiner Pressemappe neben den Artikel im Jargon der damaligen Zeit „rotes Judenblatt".

Die Übersetzung erfolgte sinngemäß und verdeutlicht, wie gut der Verfasser Graf von Luckner durchschaute. Unter der Überschrift „Von Luckner, Master-Showman" schrieb der Reporter:

„Eigentlich ist Felix von Luckner der glückloseste Showman, der je Neuseeland besuchte. Er traf mit großem Werbetamtam ein, und seine Erinnerungstouren in der Umgebung von Auckland fingen gerade an, sich zu lohnen, als die Katholische Hundertjahrfeier daherkam und die ganze Aufmerksamkeit auf sich zog. Das war jammerschade, denn der Graf weiß sich bei seinen Aktionen immer gut in Szene zu setzen, und die Fotografien, auf denen er der Gräfin den Strand von Motuihi zeigt, von wo er entfloh, waren einfach zu schön. (...)

Der Graf wurde von Autogrammjägern bestürmt. Viele kommen mit Fotografien, viele mit Ausgaben des ‚Seeteufel'. Sein Besuch muß in der Tat ein Segen für die Buchhändler Aucklands gewesen sein, die ihre Lagerbestände dieses Buches verkaufen konnten. Von Luckner erfüllt Autogrammwünsche sehr akkurat. Sobald jemand eine Fotografie hervorzieht, greift er automatisch zu seinem Füllhalter und signiert mit ‚Felix Graf Luckner'. Wenn Sie genügend Begeisterung bewiesen haben, eine Neuausgabe des Luckner-Buches zu kaufen, setzt er gern eine charmante kleine Bemerkung dazu und das Datum. (...)

Als ich eines Morgens zum Hafen ging, sah ich als erstes von Luckner, der vor einem halben Dutzend hingerissen lauschender rauher Seeleute eine begeisterte, gestenreiche Rede hielt. Der Graf, das sei erwähnt, ist ein Schauspieler ersten Ranges, der vor Publikum zu großer Form aufläuft. Er schlägt kraftvoll auf den Tisch oder was auch immer zur Hand ist, reibt sich die Hände, schneidet Grimassen, zieht seine Worte mit einem Armschwung aus der Luft, stolziert auf und ab, spielt Szenen vor und, kurz gesagt, ist in höchstem Maße theatralisch. (...)

Die ‚Seeteufel' ist eine Offenbarung. Beim Betreten des Niedergangs sieht man als erstes eine labyrinthartige Funkausstattung, die dem Kontrollraum eines Radiosenders zur Ehre gereichen würde. Es gibt Anlagen zum Senden und Empfangen auf allen Wellenbereichen, und es heißt, die ‚Seeteufel' sei das bestausgerüstete Schiff seiner Größe, das selbst in diesen Gewässern gesehen wurde.

Weiter vorne trifft man auf etwas, das der Kartenraum zu sein scheint, ein komfortabel möbliertes Apartment mit einer großformatigen, gerahmten Fotografie von Herrn Hitler.

Über eine steile Treppe geht es hinunter in die Wohnquartiere, die der Graf mit großem Vergnügen vorzuführen bereit ist – das Bad inbegriffen. Alles ist elegant ausgestattet – elegant ist genau das richtige Wort – und sehr komfortabel. Stilmöbel, Gemälde, Bücher, Blumen, Kühlschrank – man kann sich in jeder Beziehung wie zu Hause fühlen.

Ich lehnte mich in all diesem Luxus zurück und wartete, daß der Graf den ‚Seeteufel' und zwei weitere Fotografien signierte, und dann kamen wir zu einem kleinen, ernsthaften Gespräch. Der Graf, darauf sollte ich hinweisen, bestritt den größten Teil des Gesprächs. Er spricht begeistert und fließend Englisch, allerdings mit einem Akzent, der manchmal schwer zu verstehen ist. Ich spürte, daß sein Herz voll war, übervoll. ‚

Angeblich ein Zeichen seines großen „Willkommens" in Neuseeland, tatsächlich aber ein Wählertreffen.

Es ist alles so schön, ich bekomme so viele Einladungen, es gibt so viele alte – wie sagt man – Goldgräber, die mir die Hand schütteln.'
‚Das ist sehr nett', bemerkte ich vorsichtig. ‚Haben Sie von diesen albernen Gerüchten gehört, daß der einzige Zweck Ihres Besuches Propaganda sein soll?'
(Ich sollte vielleicht erwähnen, daß eine weitere gerahmte Fotografie von Herrn Hitler in den unteren Räumen hängt. Eine signierte Fotografie; nicht, daß das irgend etwas zu bedeuten hätte.)
‚Das ist so lächerlich!' protestierte der Graf mit einem Schwenker seines Arms, der diese Unterstellung beiseite fegte und durch ein Bullauge nach draußen beförderte. ‚Ich habe meine Regierung, Sie haben Ihre Regierung. Solange ich hier bin, muß ich in bestimmten Dingen Ihrer Regierung gehorchen.' (...)
Der Graf wies nochmals den Verdacht zurück, daß sein Besuch in irgendeiner Weise politisch sei. Selbst auf Samoa, einer frühe-

ren deutschen Kolonie, die Herr Hitler zweifellos sehr gern wieder unter deutscher Flagge sehen würde, hat er sehr darauf geachtet, wie er sagte, daß keine politischen Themen angeschnitten wurden.

‚Mr. Nelson kam zu mir und bat mich um ein Gespräch, doch ich sagte, ‚Nein, Sie sind ein Politiker.' Und wenn Eingeborene kamen, sagte ich, ‚In Ordnung, aber keine Politik.'.'

Natürlich möchte Deutschland Kolonien haben, gab der Graf unbefangen zu, und möglicherweise könnten Deutschland und England zusammenkommen und darüber reden. Und in dem Fall würde das von ihm geschaffene Wohlwollen von Vorteil sein.

Die Proteste und radikalen Pamphlete tat der Graf ab, ohne einen zweiten Gedanken darauf zu verschwenden. ‚Ich fühle mich wie ein großer Junge', teilte er mit. ‚Wissen Sie, ich habe meine eigenen Vorstellungen. Ich komme hierher, um meiner Frau einen Ort zu zeigen, den ich sehr geliebt habe. Als ich hier abreiste, verlor ich ein Stück meines Herzens. Sie wollten mich nach Südafrika schicken, aber ich sagte, ‚Nein, ich möchte unbedingt nach Neuseeland'.'

Von Luckners Erinnerungsreise ist wirklich gefühlvoll. Fast jeder, den er früher hier kennengelernt hat, kam vorbei, um ihn zu begrüßen und seine Gastfreundschaft anzubieten. Sogar im Zuchthaus von Mount Eden traf er alte Bekannte.

Mit ausgeprägter Pantomime erzählte er mir von seinem Besuch in dieser Institution.

‚Ich klopfte an die große Tür', sagte er, ‚und der Mann drinnen öffnet das Guckloch und sagt, ‚Wer ist da?' – und als er mich sah, liefen ihm die Tränen über das Gesicht. Es war derselbe Mann, der mich einließ, als ich vor 20 Jahren dahin geschickt wurde.'

Von Luckner erzählte mir dann, wobei ihm fast selbst die Tränen in die Augen stiegen, wie es ‚seinen Jungs', wie er sie nennt, ergangen ist – den Männern, die ihn auf der Fahrt mit der ‚Seeadler' begleitet hatten. (...)

‚Als wir die Welt umsegelten, hieß es, alle für einen und einer für alle', rief er aus, ‚und als wir zurückgekehrt waren und ich mein Buch schrieb und dadurch Geld verdiente, sagte ich, Jungs, ihr habt mir beigestanden und meinen Ruf mit begründet. Nun werde ich euch beistehen. Ich teile alles mit ihnen – es sind insgesamt 64.'

Die Überlebenden der ‚Seeadler'-Fahrt treffen sich einmal im Jahr, fügte er hinzu, und er selbst ist Pate aller ihrer Kinder. Wenn er nach Deutschland zurückkehrt, will er einen kleinen Bauernhof kaufen, wo sie alle zusammen einmal im Jahr einen Urlaub auf dem Lande verbringen können. (...)

Eine der Fragen, die ich von Luckner stellen wollte, war, was denn mit den Einnahmen aus seinen Vorlesungen geschieht. Einige Leute glauben, wie ich gehört hatte, daß sie in einen Fonds für die Verbreitung von Nazi-Propaganda fließen. Ich formulierte es sehr vorsichtig.

Der Graf erklärte, er dürfe nur eine bestimmte Geldsumme aus Deutschland mitnehmen. Die Betriebskosten der ‚Seeteufel' sind sehr hoch (das konnte ich mir gut vorstellen), darum hält er Vorlesungen und macht Rundfunksendungen, um die laufenden Kosten zu bezahlen. Ich erfuhr, daß er manchmal sogar für jedes Autogramm 2 Schillinge kassiert. ‚Es geht alles in die gemeinsame Kasse', erklärte er mit einem weiteren großzügigen Armschwung. ‚Ich und meine Jungs, wir teilen alle und wir teilen gleichmäßig.' (...)" – Daß die Angaben Luckners nahezu ausschließlich freie Erfindung waren, ist offensichtlich.

Trotz aller Schwierigkeiten einerseits und Luckners Versuchen andererseits, ein gutes Presseecho zu erreichen, blieb der erwartete oder erwünschte ganz große Erfolg aus. Luckner verließ Neuseeland, um über Südamerika, Afrika und England, wo weitere Vorträge „im Interesse des deutschen Volkes" folgen sollten, wieder in die Heimat zurückzukehren. Dort allerdings bahnten sich neue Schwierigkeiten an, deren Auswirkungen Luckner noch schwer zu schaffen machen sollten.

Zurück zu den Vorgängen in Deutschland.

Graf Luckner wurde von den Vorwürfen schriftlich in Kenntnis gesetzt, wie ein Schreiben an ihn über die Frau Lindemann von dem persönlichen Referenten des Ministers Dr. Lammers, des Reichskabinettrates v. Stutterheim, vom 30. April 1939 belegt.

Graf Luckner

... und seine Orden

Dem früheren Intimus des Grafen Luckner, dem Ingenieur Krüger, wurde der Eingang seiner Unterlagen von seiten der Reichskanzlei mit Schreiben vom 13. März 1939 bestätigt. Dieser hatte in der Zwischenzeit mit Schreiben vom 24. Februar 1939 an den Reichsführer-SS, Heinrich Himmler, und in einem Gespräch mit dessen Adjutanten weitere Vorwürfe erhoben. Diese richteten sich auch gegen die Schwiegermutter des Grafen Luckner, Frau Margarethe Engeström, wegen angeblich negativer Äußerungen über die Partei und weil sie die durch die Lucknerschen Vorträge im Ausland eingenommenen Devisen, damals rechtswidrig, im Ausland anlegen würde.
Mit Schreiben vom 13. März 1939 teilte der Reichsminister und Chef der Reichskanzlei, Dr. Lammers, dem „Reichsführer-SS und Chef der Deutschen Polizei im Reichsministerium des Innern" mit: „Herr Ingenieur Richard Krüger in Hamburg hat mich von den schweren Angriffen in Kenntnis gesetzt, die aus verschiedensten Gründen gegen den Grafen Felix Luckner erhoben werden. Da Graf Luckner aus hiesigen Mitteln eine namhafte Zuwendung zur Finanzierung seiner Weltreise erhalten hat, wäre es mir von Wert zu wissen, ob und inwieweit die erhobenen Vorwürfe berechtigt sind und was etwa von dort aus gegen Graf Luckner unternommen ist oder werden soll."
Mit Schreiben vom 3. April 1939 mahnt Dr. Lammers die Untersuchungsergebnisse beim Reichsführer Himmler an: „Ich erhielt vom Grafen Felix Luckner eine Mitteilung aus Abessinien, nach der er im Monat April wieder in Deutschland einzutreffen gedenkt. Ich zweifle nicht, daß er sich alsdann unverzüglich beim Führer zu melden wünscht und mich um Vermittlung des Empfanges ersuchen wird. Es wäre mir daher von größtem Wert, baldmöglichst in Besitz Ihrer mit meinem Schreiben (...) erbetenen Stellungnahme zu den in der Zwischenzeit gegen Luckner erhobenen schweren Vorwürfen zu gelangen."

Himmler sandte seine Handakten am 19. April 1939 an die Reichskanzlei. Am 30. April 1939 schrieb der persönliche Referent des Reichsministers Dr. Lammers, v. Stutterheim, – der Minister selber schrieb nicht mehr direkt an Graf von Luckner, der sich zwischenzeitlich mit Schreiben vom 22. April gemeldet hatte:

„Der Herr Reichsminister und Chef der Reichskanzlei läßt den Empfang Ihres Briefes aus Palermo vom 22. April d. Js. ergebenst bestätigen. Von den Vorwürfen, die gegen Sie erhoben werden, ist auch der Herr Minister in der Zwischenzeit unterrichtet worden. Der Herr Minister ist der Auffassung, daß Sie in der Tat gut daran tun werden, wenn Sie Ihren Gedanken, zur Klärung dieser Dinge nach Ihrer Rückkehr ein förmliches Verfahren gegen sich herbeizuführen, verwirklichen würden."

Luckner hatte in seinem vierseitigen handgeschriebenen Brief an Dr. Lammers seine Erfolge in der deutschen Sache erneut unterstrichen und die erhobenen Vorwürfe zurückgewiesen.

Nach der Darstellung seiner Erfolge im Ausland beschreibt Luckner die technischen Schwierigkeiten der Seereise. Er fährt fort mit der Behauptung, daß er erhebliche finanzielle Probleme zu bewältigen gehabt hätte, da er „über keine Devisen verfügte". Von einer Darstellung der politischen Situation in den besuchten Ländern leitet er über zu den Vorwürfen, die sein Adjutant verbreitet habe, nachdem er, Luckner, die Hamburger Adjutantur aufgelöst habe. Wörtlich schreibt er an Dr. Lammers weiter: „Namentlich aus Rache (...) soll Krüger, wie mir berichtet worden ist, die ehrlosesten Gerüchte über mich verbreiten." Selbstsicher gipfelt sein Schreiben in der Behauptung: „Wenn ich fähig wäre, etwas Unehrenhaftes zu begehen, dann lasse ich es so weit nicht kommen, daß ich angeklagt werde, sondern klage mich selber bei einem Ehrengericht an. Leider scheint im Propaganda-Ministerium seinen Gerüchten Glauben geschenkt zu sein, da die Versicherung meines Schiffes daraufhin nicht mehr bewilligt ist."

Die Reichskanzlei zögerte nicht, Luckner beim Wort zu nehmen. Hinter den Kulissen der oberen Etagen entfaltete sich in der Zwischenzeit offensichtlich hektische Aktivität. Adolf Hitler wurde von den Vorwürfen, die gegen Felix Graf von Luckner erhoben wurden, und den Beweisen, die vorlagen, in Kenntnis gesetzt. Das Ergebnis jenes Sachvortrages von Reichsminister Dr. Lammers beim Führer schrieb Lammers am 10. Juni 1939 dem Herrn Reichsführer-SS Heinrich Himmler: „... teile ich Ihnen in Bestätigung meiner Ihnen bereits mündlich gemachten Darlegungen ergebenst mit, daß der Führer die Einleitung eines förmlichen Strafverfahrens gegen den Grafen Luckner aus naheliegenden Gründen nicht wünscht. Der Führer hat indessen angeordnet, daß ein von Ihnen und mir gemeinsam einzusetzendes Sonderehrengericht die gegen den Grafen Luckner erhobenen Anschuldigungen untersuchen und feststellen soll, ob diese Anschuldigungen zutreffend sind. Dabei soll dem Grafen Luckner auf die Auswahl der in das Ehrengericht zu berufenden Personen keinerlei Einfluß gewährt werden.

Ich wäre Ihnen verbunden, wenn Sie mir baldmöglichst einen Vorschlag über Zusammensetzung des Ehrengerichts sowie Tagungsort und -zeit zukommen lassen würden. Inzwischen habe ich den Grafen Luckner von der Entscheidung des Führers durch das abschriftlich anliegende Schreiben in Kenntnis gesetzt.

Schließlich bemerke ich noch, daß mir gestern vom Chef der Sicherheitspolizei mitgeteilt wurde, es wären Vorbereitungen für einen festlichen Empfang des Grafen Luckner bei seinem morgigen Eintreffen in Stettin getroffen worden. Ich habe den Chef der Sicherheitspolizei gebeten, sofort die nötigen Maßnahmen zu treffen, um diese Empfangsfeierlichkeiten zu verhindern."

In dem Schreiben an Graf Luckner vom 10. Juni 1939, das an ihn über die Anschrift seiner Vertrauten, „Frau Th. Lindemann, Berlin-Lichterfelde, Limonenstraße 30a", gerichtet wurde, ist von der früheren Herzlichkeit in der Korrespondenz nichts mehr zu spüren. Knapp und sachlich schrieb Dr. Lammers: „Die gegen Sie erhobenen Anschuldigungen sind in der Zwischenzeit auch dem Führer zur Kenntnis gebracht. Der Führer hat angeordnet, daß diese Anschuldigungen sofort durch ein Sonderehrengericht untersucht werden sollen, das von dem Reichsführer-SS und mir gemeinsam einzusetzen ist.

Sie wollen sich zur Verfügung dieses Ehrengerichts halten und dafür Sorge tragen, daß Sie für mich und das Gericht jederzeit zu erreichen sind. Ich bitte um Mitteilung, unter welcher Anschrift dies in den nächsten Wochen möglich sein wird. Wegen des

Weiteren werden Sie von mir zu gegebener Zeit Mitteilung erhalten."

Mit Schreiben vom 17. Juni 1939 teilte Frau Lindemann Dr. Lammers schriftlich mit, daß sie das Schreiben der Reichskanzlei an Graf Luckner „Express nach Dover weitergeleitet" habe und daß „Graf Luckner sofort nach Erhalt auf schnellstem Weg nach hier eilen wird, um eine möglichst unverzügliche Besprechung mit ..." [dem Minister Dr. Lammers] zu führen. Gleichzeitig wurden einige Briefe, in denen der frühere Adjutant und Klageführer, der das ganze Verfahren gegen Graf Luckner ins Rollen gebracht hatte, Richard Krüger, als charakterlich negativ und politisch unzuverlässig dargestellt wurde, als Vorab-Verteidigung übersandt.

Der Brief trägt, erstmals in der Korrespondenz mit den Ministerien, den Zusatz „i. Vollm." [in Vollmacht] sowie die Signatur von Thea Schneider-Lindemann.

In den Briefen über Krüger wird dieser als Aufschneider, Schnorrer, „als ein Mann, der gerne renommiert", dargestellt. Von einer Firma wurde darauf hingewiesen, daß Krüger dort „fristlos entlassen" worden sei, allerdings wollte der Inhaber keine Gründe dafür nennen. Kurz gesagt, es wurde schmutzige Wäsche gewaschen. Die gegen Krüger in den Briefen erhobenen Vorwürfe sind jedoch nicht dergestalt, daß sich in irgendeiner Weise strafbare Handlungen, auch politischer Natur nach damaligen Gesichtspunkten, daraus ableiten ließen.

Das bereits herangezogene Unwetter ließ sich jedoch nicht mehr aufhalten. Alle, auch diejenigen Minister, die den Grafen zuvor gehätschelt hatten, gingen auf Distanz. So auch Dr. Lammers, wie einem Vermerk der Akten der Reichskanzlei vom 19. Juni 1939 zu entnehmen ist. Darin heißt es: „Graf Luckner hat heute mehrfach versucht, mich telefonisch zu sprechen. Ich habe ihm durch das Vorzimmer sagen lassen, daß er schriftlichen Bescheid erhalten würde."

Bereits einen Tag später, am 20. Juni 1939, schreibt Reichskabinettsrat v. Stutterheim an Luckner: „Der Herr Reichsminister und Chef der Reichskanzlei hat die Mitteilungen, die Sie für ihn schriftlich und fernmündlich haben übermitteln lassen, erhalten. Der Herr Minister bedauert, Ihnen zu der erbetenen Unterredung vorerst nicht zur Verfügung stehen zu können. Nachdem auf Anordnung des Führers alles Weitere in der fraglichen Angelegenheit durch ein Sonderehrengericht geklärt werden soll, muß auch von seiten des Herrn Ministers alles vermieden werden, was dem Befinden des Gerichts über die weitere Behandlung der Angelegenheit irgendwie vorgreifen könnte. Heil Hitler!"

Der Führer und Reichskanzler

Gegen Graf Felix von Luckner sind schwere Vorwürfe erhoben worden.

Zur Klärung des Sachverhalts bestimme ich die Einsetzung eines Sonderehrengerichts.

Ich ermächtige den Reichsminister und Chef der Reichskanzlei, im Einvernehmen mit dem Reichsführer-ﬂ das Weitere zu veranlassen.

Berlin, den 5. Juli 1939.

(N.d.F.u.Rk.)

gez. Adolf Hitler

gez. Dr. Lammers

Der Erlaß vom 5. Juli 1939.

Angeklagt vor dem Sonderehrengericht des Führers

Der Sturm, der sich zunächst unbemerkt über Luckner zusammengebraut hatte, war ausgebrochen. Nicht zuletzt deshalb, weil sich Luckner an seinen eigenen Aussagen und Versprechungen messen lassen mußte.

Dennoch hatte er Glück im Unglück, fast wie bei seiner Rückkehr aus der Kriegsgefangenschaft nach der gescheiterten Kaperfahrt der „Seeadler", als er eigentlich hätte vor ein Kriegsgericht gestellt werden sollen wegen des Verlustes seines Schiffes. Damals waren ihm die Zeitumstände zugute gekommen. Bei der Einsetzung des Sonderehrengerichts des Führers kam ihm der selbstgeschaffene Ruhm zu Hilfe. Selbst Hitler wollte unnötiges Aufsehen über den international bekannten „Seeteufel" um nahezu jeden Preis vermeiden.

Deshalb wurden alle Vorwürfe gegen Luckner in der Öffentlichkeit totgeschwiegen, und nur ausgewählte höchste Chargen des Reiches waren mit den Vorgängen befaßt. Seine Legende und die politische Lage ermöglichten es Luckner, sich nach dem Ende des Dritten Reiches quasi wie ein Phönix aus der Asche wieder zu erheben und mit neuen Geschichten zahlreiche Vorgänge und Tatsachen verschleiern.

Wie Auszüge der nachfolgend zitierten, als „geheim" eingestuften Akten der Reichskanzlei zeigen, waren es auch, aber nicht nur läßliche Kavaliersdelikte, auch keine reinen politischen Gründe, deretwegen das Verfahren eingeleitet wurde.

Doch jetzt sollen die Akten sprechen. – Mit Erlaß vom 5. Juli 1939 bestimmte der Führer: „Gegen Graf Felix von Luckner sind schwere Vorwürfe erhoben worden. Zur Klärung des Sachverhalts bestimme ich die Einsetzung eines Sonderehrengerichts. Ich ermächtige den Reichsminister und Chef der Reichskanzlei, im Einvernehmen mit dem Reichsführer-SS das Weitere zu veranlassen. gez. Adolf Hitler."

Als Ausführungsbestimmung zu dem Führererlaß wurde nachstehendes festgelegt: „Zum Gerichtsherrn bestimme ich Reichsminister Dr. Lammers. Zu Mitgliedern des Sonderehrengerichts werden ernannt: 1.) Ministerialdirektor Dr. Lehmann, Oberkommando der Wehrmacht [Wehrmachtsrechtsabteilung], Verhandlungsleiter, 2.) SA-Obergruppenführer v. Jagow, 3.) SS-Brigadeführer Breithaupt, 4.) ein vom Oberbefehlshaber der Kriegsmarine zu benennender Seeoffizier, 5.) ein vom Obersten Parteirichter zu benennender Parteirichter.

II. Zum Ermittlungsführer und Vertreter der Anklage wird Reichskriegsanwalt Dr. Kraell bestellt.

III. Das Gericht und der Ermittlungsführer haben das Recht, Zeugen und Sachverständige eidlich zu vernehmen, sowie die aus der RStPO. [Reichs-Strafprozeßordnung] sich ergebenden Zwangsbefugnisse. Alle Behörden haben Rechtshilfe zu leisten. Das Gericht regelt das Verfahren nach seinem Ermessen.

IV. Der Chef des Oberkommandos der Wehrmacht wird gebeten, Dr. Kraell für die Dauer des Auftrages abzukommandieren und gegebenenfalls ihm für das Sonderehrengerichtsverfahren einen Vertreter zu bestellen. Das Oberkommando des Heeres wird gebeten, dem Sonderehrengericht bei der Durchführung seiner Aufgaben auch sonst behilflich zu sein."

Nachdem die Details zwischen dem Reichsführer-SS und der Reichskanzlei festgelegt und die Ausführungsbestimmungen abgestimmt waren, wurde der Oberbefehlshaber der Kriegsmarine, Großadmiral Dr. Erich Raeder, über die Vorwürfe informiert und gebeten, „einen Ihrer Offiziere als Mitglied für das Ehrensondergericht zur Verfügung zu stellen". „Ich bemerke dabei", fährt Dr. Lammers in seinem Schreiben vom 8. Juli 1939 fort, „daß der Chef des Oberkommandos der Wehrmacht, Generaloberst Keitel, seine Zustimmung bereits erklärt hat."

Mit Schreiben vom gleichen Tag wurde der Oberste Parteirichter der NSDAP, Walter Buch, über die Einsetzung des Sondergerichts und die erhobenen Vorwürfe informiert. Dr. Lammers schrieb unter anderem: „Ich bin (...) vom Reichsführer-SS ersucht

Der Reichsminister und Chef   Berlin, den   Juli 1939
der Reichskanzlei

57

Auf Grund der Ermächtigung des Führers wird in der
Sache Graf Felix von Luckner im Einvernehmen mit dem
Reichsführer ⋕ folgendes bestimmt:

I

Zu Mitgliedern des Sonderehrengerichts werden ernannt:

1.) Ministerialdirektor Dr. Lehmann, Oberkommando
der Wehrmacht,
Verhandlungsleiter,

2.) ⋕-Brigadeführer Breithaupt,

3.)

4.)

5.)

II

Zum Ermittlungsführer und Vertreter der Anklage wird
Reichskriegsanwalt Dr. K r a e l l bestellt.

III

Das Gericht und der Ermittlungsführer haben das Recht,
Zeugen und Sachverständige eidlich zu vernehmen. Alle Behörden haben Rechtshilfe zu leisten.

Das Gericht regelt das Verfahren nach seinem Ermessen.

Auszug aus den Ausführungsbestimmungen in der Sache Luckner.

worden, die Entscheidung des Führers herbeizuführen, ob (...) die Strafverfolgung in die Wege geleitet werden könne. Der Führer hat auf meinen Vortrag hin angeordnet, daß die Strafverfolgung vorerst unterbleiben und zunächst durch ein von mir im Einvernehmen mit dem Reichsführer-SS zu bildendes Sonderehrengericht festgestellt werden soll, ob und in welchem Umfang die gegen den Grafen Luckner erhobenen Beschuldigungen zutreffen." Er fährt fort: „... bitte aus dem Entwurf zu entnehmen, daß ich Gewicht darauf lege, in dem Sonderehrengericht auch einen von Ihnen zu benennenden Parteirichter zu wissen."
Buch schlug mit Schreiben vom 13. Juli 1939 den Vorsitzenden der I. Kammer des Obersten Parteigerichts, Pg. [Parteigenosse] Oberlandesgerichtsrat Knop vor, der auch akzeptiert wurde. Großadmiral Raeder benannte zunächst den Kapitän zur See Mirow, da dieser jedoch aus dienstlichen Gründen nicht abkömmlich war, den Konteradmiral Warzecha, der die Aufgabe auch übernahm.
Interessant sind noch die von Dr. Lammers in seinem Schreiben vom 22. Juli 1939 an Parteirichter Buch ausgeführten Hintergründe des Verfahrens: „... Allein in der hier in Frage stehenden Angelegenheit lagen die Verhältnisse doch so ganz besonders, daß mir die Ausschaltung der ordentlichen Gerichtsbarkeit in diesem Falle nicht bedenklich zu sein scheint. Ich kann jedenfalls sagen, daß die Entschließung, zu der sich der Führer auf meinen Vortrag hin bewogen gefühlt hat, nicht geboren ist aus dem Mißtrauen gegen die ordentlichen Gerichte, sondern daß sie vor allem erfolgte im Hinblick auf das politisch unliebsame Aufsehen, das eine regelrechte Verurteilung des Grafen Luckner vor allem auch im Auslande hervorrufen würde. (...)"
Am 27. Juli 1939 stand die Zusammensetzung des Sonderehrengerichts fest, wie Dr. Lammers in einem Schreiben an Himmler darstellt. Er führt aus: „Die Mitglieder des Gerichts und der Ermittlungsführer sind von mir verständigt worden. Der Verhandlungsleiter ist ersucht, das Verfahren mit aller Beschleunigung zum Abschluß zu bringen. Von dem Spruch des Gerichtes und den Maßnahmen, die der Führer auf Grund dieses Spruches

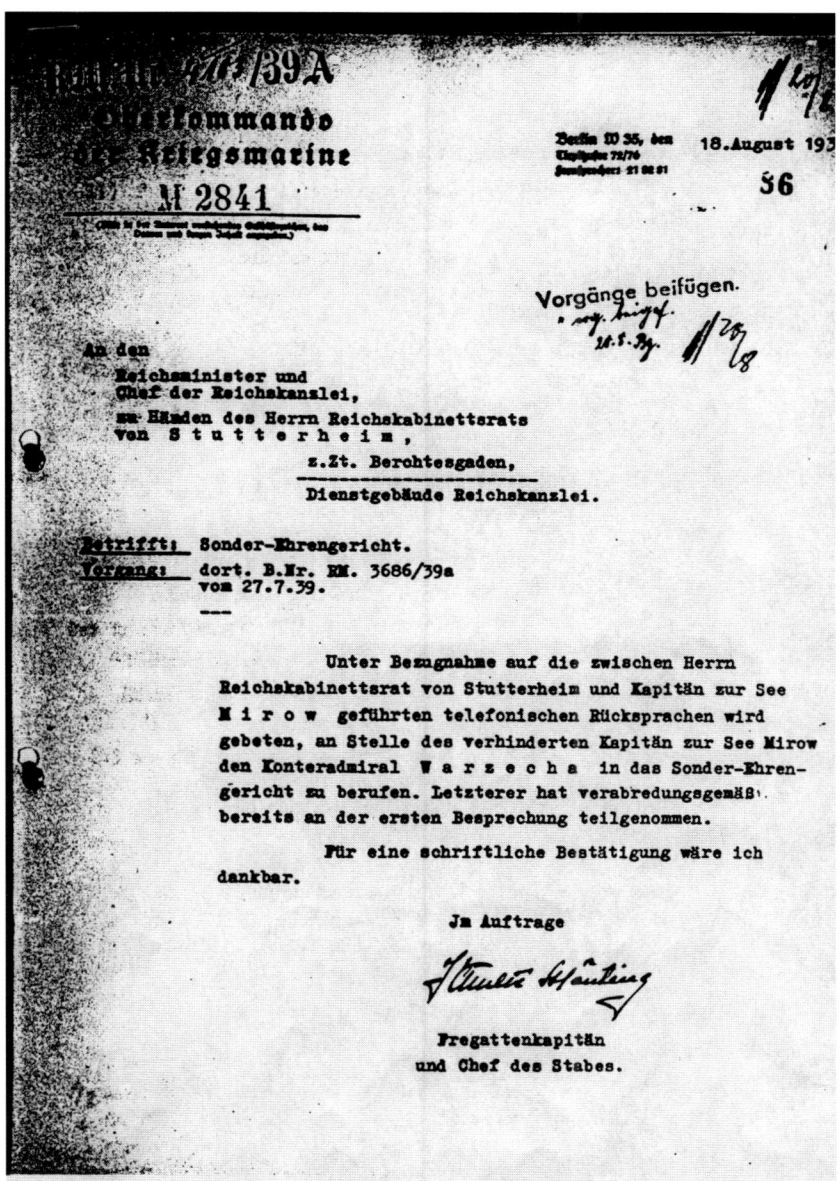

Konteradmiral Warzecha wird in das Sonderehrengericht berufen.

etwa anordnen wird, werde ich Sie zu gegebener Zeit unterrichten." Dem Reichskriegsanwalt Dr. Kraell als Anklagevertreter und Ermittlungsführer teilt er mit: „Ich ersuche Sie, die Ermittlungen gegen Graf Luckner alsbald zu eröffnen, und lasse Ihnen zu diesem Zwecke die hier über die Angelegenheit ergangenen Akten mit der Bitte um spätere Rückgabe zugehen. Graf Luckner ist aufgefordert, sich zu Ihrer Verfügung zu halten."
Der Verhandlungsleiter Dr. Lehmann informierte Dr. Lammers in einem mit „geheim" abgestempelten Brief vom 8. August, daß er den Ermittlungsführer Dr. Kraell aufgefordert habe, „sogleich in die Ermittlungen" einzutreten und die „Akten der Geheimen Staatspolizei" zu beschaffen. Weiter führt er aus, daß die Mitglieder des Gerichts über den Aktenstand unterrichtet seien.
Aufgrund der Vorermittlungen und der nahezu vollständigen Untersuchungsakten legte der Untersuchungsführer des Sonderehrengerichts des Führers, Dr. Kraell, bereits mit Schreiben vom 21. August 1939 einen vorläufigen Abschlußbericht vor: „In der Ehrengerichtssache gegen den Grafen Felix von Luckner bringe ich meine Untersuchungsakten (...) in Vorlage. Beigefügt sind die Akten (...) des Chefs der Reichskanzlei, auf denen die Untersuchung aufgebaut ist."
Die gegen Luckner erhobenen Anschuldigungen waren einerseits privater, andererseits politischer Natur. So wurde ihm sexuelles Fehlverhalten und Promiskuität vorgeworfen. Luckner soll nachweislich mehrfach Ehebruch begangen, sexuelle Kontakte gesucht und gefunden haben. In diesem Punkt war Luckner durchaus geständig, wie Dr. Kraell feststellte: „Graf v. Luckner gibt die Tatsachen als solche zu." An anderer Stelle geht er auf die „sexuelle Hemmungslosigkeit" Luckners ein, um zu konstatieren, „er hat wahllos und sehr häufig Ehebruch begangen". Es kann nicht Zweck dieses Buches sein, die teilweise intimen Details der Ermittlungen zu den Vorwürfen, wie sie sich aus den Akten ergeben, in vollem Wortlaut wiederzugeben. Auch wenn es sich um ermittelte Ergebnisse, die auf den Geständnissen Luckners und von Zeugenaussagen vor einem Sonderehrengericht in allerdings politisch problematischer Zeit basieren, handelt.

Die weiteren gegen Luckner erhobenen Vorwürfe, die vom Sonderehrengericht untersucht wurden, waren eindeutig politischer Art, wie sie sich aus der damaligen Situation ergaben. Dazu heißt es in dem vorläufigen Abschlußbericht des Dr. Kraell zu den weiteren Beschuldigungen.

Er habe „über seine Zugehörigkeit zur Freimaurerei den zuständigen Parteidienststellen gegenüber bewußt unwahre Angaben gemacht"; auch habe er „auf seiner von Mai 1937 bis Juni 1939 durchgeführten Weltreise nicht die von ihm zu erwartende nationalsozialistische Haltung gewahrt und diese in erster Linie im Interesse der Propaganda unternommene Fahrt als eine private Vergnügungsreise behandelt.

In seiner Sitzung vom 5. August 1939 hat das Ehrengericht beschlossen, die Untersuchung zunächst auf einen Teil der Vorwürfe zu beschränken. Hierzu habe ich das nachfolgende festgestellt: III. Graf v. Luckner war im Mai 1921 der Johannisloge ‚Zur goldenen Kugel' in Hamburg, einer Tochterloge der ‚Großen Landesloge der Freimaurer von Deutschland' beigetreten. Aus diesem Anlaß war gegen ihn nach der Machtübernahme ein Redeverbot für Veranstaltungen nationalsozialistischer Organisationen verfügt worden. Im Interesse der Beseitigung dieses Redeverbotes suchte Graf v. Luckner die Vermittlung des Obergruppenführers Brückner nach. In einem am 17. Juli 1935 von Schweden aus geschriebenen Brief versicherte er, er sei – gleich wie in zahlreichen anderen Vereinen – lediglich ehrenhalber Mitglied einer Loge geworden, ohne zu wissen, daß er damit Freimaurer geworden sei. Er habe auch niemals eine Freimaurerloge betreten. Auf Grund dieser Versicherungen hat der Chef des Zentralamtes des Obersten Parteigerichts unter dem 7. August 1936 das Redeverbot gegen den Grafen v. Luckner aufgehoben.

Die Versicherungen des Grafen v. Luckner über seine Beziehungen zur Freimaurerei sind objektiv unwahr. Es steht fest, daß Graf v. Luckner auf eigenes Anstehen und auf dem üblichen Wege in die Loge aufgenommen worden ist. Die Aufnahme ist auch ritualmäßig mit dem bekannten Zeremoniell vollzogen worden. Bei dieser Gelegenheit und aus Anlaß seiner Beförde-

rung zum zweiten und dritten Grad hat Graf v. Luckner mindestens zweimal den Tempel der Loge betreten. Er selbst erinnert sich der Vorgänge noch genau und er kann auch nicht leugnen, daß seine dem Obergruppenführer Brückner gegenüber gemachten Angaben zum mindesten mißverständlich waren. Allerdings will er nicht auf eine bewußte Täuschung ausgegangen sein. Es sei ihm im wesentlichen darauf angekommen zu versichern, daß er innerlich kein Freimaurer gewesen sei und sich auch äußerlich nicht als solcher betätigt habe. Insbesondere habe er im Ausland keine Beziehungen mit Freimaurern unterhalten. Im übrigen habe er sich bei allen seinen Handlungen ausschließlich von idealen, vaterländischen Beweggründen leiten lassen. Bei seinem Eintritt in die Loge sei er nur der Form halber den vorgeschriebenen Weg des Aufnahmeersuchens gegangen. Sachlich gesehen habe man ihm die Aufnahme ehrenhalber angetragen. Als ihm im Jahre 1933 nach seiner Rückkehr aus Amerika die Einstellung der Partei zur Freimaurerei bekannt geworden sei, sei er mit dieser Begründung ausgetreten und habe seinen Austritt auch nicht durch Vorstellungen prominenter Ordensangehöriger rückgängig machen lassen.
Dieser Darstellung kann insoweit gefolgt werden, als von dem Grafen v. Luckner eine innere Verbundenheit mit der Freimaurerei und eine äußere Ausnutzung seiner Logenzugehörigkeit abgestritten wird. Ebensowenig aber kann über die Tatsache hinweggesehen werden, daß die Formulierung seiner eingangs erwähnten Versicherung täuschend und auch subjektiv zweifellos nicht ehrlich war."
Abgesehen von den Ermittlungsergebnissen des SS-Gruppenführers Reinhard Heydrich, die die Grundlage der Erkenntnisse des Dr. Kraell bilden, steht heute fest, daß Luckner auch vor dem Sonderehrengericht nicht die volle Wahrheit sagte, wie sich aus seinem Brief vom 22. Januar 1927 an die „Stuhlmeistervereinigung, German Masonic Temple", New York, ergibt. Es muß ihm jedoch zugestanden werden, wie jedem Angeklagten vor Gericht, nur das vorzutragen, was zur Entlastung beiträgt. Insbesondere, wenn weltanschauliche oder politische Fragen eine Rolle spielen. Luckner schrieb: „Es war mir eine besondere Freu-

de, einen Vortrag im Bruderkreise halten zu können und damit für mein Teil an dem großen Werke mitzuarbeiten, das das Ziel und die Aufgabe der Freimaurerlogen bildet, nämlich die Menschen über den Unterschied der Nationen hinweg sich gegenseitig näher zu bringen. Gerade in diesem Bestreben finde ich im Kreise der deutschen Freimaurerlogen New Yorks eine besondere Stütze, die mir den Mut und die Kraft gibt, an dem begonnenen Werke weiterzuarbeiten." Er fährt fort: „Ich werde die Stunden, die ich unter Ihnen verbringen durfte, nie vergessen und hoffe, daß die nunmehr gefundene persönliche Fühlungnahme sich zugunsten der gemeinsamen Arbeit auch späterhin nie verlieren möge."

Heute ist das alles allerdings ein Streit um des Kaisers Bart, denn das Verbot der Freimaurerlogen war eine rein politische Willkürmaßnahme der Machthaber des Dritten Reiches und ist seit 1945 ohne jeden Belang.

Zum Punkt 4 der Vorwürfe gegen Luckner, er habe sich während seiner Weltreise nicht entsprechend den Erwartungen verhalten, führt Dr. Kraell aus:

„Von Mai 1937 bis Juni 1939 unternahm Graf v. Luckner mit der Yacht ‚Seeteufel' eine Weltreise, die ihn über die Azoren, die Antillen und den Isthmus von Panama nach der Südsee, Australien und Neuseeland und von dort über Holl.- und Brit. Indien zurückführte. Die mit Unterstützung des Reiches durchgeführte Fahrt sollte der Propaganda des Deutschtums dienen und um Verständnis für den Nationalsozialismus werben. Rein äußerlich war die Fahrt als private Vergnügungsreise aufgezogen.

Ich habe versucht, an Hand der gegen den Grafen v. Luckner vorliegenden Berichte, auf Grund seiner eigenen Erklärungen und des mir von ihm und der Auslandsabteilung des Reichsministeriums für Propaganda zur Verfügung gestellten Materials einen gewissen vorläufigen Eindruck darüber zu gewinnen, inwieweit diese Fahrt den vorausgesetzten Erwartungen entsprochen hat. Ich fasse diesen, mit Vorbehalt niedergelegten, Eindruck wie folgt zusammen:

Die Auswahl der Schiffsmannschaft war nicht glücklich und das Einvernehmen zwischen ihr und dem Kommandanten v. Luck-

ner mindestens im letzten Teil der Reise kein gutes. Die Ursache dürfte zum Teil auf mangelnde Führereigenschaft Luckners, zum Teil auf die Anwesenheit seiner Ehefrau, zu einem guten Teil aber auch auf mangelnde Disziplin eines Teiles der Mannschaft und den ungünstigen Einfluß Einzelner zurückzuführen sein.
Es liegen zahlreiche Presseveröffentlichungen und Auslandsbriefe vor, die beweisen, daß Graf v. Luckner zum mindesten nicht ohne Erfolg bemüht war, seiner Aufgabe gerecht zu werden und daß er im Interesse seines Deutschtums auch persönliche Opfer nicht gescheut hat. Es ist wahrscheinlich, daß Graf v. Luckner entsprechend seiner charakterlichen Veranlagung in seinen hierüber gegebenen Berichten übertrieben hat. Seine Charakteranlagen lassen auch vermuten, daß er gelegentlich Ungeschicklichkeiten begangen haben mag, ohne daß jedoch bisher berechtigter Anlaß vorliegt, in die grundsätzliche Ehrlichkeit seiner Haltung Zweifel zu setzen.
Die einzelnen Mannschaften dürften schwerlich in der Lage sein, ein abschließendes und zuverlässiges Urteil über den Erfolg der Mission des Grafen v. Luckner abzugeben. Vor allem dürfte ihnen das Verständnis für die getarnte Form der Propagandatätigkeit und für deren tatsächliche Schwierigkeiten abgehen.
Sicher scheint, daß die bis jetzt gegen den Grafen v. Luckner eingereichten Beschuldigungen einseitig abgefaßt sind und von Personen ausgehen, die sich mit dem Grafen überworfen haben. Eine einigermaßen vollständige und gerechte Aufklärung der gekennzeichneten Vorgänge wird zeitraubend und nicht ohne Anhören von Auslandsstellen und im Ausland lebender Personen möglich sein. gez. Krael, Reichskriegsanwalt."
Soweit die Zusammenfassung der Untersuchungsergebnisse. Die Reisekosten für die Ermittlungen, darunter Fahrten nach Hamburg und Hannover sowie eine Fahrt nach Berchtesgaden, um Dr. Lammers persönlich über den Vorgang zu unterrichten, in Höhe von 308,55 Reichsmark wurden zunächst von der Heeresstandortkasse Berlin bezahlt. Diese erhielt das Geld aus dem Fonds „für allgemeine Zwecke" der Reichskanzlei erstattet. Nach dem vorläufigen Ermittlungsergebnis trat zunächst etwas

Ruhe in der Sache ein, nicht zuletzt aufgrund der Tatsache, daß im September 1939 der Krieg mit Polen ausgebrochen war.

Einer Aktennotiz der Reichskanzlei vom 13. Dezember 1939 sind die aufgetretenen Schwierigkeiten zu entnehmen: „Herr Ministerialdirektor Lehmann vom Oberkommando der Wehrmacht suchte mich vor einiger Zeit auf und teilte mit, daß seine wiederholten Versuche, das Sonderehrengericht in der Angelegenheit Graf Luckner zusammenzubringen, gescheitert wären. Die Mitglieder des Gerichts wären nach Kriegsausbruch in alle Himmelsrichtungen zerstreut, zum Teil im Heeresdienst, zum Teil im höheren Polizeidienst in Polen usw. Da der Tatbestand auf Grund des glaubhaften Geständnisses des Grafen Luckner in allen wesentlichen Punkten einwandfrei feststehe, sei es vielleicht nicht unter allen Umständen erforderlich, die förmliche Feststellung des Sachverhalts durch einen Spruch des Sonderehrengerichts vorzunehmen. Vielleicht genüge auch als Grundlage für die weiteren Entschließungen des Führers ein Bericht, den er, Lehmann, als Vorsitzender des Gerichts auf Grund des Geständnisses des Grafen Luckner verfertigen werde.

Er, Lehmann, bitte, hierüber die Entscheidung des Herrn Reichsministers und Chefs der Reichskanzlei herbeizuführen und ihm von dem Ausfall dieser Entscheidung Mitteilung zu machen.

Der Herr Minister ist mit dem Abschluß der Angelegenheit durch einen Bericht des Gerichtsvorsitzenden, Ministerialdirektors Dr. Lehmann, einverstanden. Ich habe Herrn Lehmann hiervon unterrichtet. Er wird seinen Bericht baldigst vorlegen."

Dr. Lehmann legte den Abschlußbericht über die Ergebnisse des Verfahrens mit sämtlichen Ermittlungsakten am 19. Dezember 1939 der Reichskanzlei vor. Im wesentlichen folgte er den Feststellungen des Untersuchungsführers Dr. Kraell. Er schreibt im Begleitbrief „die Untersuchung ist im wesentlichen Anfang September ds. Js. [dieses Jahres] abgeschlossen worden. (...) Wenn auch die Sache nach den mir erteilten Weisungen jetzt nicht mehr eilbedürftig ist, erscheint es doch an der Zeit, sie abzuschließen. (...) In den entscheidenden Punkten hat Graf von Luckner die Richtigkeit der gegen ihn erhobenen Beschuldigungen zugeben müssen. (...) Das Ermittlungsergebnis ermöglicht daher ein Urteil über sein Verhalten und seine Persönlichkeit, ohne daß es weiterer Untersuchungen bedürfte, wie sie in einem Strafverfahren wahrscheinlich notwendig wären."

Von der Aufklärung der Vorwürfe in Punkt 4 der Anklage, nämlich des Fehlverhaltens während der letzten Weltreise, „hat der Untersuchungsführer im Einvernehmen mit mir abgesehen", so Dr. Lehmann, da „die Ermittlungen zum erheblichen Teil im Ausland erfolgen" müßten. Er fährt fort, „sicher ist, daß unter den gegenwärtigen Umständen diese Ermittlungen nicht durchgeführt werden können".

Mit Schreiben vom 25. Januar 1940 an den Reichsführer-SS, Heinrich Himmler, gerichtet, faßt Reichsminister Dr. Lammers die Ergebnisse des Verfahrens, wie von Dr. Lehmann vorgelegt, zusammen. „Ich glaube auch meinerseits", schreibt er, „daß man unter diesen Umständen auf die förmliche Feststellung seiner Schuld durch einen Spruch des Sonderehrengerichts verzichten und statt dessen den abschließenden Bericht des Gerichtsvorsitzenden als Grundlage für die gegen Graf Luckner zu treffenden Maßnahmen benutzen kann." Er schreibt weiter, daß er die Auffassung des Verhandlungsleiters wegen der Vorgänge auf der Weltreise Luckners teile und die „erhobenen Beschuldigungen auf sich beruhen bleiben können". Er folgert aus dem Bericht: „... dürfte das Ermittlungsergebnis hinsichtlich der übrigen Beschuldigungen auch ausreichen, um diejenigen Maßnahmen gegen Graf Luckner zu rechtfertigen, die voraussichtlich auch dann nicht anders getroffen werden würden, wenn sich die Vorwürfe wegen Luckners Verhalten auf seiner letzten Weltreise als begründet erweisen würden." Nach dieser Feststellung geht Dr. Lammers noch auf die Beschuldigungen zu den Punkten 1.) und 2.) der Anklage ein, um danach mitzuteilen: „Da der Führer von vornherein dem Gedanken abgeneigt war, daß die gegen den Grafen von Luckner erhobenen Beschuldigungen zum Gegenstand eines Strafverfahrens gemacht würden, dürfte bei einer Beurteilung der Handlungsweise Luckners, wie sie vorstehend erfolgt ist, kein Anlaß bestehen, dem Führer nahezulegen, dem Strafverfahren nunmehr doch Raum zu geben."

Nachdem in den Augen der NS-Oberen die Schuldfrage ausreichend geklärt ist, zieht Dr. Lammers, anscheinend in Abstimmung mit dem Führer, die Schlußfolgerung, „daß Graf von Luckner für alle Zukunft aufgegeben wird, unter keinen Umständen und bei keinerlei Anlässen öffentlich hervorzutreten, das völlig zurückgezogene Leben eines Privatmannes zu führen und das Seinige dazu zu tun, daß in der Presse und der sonstigen Öffentlichkeit seiner Person in keiner Weise mehr gedacht wird. Ob und welche Schritte darüber hinaus noch seitens der Partei gegen Graf Luckner zu unternehmen sind, das dürfte der Entschließung der zuständigen Parteistellen zu überlassen sein.
Falls Sie dem zustimmen, darf ich bitten, Graf Luckner in diesem Sinne die erforderlichen Eröffnungen zu machen und auch sonst alle geeigneten Maßnahmen zu treffen, die gewährleisten, daß Graf von Luckner künftighin dem Blickfeld der Öffentlichkeit entzogen bleibt. Von dem Geschehen bitte ich mich zwecks Unterrichtung des Führers zu gegebener Zeit zu unterrichten.
Abschrift dieses Schreibens erhalten Herr Ministerpräsident Generalfeldmarschall [Hermann] Göring, der Stellvertreter des Führers [Rudolf Heß], der Chef des Oberkommandos der Wehrmacht [Wilhelm Keitel], der Reichsminister für Volksaufklärung und Propaganda [Dr. Joseph Goebbels], der Oberste Richter der NSDAP [Walter Buch], der Chef des Stabes der SA [Viktor Lutze] und der Vorsitzende des Sonderehrengerichts [Dr. Lehmann]. [Die in Klammern gesetzten Angaben stammen vom Verfasser.]
Der Herr Propagandaminister ist hierbei ersucht, dafür Sorge zu tragen, daß der Name des Grafen Luckner in der Presse und in sonstigen öffentlichen Verlautbarungen künftig nicht mehr genannt und seiner Person auch in Form von Erinnerungen an frühere Taten des ‚Seeteufel' nach Möglichkeit nicht mehr gedacht wird."

Graf Luckner wurde nach Vorladung vom Reichssicherheitshauptamt mündlich und schriftlich aufgegeben, „für alle Zukunft, unter keinen Umständen und bei keinerlei Anlässen öffentlich hervorzutreten, das völlig zurückgezogene Leben eines Privatmannes zu führen und das Seinige zu tun, daß in der Presse und sonstigen Öffentlichkeit seiner Person in keiner Weise mehr gedacht wird".

Die geheimen Akten der Reichskanzlei enthalten an dieser Stelle eine ganze Reihe von Empfangsbestätigungen der bereits erwähnten Dienststellen und deren Leiter über den Erhalt der Anweisungen. Zusätzlich erhielt der Oberbefehlshaber der Kriegsmarine, Großadmiral Dr. Raeder, ebenfalls die Anweisung gegen persönliche Quittung.

Aus der Zeit des Dritten Reiches gibt es kaum Fotos von Luckner. Sogar der Leibfotograf Hitlers, Heinrich Hoffmann, der ansonsten nahezu alle mehr oder minder bedeutenden Persönlichkeiten der damaligen Zeit ablichtete, hinterließ keine Aufnahmen, die Luckner zusammen mit Hitler oder anderen NS-Größen zeigen, mit denen Luckner ohne jeglichen Zweifel mehrfach zusammentraf. Der Verdacht liegt nahe, daß Hitler die Anordnung gab, alle Fotos aus dem Verkehr zu ziehen und zu vernichten, damit keine Verbindung zu dem Mann nachgewiesen werden konnte, gegen den „allerschwerste moralische Bedenken" bestanden, wie einer vertraulichen Mitteilung der Reichs-Schrifttumskammer vom 26. Juli 1940 zu entnehmen ist.

In einem kurzen, sicherlich subjektiven Resümee des Verfahrens drängt sich der Eindruck auf, daß die Beteiligten, offensichtlich unter dem Eindruck des Führerwunsches, kein Aufsehen zu erregen, sehr vorsichtig, manchmal sogar nachsichtig mit Luckner und den ermittelten Ergebnissen umgingen. Es wird alles eher heruntergespielt, zumindest erscheint es so im Vergleich zu anderen Verfahren der damaligen Zeit. Erinnert sei zum Beispiel an die Fritsch-Blomberg-Affäre.

Nachdem er die Anweisung erhalten hatte, zog sich Luckner in seine Heimatstadt Halle zurück und enthielt sich weisungsgemäß bis kurz vor Kriegsende aller öffentlichen Auftritte. Scheinbar konnte er es sich allerdings nicht verkneifen, eine Darstellung der Vorkommnisse aus seiner Sicht, hinter vorgehaltener Hand, in Halle zu verbreiten. So erzählte er, daß er nur deshalb in Ungnade gefallen sei, weil er sich standhaft gegenüber dem Führer geweigert habe, seine Ehrenbürgerschaft von San Francisco zurückzugeben. Außerdem sei der Führer, nach-

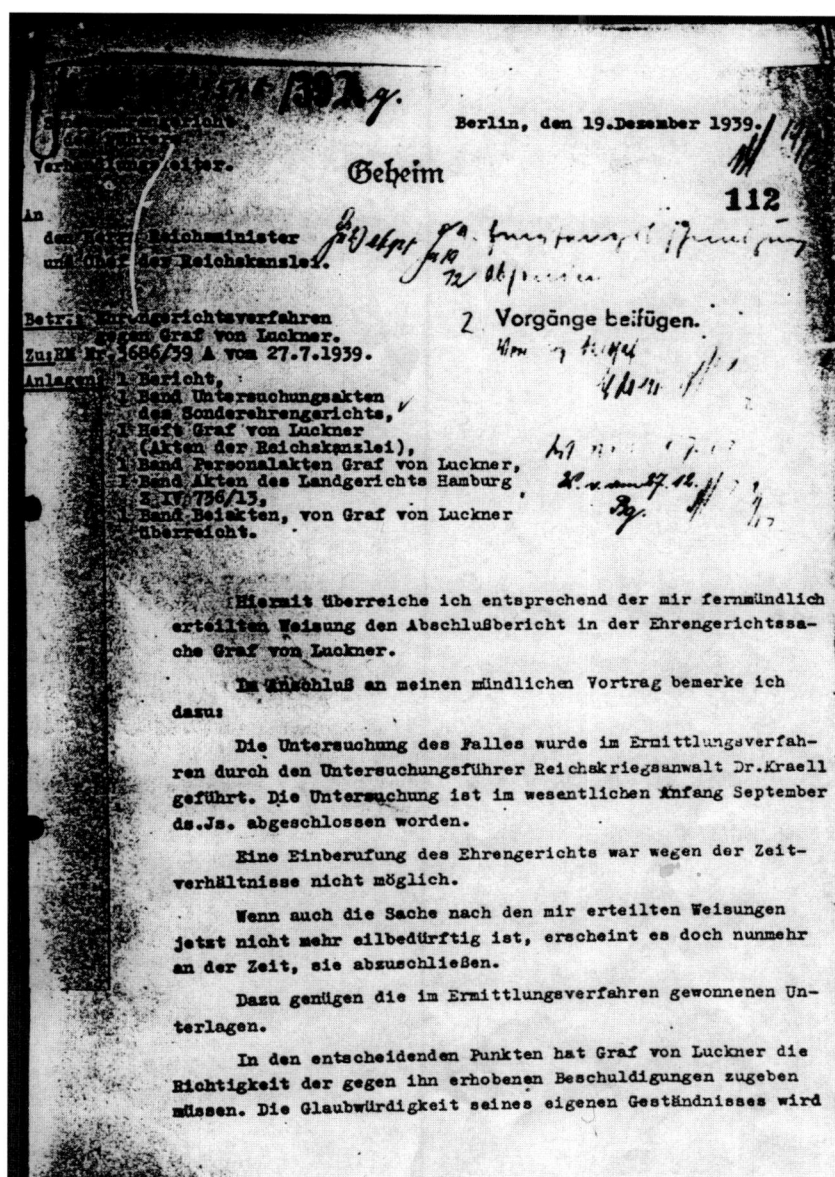

Der geheime Abschlußbericht – Auszug.

dem er, Luckner, diesem einige Zauberkunststücke vorgeführt habe, ohne die Tricks preiszugeben, so erbost darüber gewesen, daß er ihn deshalb seines Dienstranges enthoben und zu einem Dasein als Privatier verurteilt habe, wie ein Bekannter Luckners aus Halle erzählte, der namentlich nicht genannt werden möchte.

Nach dem Krieg wiederholte Luckner diese Aussagen gegenüber amerikanischen Zeitungen, meist angereichert mit zahlreichen weiteren, allerdings erfundenen Details, von denen im nächsten Kapitel die Rede sein wird.

Luckner mit seiner „Mutti".

Die Luckner aufgezwungene Rolle als Privatier in Halle brachte ihn auch in schwere finanzielle Nöte. Seine Pension als Kapitänleutnant des Ersten Weltkriegs war, wie man landläufig sagt, zum Leben zu wenig und zum Sterben zu viel. Einnahmen aus Vorträgen gab es nicht mehr. Das geplante Buch über seine letzte Weltreise durfte nicht mehr erscheinen, Auslandsguthaben nicht transferiert werden, um sich nicht noch zusätzlich eine Anklage wegen Devisenvergehens zu einzuhandeln.

Auch die Haupteinnahmequelle Luckners, die Honorare aus den unter seinem Namen erschienenen Büchern, war durch eine Entscheidung des Führers abgeschnitten. In einem Schreiben des Reichsministeriums für Volksaufklärung und Propaganda an „den Beauftragten des Führers für die Überwachung der gesamten geistigen und weltanschaulichen Schulung und Erziehung der NSDAP, Amt für Schrifttumspflege" in Berlin vom 11. Juni 1940 heißt es: „Auf Grund einer Stellungnahme des Führers selbst wurde auf Anweisung des Ministers die Neuauflage seines gesamten Schrifttums und der Verleih untersagt." An einer

Luckner in Halle – zum Privatier verurteilt.

anderen Stelle der Abschrift wird angewiesen, „die Vertraulichkeit der Maßnahme ist zu wahren".

In der Zwischenzeit hatte Dr. Hermann v. Hase, Inhaber des Verlages v. Hase & Koehler in Leipzig, die Honorarzahlungen an Luckner eingestellt, da dieser, aus Gründen, die der Verleger nicht kannte, offensichtlich aber durch sein Verhalten, die eigentlichen Autoren und den Verlag finanziell erheblich geschädigt habe. Da die Bücher, die in seinem Verlag unter der angeblichen Autorenschaft Luckners erschienen waren, nicht mehr verkauft werden durften, machte er Schadenersatzforderungen sowohl gegen Luckner als auch gegen das Reichspropagandaministerium geltend. Zur Begründung der Forderung v. Hases führte die Reichsschrifttumskammer in einem Schreiben vom 10. März 1941 an das Propagandaministerium aus:

„Herr Dr. v. Hase hat mir angegeben, daß seinem Verlangen und seinem Schreiben folgende Tatbestände zugrunde liegen.

Das Buch ‚Der Seeteufel', um das es sich vor allem handele, sei gar nicht von Graf Luckner geschrieben bezw. allein geschrieben worden. Es sei vielmehr dadurch zustande gekommen, daß s. Zt. [seinerzeit] Luckner, und zwar auf Kosten des Verlags, in Heidelberg gelebt habe und das Manuskript von einem Dritten verfaßt wurde. Dieser ist auch mit 50 % am Honorarerlös beteiligt.

Am Rest sind außer dem Grafen Luckner jedoch weitere Mitarbeiter, z. B. der Kapitän Kircheis, beteiligt, so daß Luckner nur noch Anspruch auf einen kleinen Honoraranteil hat. Auch die beiden anderen Honorarberechtigten haben an dem Werk mitgearbeitet.

Allem Anschein nach bestand die Mitarbeit des Grafen Luckner darin, daß er die Geschichten erzählte, die schriftliche Form dann von anderen gefunden wurde. Die beiden honorarberechtigten Kapitäne haben ihrerseits Erlebnisse beigesteuert.

Herr Dr. v. Hase hat sich mir gegenüber auf den Standpunkt gestellt, daß er eine Honorarauszahlung an Graf Luckner in dem Augenblick eben im Interesse der übrigen Berechtigten nicht mehr habe vornehmen können, wo der Weitervertrieb des Buches aufgehört hat. Es sei allgemein bekannt, daß von Graf Luckner Geld nicht zu erhalten sei. Er als Verleger aber habe

schließlich auch die Verantwortung für die übrigen Autoren, die, wie er meinte, in Wirklichkeit an dem Buch überhaupt mehr Anteil hätten. Es sei richtig, daß er sich vorbehalten habe, Schadenersatzforderungen an Luckner jedoch nur in dem Fall zu stellen, wo die Bücher durch rein persönliche mit dem Grafen zusammenhängende Umstände aus dem Verkehr gezogen wurden. Hätte es sich, so erklärte Herr Dr. v. Hase, um Umstände gehandelt, die mit dem Buch als solchem zusammenhängen, so wäre eine solche Schadenersatzforderung von vornherein nicht möglich gewesen. Da die Gründe jedoch nichts mit dem Buche, sondern lediglich mit der Person des Grafen zu tun haben und von diesem verschuldet sind, so habe er als Verleger die Verpflichtung gegenüber den Hauptbeteiligten an dem Vertrag gehabt, deren Rechte zu wahren.
Dr. v. Hase sagte noch, daß er sich zwar darüber im klaren gewesen sei, daß diese Forderungen zunächst lediglich auf dem Papier stünden, weil von Graf Luckner nichts zu erhalten sei, aber nach Lage der Dinge hätte er seine verlegerische Verpflichtung gröblich verletzt, wenn er nicht in dieser Weise gehandelt hätte.
Ich muß von mir aus bestätigen, daß unter diesen Umständen und unter der Voraussetzung der von Dr. v. Hase abgeschlossenen Vereinbarungen seine Schadenersatzforderung nicht unbegründet ist. Wahrscheinlich war Ihnen der Umstand der Verteilung der Honorare bzw. der Mitarbeiter gar nicht bekannt.
Unterdessen hat sich auch Frau Schneider-Lindemann hier gemeldet. Das Verlangen der Frau Schneider-Lindemann geht darauf hinaus, daß der Graf Luckner aus dem Verlagsvertrag entlassen werden will. Dies ist nach dem Wortlaut des Vertrags kaum möglich. Ich kann auch schlecht meine Hand hierzu reichen, weil ich an dem Grundsatz der Vertragstreue festhalte und der Verleger von sich aus den Verlagsvertrag eingehalten hat."
Interessant ist in diesem Zusammenhang – das Schreiben Dr. von Hases wurde an anderer Stelle dieses Buches in Auszügen wiedergegeben – ein handschriftlicher Vermerk auf einem Brief, den v. Hase an die Reichsschrifttumskammer mit einem Durchschlag seines Schreibens an das Propagandaministerium am 10.

März 1941 sandte. Darin heißt es: „v. Hase erhielt vom RM [gemeint ist Reichspropagandaminister Dr. Josef Goebbels] eine Rüge wegen seiner Schadenersatzforderung. Ich meine aber, so sehr man geradezu seinen sächsischen Tonfall im Ohr hat, wenn man die Erklärung liest, daß sich gegen seine Gründe nichts sagen läßt. Luckner ist eine fragliche Erscheinung. Oder?" In anderer Handschrift erfolgt dazu der Vermerk „bin gleicher Meinung".

Erst im März 1941 wurde das Verkaufsverbot der Bücher Luckners wegen der Schadenersatzforderungen des Verlages aufgehoben. In einem Schreiben des Propagandaministeriums vom 5. März 1941 an den Präsidenten der Reichsschrifttumskammer in Berlin heißt es dazu: „... hierdurch wird Ihnen mitgeteilt, daß auf Grund einer Entscheidung des Führers das Verbot für folgende Bücher Luckners wieder aufgehoben ist: 1. ‚Seeteufel' Abenteuer aus meinem Leben, Vlg. [Verlag] Hase u. Köhler. 2. ‚Seeteufel' Abenteuer in Amerika, Vlg. Hase u. Köhler. 3. ‚Mein Freund Juli-Bumm', Vlg. Hase u. Köhler. 4. ‚Segel in Sonne und Sturm', Vlg. Lange u. Meuche. 5. ‚Es kämpfen Männer und nicht Schiffe', Vlg. Henry Burmester."

Das Verbot des Verleihs der Bücher Luckners aus öffentlichen und privaten Bibliotheken blieb allerdings bis zum Ende des Dritten Reiches bestehen.

Luckner versuchte zunächst, seine finanzielle Misere, tatkräftig von seiner Vertrauten und zur Generalbevollmächtigten ernannten Thea Schneider-Lindemann unterstützt, wie zahlreiche Briefe belegen, durch schriftstellerische Tätigkeit zu mildern. In einem Schreiben des Verlages C. Bertelsmann in Gütersloh vom 17. Juni 1940 an die Reichsschrifttumskammer heißt es:

„In meinem Verlage ist ein Werk in Vorbereitung, das u. a. auch einen Artikel von Graf Luckner enthält. Im Rundschreiben vom 5. März ds. Jrs. heißt es, daß das gesamte Schrifttum von Felix Graf Luckner aus der Werkbücherei herauszunehmen und nicht mehr auszuleihen sei. Ich bin mir nun nicht ganz darüber im klaren, ob der in meinem Buche ‚Kaperkrieg' aufgenommene Artikel von Luckner gebracht werden darf oder nicht. Ich komme darauf, weil in einigen neuen Verzeichnissen das Lucknersche

Schrifttum wieder angezeigt ist. Recht dankbar wäre ich Ihnen, wenn Sie mir umgehend antworten könnten und, falls Sie nicht zuständig sind, der Eile wegen dieses Schreiben an die zuständige Stelle weiterleiteten."

Die Antwort der Kammer ist kurz und bündig, wie ein Schreiben vom 11. Juli 1940 belegt: „Da es sich nach Ihrer Darstellung um ein neues Buch handelt, in dem ein Beitrag von Felix Graf Luckner aufgenommen werden soll, ist es nicht erwünscht, diesen Beitrag zu bringen. Wenn Sie auf Schrifttumsverzeichnisse hinweisen, so denken Sie dabei in erster Linie an vorhandenes Schrifttum bezw. vorhandene Auflagen."

Am 2.10.1941 versuchte Luckners Generalbevollmächtigte, den für eine Veröffentlichung erforderlichen „kleinen Befreiungsschein" der Reichsschrifttumskammer für Luckner zu erlangen, der das Vorwort zu dem Buch des bekannten Tauchers Hans Hass „Fotojagd auf dem Meeresgrund" geschrieben hatte. Ohne Erfolg. Am 16. Oktober beantragte Luckner dann formell die Mitgliedschaft in der „Reichsschrifttumskammer, Gruppe Schriftsteller", wie sein handgeschriebener Antrag auf dem offiziellen Vordruck beweist. Die Kammer lehnte eine Mitgliedschaft ab und verwies auf Einzelgenehmigungen zur Veröffentlichung, die von Fall zu Fall beantragt werden müßten. – So ergab es sich, daß Luckner bis Mai 1945 zur Untätigkeit verdammt war.

Felix Graf Luckner – *einmal mehr „heroisch".*

Wieder Wasser unterm Kiel

Das Oberkommando der Wehrmacht gab bekannt: 28. Februar 1945: „Anglo-amerikanische Terrorflieger warfen am Tage Bomben auf Wohnviertel von Leipzig, Halle, Augsburg, Mainz und im rheinisch-westfälischen Gebiet. Britische Flugzeuge griffen in der vergangenen Nacht die Reichshauptstadt an." (...) 7. April 1945: „Amerikanische Bomberverbände flogen gestern in den mitteldeutschen Raum ein und trafen besonders die Wohngebiete von Leipzig, Halle und Gera." (...) 18. April 1945: „Tapferer Widerstand der Besatzung von Halle und entschlossene Abwehr unserer Truppen im Raum von Leipzig verhinderten den Gegner am weiteren Vorstoß nach Osten. Im Vorfeld von Leipzig kam es zu heftigen Kämpfen mit dem von Westen, Süden und Osten angreifenden Feind, der nur wenig vorwärts kommen konnte." (...) 19. April 1945: „Der zähe Kampf um Halle und Leipzig hat den Gegner hohe Verluste gekostet und hat ihn zum Abziehen starker Kräfte von anderen Frontabschnitten gezwungen. Die im Südteil von Halle auf engem Raum zusammengedrängte Besatzung behauptet sich weiter gegen alle Angriffe überlegener Kräfte. Unsere im westlichen und südlichen Vorfeld von Leipzig stehenden Truppen wurden vom Feind auf die Elster und den südlichen Stadtrand zurückgedrängt. Von Norden erzwangen die Amerikaner einen tieferen Einbruch, der zu heftigen, noch andauernden Straßenkämpfen führte." (...) 20. April 1945: „Während die auf engstem Raum zusammengedrängte Besatzung von Halle der Übermacht erlegen ist, hielten die in einzelne Kampfgruppen aufgespaltenen Verteidiger von Leipzig weiterhin starken Angriffen stand. Nordöstlich davon wurden an einzelnen Stellen auf das Ostufer der Mulde vorgedrungene feindliche Kräfte über den Fluß zurückgeworfen." (...)
Mit diesen dürren Worten kommentierte das Oberkommando der Wehrmacht die Vorgänge in der Stadt Halle, in der Luckner seit seinem „Rückzug ins Privatleben" wohnte.

Folgen wir seinen Einlassungen zur Stadt Halle und den späteren Ereignissen, als der Krieg sich dem Ende zuneigte. In seinem Buch „Aus siebzig Lebensjahren" schildert Luckner das Geschehen so:
„Im zweiten Weltkrieg waren die Grenzen geschlossen und meine Tätigkeit für eine bessere Verständigung zwischen den Völkern unterbunden. In dieser sorgenvollen Zeit bedrückender Untätigkeit hatte ich wenigstens eine große Freude: Ich konnte oft bei meiner Mutter sein. Dann nahm sie dem treuen Hausgeist Klärchen das Zepter aus der Hand und kochte mir meine Leibspeisen. Wie gut schmeckte alles! Selbst das einfachste, von den liebenden Händen bereitet, wurde zum Leckerbissen. Als sich der Krieg seinem tragischen Ende näherte, blieb ich mit Ingeborg ganz in Halle bei Mutter. Wir wollten zusammenbleiben und, wenn es das Schicksal so wollte, auch zusammen sterben. Der Gedanke lag sehr nahe, denn jeder Tag konnte den Tod bringen. Die Fronten im Osten und Westen waren zusammengebrochen.
Überall im deutschen Vaterlande tobte nun der mörderische Krieg. Die grauen Schatten der Verzweiflung krochen aus den Trümmern unserer Städte, und der Leidenszug der Flüchtlinge aus dem Osten nahm kein Ende. Feindliche Bomberverbände beherrschten den Himmel, brachten den Tod für Männer, Frauen und Kinder, hinterließen Trümmerfelder und Massengräber. Die deutschen Truppen kämpften mit einem Heldenmut ohnegleichen, aber sie wurden überrannt. Hunger, Krankheiten und Mangel an Waffen waren an der Tagesordnung ...
Mein liebes Halle hatte bisher von großen Luftangriffen wenig zu spüren bekommen. Bis zum 8. April 1945 waren nicht mehr als drei Angriffe erfolgt. Wohl hatten sie Schaden angerichtet und Zerstörungen hinterlassen, aber keine Stadt Deutschlands in dieser Größe war bisher so glimpflich davongekommen. Viele Hallenser waren der festen Meinung, dies sei nur dem Umstand zu verdanken, daß meine Mutti und ich dort lebten. Weil der Seeteufel dort der Sea-Devil und Ehrenbürger großer Städte in den USA war, glaubten sie, die Amerikaner wollten die Stadt ganz besonders schonen. Aber mit dem Zusammenbrechen al-

Der Graf im Hans-Albers-Look...

ler Fronten kam die große Angst vor dem Schicksal der kommenden Zeit auch über die Bewohner von Halle. Was würde geschehen?

Die Stadt war in jenen ereignisreichen und spannungsgeladenen Apriltagen des Jahres 1945 bereits unbeschreiblich über-

füllt. Flüchtlinge und Ausgebombte suchten hier ein Unterkommen. Die Lazarette und Krankenhäuser boten längst nicht mehr Raum genug für die ständig eintreffenden Transporte der Schwerverwundeten von allen Fronten. Es gab schon lange keine freien Betten mehr. (...)"
Nach einer eindringlichen Schilderung der Lebensumstände in Halle, die durch die große Zahl der dort liegenden Verwundeten und durch Flüchtlinge überfüllt war, heißt es weiter: „Die Stadtverwaltung, Ärzteschaft und Geistlichkeit, Professoren und Wissenschaftler waren sich darüber einig, daß Halle wegen seiner Flüchtlinge und Verwundeten zur offenen Stadt erklärt werden müßte. Die kleine dort stationierte Truppe würde zudem nicht ausreichen, Halle zu verteidigen. Ausgerechnet im Kampf um diese Stadt im Herzen Deutschlands würde sich das unabänderliche Schicksal des Zusammenbruchs unseres Vaterlandes bestimmt nicht abwenden lassen. (...) Von allen Seiten wandte man sich mit Eingaben an den Reichsverteidigungskommissar Gauleiter Eggeling. Er sollte seinen ganzen Einfluß geltend machen, damit der sinnlose Kampf verhindert würde, der nur der Untergang sein konnte. (...) Ganz entscheidende Argumente zur Darlegung der hoffnungslosen Lage hatte auch Oberst Baltersee, Kommandeur der Schutzpolizei, vorzubringen. Er ließ keine Zweifel darüber aufkommen, daß die ihm unterstellten Kräfte im Falle eines Kampfes um Halle nicht in der Lage sein würden, die Ruhe und Ordnung innerhalb der Zivilbevölkerung aufrechtzuerhalten. In den Fabriken der Umgebung gab es eine nicht unerhebliche Anzahl von Fremdarbeitern, die sehnsüchtig auf ihre Befreiung warteten und zweifellos Rache für ihr Los nehmen würden, ohne darauf Rücksicht zu nehmen, wer an ihrer Lage schuld war oder nicht. Außerdem rechnete gerade Oberst Baltersee besonders mit einem großen Bombenangriff der Amerikaner, die dadurch das Leben ihrer Soldaten schonen würden. Halle mit seiner Altstadt, mit den schmalen Gassen und Straßen war, wie der Fachmann sagt, äußerst luftempfindlich."
Vor Halle lag damals die 104. Infanteriedivision, von General Terry Allen kommandiert. Seine Vorhuten waren in erste Scharmützel mit den Verteidigern der Stadt verwickelt, und es stellte

... und nie ohne Pfeife.

sich die Frage nach dem weiteren Vorgehen der auch als „Timberwolf-Division" [sie führte einen Wolfskopf im Divisionsabzeichen] bekannten Einheit. Den Amerikanern war klar, daß der Zusammenbruch Deutschlands nur noch eine Frage kürzester

Zeit war. Daher war die Neigung, Halle in offener Schlacht zu nehmen, auch nicht sonderlich ausgeprägt.

Die Bewohner, Flüchtlinge und Verwundeten hatten kaum noch Möglichkeiten, sich aus dem Kampfgeschehen absetzen zu können, sie waren fast umzingelt. Im Auftrage Himmlers hatten SS-Einheiten die Saalebrücken gesprengt, um den Amerikanern den Einmarsch zu erschweren, ganz im Sinne des „Verbrannte-Erde"-Befehls Hitlers. Dem Kampfkommandanten lag, wie anderen in ähnlicher Lage befindlichen Kommandeuren auch, der Befehl der Reichskanzlei vor, die Stadt bis „zum letzten Mann" zu verteidigen. Der zuständige Gauleiter von Halle-Merseburg, Joachim Albrecht Eggeling, beging angesichts der Ausweglosigkeit der Verteidigung Selbstmord. Das Ende der Stadt und seiner Bewohner schien in Sicht. Zumal von amerikanischen Flugzeugen Handzettel mit der Aufforderung zur sofortigen und kampflosen Übergabe der Stadt abgeworfen wurden.

Verantwortliche Männer der Stadt, darunter der Kampfkommandant, Generalleutnant Rathke, sowie Oberst Baltersee, der Oberbürgermeister Weidemann, der Polizeipräsident und Leiter des Roten Kreuzes, Dr. Nikolaus Weins, Professor Lieser und viele andere beratschlagten, was zu tun sei. Letztlich sah sich der Kommandant Rathke nicht imstande, seinen Durchhaltebefehl aufrechtzuerhalten, und befahl seinen Truppen, sich von der Frontlinie zurückzuziehen, um den amerikanischen Truppen keinen Anlaß für eine in ihren Auswirkungen verheerende Bombardierung der Stadt zu geben. Und so geschah es. Gleichzeitig erbot sich Luckner, von vielen Hallensern bestürmt, ob seiner weitreichenden Kontakte zu höchsten amerikanischen Stellen, deren er sich stets gebrüstet hatte, mit dem General Allen zwecks Übergabe der Stadt zu verhandeln.

Luckner sah in diesem inoffiziellen Auftrag die Chance, sich aus der „Umklammerung" der Nazis zu befreien und willigte ein. Zusammen mit dem Major Huhold begab sich Luckner, der seine Zeitungsausschnittsammlung und seinen Ehrenbürgerbrief von San Francisco mit sich führte, in einem Rot-Kreuz-Fahrzeug zu General Allen.

Ab diesem Punkt gehen die Darstellungen weit auseinander.

Luckner will alleine verhandelt und die Stadt somit gerettet haben. Der andere, von Luckner namentlich nicht genannte Teilnehmer jener „Friedensfahrt" habe lediglich eine Art Begleitschutz dargestellt.

Wer die Mentalität der Amerikaner kennt, der weiß, daß die Taktik Luckners und seine ausgeprägte Beredsamkeit sowie die Sprachkenntnisse sicherlich sehr nützlich und hilfreich gewesen sein mögen. Daß er als Zivilist jedoch die Stadt kampflos übergeben konnte, ist eher in das Reich der Fabel zu verweisen. Zumal auch amerikanische Quellen als Verhandlungspartner von General Allen den Major Huhold ausweisen. Salomonisch sollte fairerweise beiden Verhandlungsführern der Kredit für die Rettung der Stadt zugesprochen werden. Luckner als „Türöffner" und dem Major a. D. für die militärische Seite.

Luckner bei seiner Lieblingsdemonstration.

Während Luckner sich nach dem Krieg als „Retter der Stadt" international feiern ließ, lebte Major Huhold in dem Bewußtsein, seine Pflicht getan zu haben, und ohne Ehrungen.

Folgen wir noch einmal der Darstellung des Buches „Aus 70 Lebensjahren":

„Ich schilderte dem General die furchtbare Lage der überfüllten Stadt. Ich berichtete ihm, daß die ablehnende Haltung des Kampfkommandanten nur dadurch verständlich sei, weil er seiner Handlungsfreiheit völlig beraubt wurde. Nicht nur er, auch seine Familie würde im Falle der Kapitulation erschossen werden.

‚General!' fuhr ich fort, ‚ich bin hierhergekommen, um an ein edles Menschenherz zu appellieren. Ich bin bei Ihnen, obgleich ich genau weiß, daß uns bei der Rückkehr der Tod durch ein Standgericht droht. Wir fürchten ihn nicht. Wir denken nur daran, daß unser Weg zu Ihnen die letzte Möglichkeit ist, Tausenden von Unschuldigen das Leben zu retten.' (...) Ich kann nicht schildern, wie groß die Freude und Erleichterung der verängstigten Menschen war, als ich ihnen sagte, daß das Bombardement nicht stattfinden würde, daß Halle gerettet sei. Die Menschen drängten sich zu mir und jeder wollte mir danken. Ich sah, wie Frauen ihre Kinder selig an sich drückten, und viele weinten still vor sich hin."

Luckner wäre sich selbst mit seinem Hang zur Selbstdarstellung nicht treu geblieben, wenn er seiner Heldentat nicht gleich noch eine „Krone" aufgesetzt hätte. Er verkündete nach dem Krieg mehrfach in amerikanischen und deutschen Zeitungen, daß Hitler persönlich den Befehl erteilt hätte, ihn, Luckner, sofort ohne Kriegsgerichtsverfahren zu erschießen, weil er, entgegen den Befehlen, die Stadt übergeben hätte. Dieser Befehl sei per Funk direkt aus dem Führerhauptquartier übermittelt worden.

Luckner ließ die Situation so schildern: „Da hockten wir nun in einem engen, dunklen Keller und wußten nicht, was die nächsten Stunden für uns bereit hatten. Das Leben oder den Tod. Wir wußten auch nicht, daß über das Radio bereits der Befehl eintraf, Graf Luckner sei mit seinen Helfershelfern sofort zu erschießen. Werwolf und Partei suchten uns schon. Immer wenn es an die eiserne Bunkertür klopfte, durchfuhr uns ein eisiger Schrecken. Sind es die Henker?"

Es gab den allgemeinen Befehl, Dienstverweigerer, Saboteure und Defätisten sofort zu erschießen, dieser galt für das gesamte restdeutsche Reich. Doch einen ausdrücklichen und direkten Befehl in Sachen Luckner hat es nie gegeben, wie die Unterlagen des Führerhauptquartiers, der Parteikanzlei unter Martin Bormann und die Unterlagen des Oberkommandos der Wehrmacht beweisen.

Der Stern verblaßt

Die letzten beiden Jahrzehnte im Leben Luckners bis zu seinem Tod am 13. April 1966 in Malmö, Schweden, gehören sicher nicht zu den erfolgreichsten. Die Zäsur des verlorenen Kriegs wog zu schwer, als daß an frühere Erfolge angeknüpft werden konnte. Sowohl in Deutschland als auch in anderen Ländern, zum Beispiel Amerika, waren „Helden" nicht mehr gefragt. Jedes Land hatte junge Männer mit Heldenmut opfern müssen, an „alten Helden" bestand kaum noch Bedarf.
Bei Ende des Krieges hielt sich Luckner mit seiner Frau und Mutter in Süddeutschland, der amerikanischen Besatzungszone, auf. Dort hoffte er, aufgrund seiner zahlreichen früheren Kontakte zu amerikanischen Familien, am ehesten wieder Fuß zu fassen. Durch die Kontakte zu Offizieren der US-Streitkräfte war wenigstens der dringendste Lebensunterhalt gesichert. Luckner arbeitete zeitweise als Dolmetscher für die Amerikaner und hielt Vorträge in verschiedenen Soldatenclubs. Wenn auch nicht in „klingender Münze", so aber mit den damals lebensnotwendigen „Extra-Rationen" und vor allem den als Zweitwährung geltenden Zigaretten bezahlt, besserte sich sein Lebensstandard zusehends gegenüber der Zeit, als er, ein quasi Verbannter, in Halle lebte.
Bereits 1948 reiste er mit tatkräftiger Unterstützung amerikanischer Freunde nach Nordamerika, um die früheren Kontakte zu intensivieren und an die einstige Vortragstätigkeit anzuknüpfen. Doch er fand eine völlig veränderte Stimmung vor. Durch den Krieg, der auch den Amerikanern schwere Verluste gebracht hatte, war Heldentum in jeglicher Form nicht mehr en vogue. Auch die deutsch-amerikanischen Clubs und Vereinigungen, die bei seinen früheren Vortragsreisen das finanzielle Rückgrat der Tätigkeit gebildet hatten, hielten sich überwiegend stark zurück. Nicht zuletzt, weil auch sie während des Krieges als „unpatriotisch" in das Kreuzfeuer der öffentlichen Kritik geraten waren.

Zudem, der „kalte Krieg" zeigte erste Auswirkungen, waren Ausländer insgesamt suspekt. Das zeigte sich auch in den Zeitungsberichten über seine Vorträge. Aus den groß aufgemachten Berichten früherer Jahre waren kleine Notizen geworden, obwohl Luckner alles tat, um das Presseecho seiner Vortragsreise zu erhöhen. Dabei war er mit seinen Aussagen nicht immer zimperlich. So erklärte er gegenüber der Chicago Sun-Times, daß das deutsche Volk „eine frische Seebrise benötige, die die Gehirne auslüfte". Um das zu gewährleisten, sei er jetzt nach Amerika gekommen, November 1948, um die „einzig wahre Demokratie der Welt zu studieren und dem deutschen Volk die Grundbegriffe zu vermitteln", damit dieses sich wieder „aus der Asche erheben" könne. Mit der Beteuerung, daß er aus „erster Hand" wisse, daß „Hitler und seine Geliebte nicht mehr am Leben" seien, erhielt er zumindest für einige Tage wieder die Aufmerksamkeit der Öffentlichkeit. Er dankte „als Vertreter des deutschen Volkes" dem amerikanischen Volk für die Lebensmittelhilfe und verschwieg natürlich nicht, daß nur durch sein tatkräftiges Handeln Hunderte von amerikanischen Soldaten nicht sterben mußten, da er die Stadt Halle kampflos übergeben hatte.

Über seine Zeit unter dem Nationalsozialismus, nachdem er mit der „Vaterland" – „Mopelia" – „Vaterland" nach Deutschland zurückgekehrt war, wußte Luckner den berichtenden Journalisten viel zu erzählen. So erklärte er gegenüber dem „Evening – Detroit News" im November 1948, daß er von Anfang an ein erklärter Gegner des Hitlerregimes gewesen sei. Die Gestapo hätte ihn mehr als zehn Jahre lang streng beobachtet. Seine Gegnerschaft zu den Nazis hätte dazu geführt, daß diese „aus Rache", weil er die Kontakte zu seinen amerikanischen Freunden nicht aufgeben und die Ehrenbürgerwürde nicht ablegen wollte, sein Schiff in Brand steckten. Darüber hinaus hätten die Nazis sein gesamtes Vermögen konfisziert und sich geweigert, ihm auch nur eine kleine Rente zu zahlen. So habe er die Zeit nur durch die Hilfe der wenigen guten Deutschen überstehen können, die ihm mit Zuwendungen halfen. Daß Hitler ihn persönlich zum Tode verurteilt habe, wegen der Übergabe der Stadt Halle, war dann die Krönung der Schilderung. Die Zeitung titelte die Er-

Bei einem seiner Auftritte.

zählung dann auch folgerichtig „Der Seeteufel kehrt zurück – von Luckner erzählt neue Geschichten".

Die Vortragsreise, die Luckner kreuz und quer durch Amerika führte, war allerdings bei weitem nicht mehr so erfolgreich wie die früherer Jahre. Große Auditorien und Säle vermochte er nicht mehr zu füllen, doch die Einnahmen, ergänzt durch Zuwendungen gerührter Zuhörer und Freunde, ermöglichten ihm einen adäquaten Lebensstandard. Gerngesehener Gast war er nach wie vor bei Cocktailparties.

Dort konnte er die alten Geschichten seiner Heldenzeit in der ihm eigenen charmanten Art zum Entzücken der Gäste verbreiten.

Als die „Masche" mit der Demokratisierung des deutschen Volkes in der Öffentlichkeit nicht mehr die entsprechende Resonanz brachte, griff Luckner in die bereits früher bewährte „Trickkiste". So erklärte er gegenüber der „Los Angeles Times", daß er in Kürze zur Cocos-Insel aufbrechen wolle, um das Gold der

Inka zu bergen. „Ich weiß genau, wo der Schatz liegt", sagte er, „ein alter Freund, der Präsident der Chicagoer Zenith Radio Corporation, Eugene McDonald, hat mir den Plan aus Verehrung übereignet. Dieser erhielt den Lageplan des Schatzes von dem katholischen Bischof von Chicago." Er fuhr dann fort: „Ich will das Gold nicht etwa für mich, sondern damit jungen Menschen Reisen finanzieren, damit diese die Welt kennenlernen können." Im übrigen sei er auf der Suche nach einem neuen Schiff.

Einige Monate später überraschte Luckner die erstaunte Öffentlichkeit dann mit der Mitteilung, daß sein Leben verfilmt würde, da es so reich an Abenteuern war. Kein Geringerer als der Hollywoodstar Burt Lancaster, oder alternativ Kirk Douglas, würden die Hauptrolle spielen. Die deutschsprachige amerikanische Zeitung „Staats Herold" in New York nannte dann aufgrund Luckners Angaben weitere Einzelheiten im März 1953. Danach würden gleich zwei Fassungen des Films gedreht, eine für die USA und eine zweite für den deutschen Markt. Die Zeitung schrieb: „Hollywood und Hamburg wollen im April gemeinsam die Abenteuer des deutschen ‚Seeteufels' Felix Graf Luckner in Farben verfilmen. Eines der beiden Segelschiffe ‚Pamir' und ‚Passat', die nach kurzem Einsatz in der Fracht- und Schulschiff-fahrt ein unrühmliches Ende fanden, wird für die Dreharbeiten gechartert werden und auf See als schwimmendes Atelier dienen. Die Aufnahmen selbst sollen in der Nordsee erfolgen, soweit sie nicht in den Ateliers der Real-Film in Hamburg-Wandsbek abgedreht werden können.

Bekannte amerikanische Filmstars – unter ihnen Burt Lancaster – werden nach Hamburg kommen, um als abenteuerliche Gestaltung die amerikanische Fassung des Spiels zu spielen. Der Luckner-Film wird nämlich nach einer einheitlichen Handlung zu gleicher Zeit zweimal gedreht. Einmal in deutscher Sprache mit deutschen Schauspielern, das anderemal ganz als amerikanische Version. Für die deutsche Fassung ist in der Hauptrolle des Grafen Luckner Hans Albers vorgesehen. Albers und Lancaster – man darf gespannt sein auf die Fähigkeiten jedes einzelnen in diesem Wettstreit."

Die Geschichte mit der „unmittelbar bevorstehenden Verfilmung" seines Lebens wiederholte Luckner dann, in unterschiedlichsten Versionen, mit wechselnden Hauptdarstellern, bis zu seinem Tod. Fast könnte man meinen, daß ein solcher Film die Krönung seines Lebens hätte sein sollen. Realisiert wurde letztlich nichts, nicht einmal das Drehbuch wurde erstellt. Dafür waren Luckner aber Schlagzeilen, über Jahre hinweg, sicher.

In der Zwischenzeit hatte Luckner seinen Hauptwohnsitz in Malmö, Schweden. Von dort aus bereiste er Europa und immer wieder die USA, um im Kreise von Freunden zu weilen und seine Stories zu erzählen. Auch bezahlte Vortragsreisen unternahm er, obwohl der Erfolg hinsichtlich der Teilnehmerzahl und der Einnahmen im Laufe der Jahre immer weiter zurückging, wie die Aufzeichnungen von Frau Thea Schneider-Lindemann, seiner Managerin, aufzeigen.

Aufgrund der entbehrungsreichen Jahre nach seiner „Verbannung" in seine Heimatstadt Halle, die Luckner finanziell an den Rand des Ruins gebracht hatten, wurden alle finanziellen Dinge nach Kriegsende von seiner geschäftstüchtigen Frau organisiert. Luckner, der nach eigenem Bekunden kein Verhältnis zu Geld hatte, wurde ein Taschengeld zugeteilt, ansonsten eisern für den Lebensabend gespart. Damit der Vorwurf der „Weibergeschichten" nicht erneut auftreten konnte, begleitete ihn seine Frau auf allen Reisen.

Fortan war keine Veranstaltung zu klein, als daß Luckner nicht gegen einen entsprechenden Obolus als „Stargast" aufgetreten wäre. Heute werden solche öffentlichen Auftritte der Stars als „Galas" bezeichnet. Betriebsfeste, Sportvereinssitzungen, Schützentreffen, Campingplatzeinweihungen, Sängerfeste und … und, Luckner trat überall dort auf, wo ihm ein entsprechendes Entree und eine Gage zugesichert worden waren. So wurden Ruderboote nach ihm benannt und von ihm getauft, Automobilclubs luden ihn zu Jahrestagungen ein, und sogar als Schütze trat er ins Rampenlicht. Später wurde er, 1958, sogar Schützenkönig der Schützengilde Hamburg von 1952. Ordensgeschmückt, war er strahlender Mittelpunkt des Festumzuges und der Feier. So besserte sich im Laufe der Jahre die finanzielle Si-

Schützen  Zeitung

Schützengilde Hamburg von 1952 e.V.

5. Jahrgang Nummer 57 1. Oktober 1958

Seine Majestät, der „Seeteufel"

Unser Ehrenmitglied Felix Graf Luckner hat die Königskette angenommen und wurde unter dem Namen S. M. „Felix der Seeteufel" zum Schützenkönig proklamiert. Ihre Majestät (Gräfin) Luckner hat sich am gleichen Abend, am 14. September, nach der Königs-Proklamation ebenfalls die Herzen aller Schützen erobert. Durch die weisen Worte, die S. M. der Schützengilde bei seiner Ansprache mit auf den Weg gab, erhalten wir wieder neuen Auftrieb, alles für unsere Gilde zu tun!

KOMMANDEUR U. I. VORS.: HERBERT HEILAND, HAMBURG, BARCASTR. 10, RUF 25 83 95
SCHRIFTFÜHRER: BRUNO SCHAU, HAMBG. 4, REEPERBAHN 174, FERNSPRECHER 31 21 05
SCHATZMEISTER: HANS SUHR, HAMBURG 36, KAISER-WILHELM-STR. 59, FERNSPR. 34 27 16

Der „Seeteufel" als ordensgeschmückter, strahlender Mittelpunkt.

tuation Luckners erheblich. Aus den Büchern flossen wieder Honorare, als Gast und Redner zog er durch die Lande und trat auch im Ausland in der Pose des Grandseigneurs und hochdekorierten Helden vergangener Zeiten auf. Selten die Ausrutscher, wenn er einmal nach einem Glas zuviel als Redner auftrat und am Podium stürzte.

Nie verloren hatte er seine ausgeprägte Gabe, auf die Menschen einzugehen, den richtigen Ton im Umgang zu finden. Und so sind noch heute sehr viele Menschen, die ihm irgendwann, irgendwo begegneten, begeistert von ihrem „Seeteufel". In den Nachkriegsjahren, als das Vortragswesen noch nicht die Existenzgrundlage bilden konnte, versuchte Luckner alles, um einerseits seine Popu-

larität und seinen Bekanntheitsgrad zu erhöhen, und andererseits, um wirtschaftlich wieder festen Boden unter die Füße zu bekommen. Als Vertreter der SABENA Airlines, besser gesagt als Zugpferd, versuchte er sowohl in Deutschland als auch in Amerika, Gäste für Flüge mit anschließender Reiseleitung zu Sehenswürdigkeiten, durch ihn persönlich, zu gewinnen. Auch diesem Vorhaben war trotz eines für damalige Zeiten nicht unerheblichen Werbeaufwandes kein großer Erfolg beschieden, aber als Übergangslösung war es besser als nichts.

Mit einem alten Volkswagen „Käfer" bereiste Luckner Deutschland, bis er sich 1954 ein Wohnmobil leisten konnte. Es handelte sich um ein Fahrzeug des Hamburger Herstellers „Tempo", der mit solchen Wohnmobilen, damals eine absolute Sensation, den Markt zu erobern suchte. Luckner erhielt das Fahrzeug mit einem erheblichen „Prominentenrabatt" und wurde dafür als „Galeonsfigur" für das Werk in der Werbung eingesetzt. Ein gutes Geschäft für beide Seiten. Fortan reiste Luckner in Begleitung seiner Frau und seines Chauffeurs Georg Langer, der heute in Hamburg in der ehemaligen Lucknerschen Wohnung lebt, von Stadt zu Stadt, von Campingplatz zu Campingplatz. So konnten die ansonsten hohen Übernachtungskosten weiter reduziert werden. Luckner wäre sich sicher nicht treu geblieben, wenn er nicht zu seinem neuen Gefährt die passende „Geschichte" zu erzählen gewußt hätte. So teilte er der Redaktion einer schwedischen Wochenzeitung mit, daß das Fahrzeug eigentlich für einen bekannten Ölscheich gebaut worden sei. Dieser hätte jedoch ein solches Luxusgefährt nicht mehr bezahlen können, und so sei er, Luckner, in die Bresche gesprungen und habe den Wagen, der alle Bequemlichkeiten aufweise, übernommen.

... für einen Ölscheich in die Bresche gesprungen.

Im Laufe der fünfziger Jahre rührte Luckner auch in Deutschland fleißig die Werbetrommel in eigener Sache. Mit immer neuen Details aus seinem Leben wartete er auf, sehr zum Erstaunen und zur Ergötzung seiner Anhängerschar. So behauptete er, ein Abkömmling des ehemaligen Sachsenkönigs „August der Starke" zu sein. Ahnenforscher fanden nicht den geringsten Hinweis, was aber bei der stattlichen Zahl der illegitimen Kinder des Herrschers nicht unbedingt verwundern muß.

... ausgezeichnet als Schriftsteller.

Auch zahlreiche Ehrungen, darunter bedeutende und weniger bedeutende, wurden ihm zuteil. Am 9. April 1953 wurde ihm vom damaligen Bundespräsidenten Heuss das Große Verdienstkreuz des Verdienstordens der Bundesrepublik Deutschland verliehen. Die Auszeichnung wurde ihm anläßlich einer Feier der Deutschen Kameradenvereinigung in Malmö überreicht. Ausgezeichnet wurde er als „Schriftsteller und wegen seiner Vorträge für Deutschland in Amerika"...

Den beiden Bundeskanzlern Adenauer und Erhard gratulierte er zu ihrer Wahl, was ein Dankesschreiben der beiden Regierungschefs an Luckner zur Folge hatte. Und so konnte er zum besten geben, daß er mit dem jeweiligen Bundeskanzler korrespondiere.

Auch als „Werbeträger" trat Luckner in Erscheinung. Für die Zeitung „Der Tagesspiegel" aus Berlin war er Mittelpunkt einer Werbekampagne. Anläßlich von Vorträgen gab er bekannt, daß Kurt Jürgens ihn, Luckner, in einem neuen Abenteuerfilm spielen werde, daß er als Vorsitzender einer Stiftung den Einsatz von Krankenwagen, speziell für italienische Gastarbeiter, leiten würde, daß er Freunden helfen würde, den Schatz der Inka zu finden, oder daß er vorhabe, das Wrack der „Seeadler" zu besuchen und die Habseligkeiten seiner Crew zu bergen. All diese Aussagen fanden ein entsprechendes Presseecho.

Im Jahre 1959 machte Luckner Schlagzeilen, als er die Würde und das Amt eines Großmeisters des Tempelherren-Ordens anläßlich eines Konvents übernahm. Im Frack, mit ordensgeschmückter Brust, von einem weißen Rittermantel mit rotem Kreuz umhüllt, war sein Bild in fast allen deutschen und österreichischen Zeitungen zu sehen. Seine Aussage, „ich bin der

... auf PR-Tour für den Tagesspiegel.

erste deutsche Großmeister seit Kaiser Karl", brachte ihm weitere Schlagzeilen. Nicht etwa, daß die Aussage falsch gewesen wäre, sie war eben nur nicht ganz richtig, denn Luckner verschwieg, daß der Orden mehrere hundert Jahre zu existieren aufgehört hatte und es sich bei dem damaligen Orden um eine Neugründung handelte. So konnte auch kein Deutscher – oder anderer Landsmann – Großmeister geworden sein. – Letztlich schied Luckner aus dem Orden mit dem offiziellen Namen „Tempelherren-Orden, Ordo Militae Crucis Templi", Priorat Österreich, wegen „finanzieller Differenzen" aus.

1961, Luckner war ein alter und kranker Mann, erregte eine Meldung in nahezu allen deutschen und zahlreichen ausländischen Zeitungen Aufsehen. Darin hieß es, Luckner sei aufgrund seiner völkerverbindenden Bemühungen im In- und Ausland dem No-

... als Großmeister des Tempelherren-Ordens.

belpreiskomitee für den Friedensnobelpreis vorgeschlagen worden. Initiatoren des Vorschlages seien einflußreiche – ungenannte – Persönlichkeiten und Freunde aus Deutschland und Amerika. Luckner, von Reportern dazu befragt, wiegelte ab. Ein solcher Vorschlag ehre ihn natürlich, aber es gäbe viele andere,

... und als Pensionär.

die eine solche Auszeichnung mehr verdienten. Erst aus den Aufzeichnungen der Luckner-Vertrauten Schneider-Lindemann ließ sich später entnehmen, daß diese aufsehenerregende Meldung von Luckner und ihr in die Zeitungen lanciert worden war.

Luckners Abzeichen

Die Vortragsreisen gingen zurück, Luckner trat nur noch selten in der Öffentlichkeit auf, führte das ihm zustehende Leben eines Pensionärs. Vorbei die Zeiten der öffentlichen Kraftakte, wie das Zerreißen von Telefonbüchern oder das Heben eines Stuhls mitsamt der Person, die darauf saß. Tausende von Berichten und Zeitungsartikeln aus aller Welt blieben das sichtbare Zeichen seiner Tätigkeit in der Öffentlichkeit über einen Zeitraum von mehr als 45 Jahren. Er hatte in diesen Jahren viele Freunde gewonnen, manche verloren. Er hatte im Blickpunkt der Öffentlichkeit gestanden und sich in der Aner-

... ein letzter Auftritt.

kennung seiner Person gesonnt. Höhen erlebte er und manchmal auch Tiefschläge, wie sie das Leben mit sich bringt. Stolz konnte er auf seinen Ruhm sein, den er gemeinsam mit wenigen Getreuen überwiegend selbst geschaffen hatte, waren es doch „nur" die rund sechs Monate seiner Kaperfahrt, die seinem gesamten Leben die Wende gaben.

Donnerstag, 21. November 1963, Abendpost: „Seeteufel-Kutter wird abgewrackt. – Der ehemalige dänische Lotsenkutter ‚Kasty', der jahrelang dem ‚Seeteufel' Graf Felix Luckner gehörte, ist nicht mehr. Er wird auf den Helgen einer Bootswerft im Vareler Hafen abgewrackt. Wiederbelebungsversuchen an dem 15 Meter langen und sechs Meter breiten Segler war der Erfolg versagt. Aus der ‚Kasty' wurde ein alter Kasten, der nur noch kostbaren Schiffsliegeplatz beanspruchte. (...) Was nunmehr von der ‚Kasty' noch übrigbleibt, ist bestenfalls Feuerholz und der 18 Meter hohe Großmast. Brauchbar wird auch das Buntmetall noch sein. Auch für den alten Luckner-Segler, mit dem der ‚Seeteufel' die sieben Weltmeere befuhr, gilt das unwiderrufliche nautische Kommando: ‚Auf ewig die Segel geborgen'."

Felix Graf von Luckner verstarb am 13. April 1966 in Malmö. Sein Leichnam wurde nach Hamburg überführt. Im Hamburger „Michel", der St. Michaeliskirche, einem der Wahrzeichen der Stadt, wurde er aufgebahrt und nach einer großen Trauerfeier in Hamburg-Ohlsdorf zur letzten Ruhe gebettet. Tausende säumten die Straßen, als er die „letzte Reise" antrat. Mit ihm schied einer der letzten alten Seeleute, die noch auf den zur Legende gewordenen Windjammern gelebt, gedient und gelitten hatten.

... auf ewig die Segel geborgen.

Quellennachweis

Bücher

Alexander, Roy, The Cruise of the Sea Raider Wolf, London 1939
Chatterton, E. Keble, The Sea Raiders, London 1931
Dana, Henry Richard, Zwei Jahre vorm Mast, Nördlingen 1987
Fest, Joachim C., Das Gesicht des Dritten Reiches, München 1963
Frankenstein, Norbert von, Mythos Gold, Frankfurt 1993
Kircheiss, Carl, Wasser, Wind und weite Welt, Gütersloh 1953
Landmaid, Kenneth, The Sea Raiders, London 1963
Lasa, Rolf, Piraten – Träumer – Schätze, Hannover 1978
Luckner, Felix Graf von, Seeteufel – Abenteuer aus meinem Leben, Leipzig 1920
  ders., Seeteufel erobert Amerika, Leipzig 1928
  ders., Aus 70 Lebensjahren, Biberach 1955
  ders., Out of an old Sea Chest, London 1958
  ders., Ein Freibeuterleben, Dresden 1938
  ders., Seeteufels Weltfahrt, Gütersloh 1938
o. V., Das Luckner Jahrbuch 1925, Leipzig 1925
o. V., Das Luckner Jahrbuch 1926, Leipzig 1926
o. V., Die Wehrmachtsberichte 1939 – 1945, Band 3, Köln 1989
o. V., Genealogisches Handbuch des Adels – Gräfliche Häuser – Band XII, Limburg 1988
o. V., History of the Great War, Naval Operations, Vol. 14, London 1928
o. V., Official British History of the War, Naval Operations, Vol. IV., S. 202 – 103
o. V., Rangliste der Kriegsmarine 1922, Berlin 1922
Ostler, Reinhold, Verborgenen Schätzen auf der Spur, Stuttgart o. J.
Peter, Karl H., Der Untergang der Niobe, Herford 1967
Raeder, Erich, Der Krieg zur See 1914 – 1918, Band III Der Kreuzerkrieg in den ausländischen Gewässern, Berlin 1932

Schmoeckel, Helmut, Menschlichkeit im Seekrieg?,
   Herford 1987
Schwarzenbeck, Engelbert, Graf Luckner, Regensburg 1993
Terry, Thomas P., World Treasure Atlas, Onalaska 1978
Thomas, Lowell, Count Luckner – The Sea Devil,
   Garden City N.Y. 1927
   ders., The Sea Devil's Fo'c'sle, New York 1929
Walter, John, Piraten des Kaisers, Stuttgart 1995
Warnke, Heinrich-Christian, Das war Graf Luckner,
   Hamburg 1967

Zeitungen und Zeitschriften
Ausgewertet wurden mehr als 3000 Zeitungs- und Zeitschriftenaufsätze der Jahre 1919 bis 1993. Der Schwerpunkt lag bei Artikeln aus Deutschland, USA, Australien, Neuseeland, Tahiti und Großbritannien. Eine detaillierte Auflistung der einzelnen Publikationen ist aus Platzgründen nicht möglich. In den Fällen, in denen aus Aufsätzen zitiert wurde, erfolgt die Quellenangabe jeweils direkt im Textzusammenhang.

Genutzte Archive
Bundesarchiv – Militärarchiv, Freiburg/Br.
Bundesarchiv, Koblenz
Bundesarchiv, Außenstelle Potsdam
Institut für Zeitgeschichte, München
Deutsches Schiffahrtsmuseum, Bremerhaven
Privatarchiv des Verfassers
Archiv der Stadt San Francisco, Cal., USA
Archive of the Pentagon, Washington D.C., USA
Library of Congress, Washington D.C., USA

National Archives (New Zealand), Wellington
National Library of New Zealand, Wellington
Sammlerarchiv Peters

Bildnachweis
Archiv des Verfassers; Volker Feuerstein, Ferdinand Graf Luckner, Deutsche Presseagentur, Privataufnahmen.
Nicht in allen Fällen war es möglich, die Urheber der Fotos ausfindig zu machen, deren Rechte bleiben gewahrt.

Danksagung
Für die große Hilfsbereitschaft und Überlassung von Unterlagen dankt der Verfasser den Archivaren und Bibliothekaren, den Mitarbeitern von Zeitungs- und Staatsarchiven sowie zahlreichen Privatpersonen, die mit ihren Hinweisen und Informationen erst dieses Buch ermöglichten.